STUDIES ON VOLTAIRE AND THE EIGHTEENTH CENTURY

CLXXIII

FOUNDED BY
THEODORE BESTERMAN

STUDIES ON VOLTAIRE AND THE EIGHTEENTH CENTURY

edited by

HAYDN MASON

VOLUME CLXXIII

FRANCINE LEVY

Le Mariage de Figaro:
essai d'interprétation

THE VOLTAIRE FOUNDATION
at the TAYLOR INSTITUTION
OXFORD
1978

ISSN 0435-2866

ISBN 0 7294 0112 X

PRINTED IN ENGLAND
BY
CHENEY & SONS LTD BANBURY OXFORDSHIRE

Le Mariage de Figaro: essai d'interprétation

par

Francine Levy

TABLE DES MATIERES

PREFACE

En abordant cet ouvrage, je désire exprimer ma reconnaissance à tous ceux qui ont permis sa réalisation, et tout d'abord à monsieur le professeur Emmanuel Levinas, mon maître de toujours.

Je tiens à remercier monsieur le professeur Jacques Morel, qui a bien voulu diriger, guider et stimuler mes recherches avec une bienveillance jamais démentie. Ses conseils m'ont été infiniment précieux.

Je reconnais ma dette envers mes collègues et amis du département de français de l'Université Bar-Ilan, et tout particulièrement les docteurs Irène Tieder et Lionel Cohen, qui m'ont sans cesse encouragée et aidée, de même que le professeur Bathia Churgin et madame Lydia Ashri, du Département de musicologie de Bar-Ilan.

Je tiens également à exprimer ma profonde gratitude à l'égard de l'Université Bar-Ilan, et des services culturels de l'ambassade de France en Israel pour leur participation matérielle.

C'est avec la plus grande reconnaissance que je mentionne ici monsieur le professeur Haydn Mason, éditeur des *Studies on Voltaire*, à qui je suis redevable de cette publication.

Je n'oublie pas enfin mon mari, mes enfants, ma famille et tous mes amis qui, pendant de longues années, m'ont entourée de leur soutien et de leur affection, me permettant ainsi de mener à bien ce travail.

INTRODUCTION GENERALE

Je crois fortement [dit l'histoire], que non seulement les œuvres en général, mais tout particulièrement les pièces de théâtre, n'ont de grandes fortunes temporelles qu'autant qu'elles ont eu de grandes naissances temporelles [. . .] Il faut qu'une pièce éclate pour que le retentissement s'en prolonge au long des siècles temporels. Il faut du bruit, une rumeur de naissance pour qu'il y ait de gloire [. . .] Les pièces de théâtre sont toujours un peu des pièces d'artifice. Surtout les pièces de Beaumarchais.[1]

Si jamais on a pu parler d'éclat, de scandale et de bruit à propos d'une représentation théâtrale, jamais ces termes ne convinrent mieux qu'à la première représentation du *Mariage de Figaro*, qui eut lieu le 27 avril 1784, après des obstacles, censures et interdictions qui durèrent cinq ans; 'Le Roi ne veut pas qu'on la joue', répétait Beaumarchais à qui voulait l'entendre, 'DONC on la jouera'.

Lorsque la pièce fut enfin jouée, le mouvement de foule et d'opinion que suscita cet événement dépassait tout ce qu'on avait jamais vu: 'Jamais pièce n'a attiré une affluence pareille au Théâtre-Français; tout Paris voulait voir les fameuses noces et la salle s'est trouvée remplie presque au moment où les portes ont été ouvertes au public'.[2] Voilà ce que rapporte Grimm dans sa fameuse correspondance, gazette littéraire qui parvenait à toutes les cours d'Europe, et La Harpe, de son côté ajoute que: 'A l'ouverture des bureaux, la presse a été si grande que trois personnes ont été étouffées. C'est une de plus que pour Scudéry qui, comme on sait, eut deux portiers de tués à la première représentation de *L'Amour tyrannique*'.[3]

Grande affluence et grande presse le jour de la première représentation. Mais cette date du 24 avril 1784 n'est pas seulement la plus importante de l'histoire du théâtre français du dix-huitième siècle. Outre qu'elle marque, d'une manière nette et décisive, le point culminant de la vie et de la carrière de Beaumarchais, elle a son importance dans l'histoire politique de l'époque: la première du *Mariage de Figaro* représente l'un des échecs les plus spectaculaires du roi, incapable d'imposer sa volonté.

[1] Charles Péguy, *Clio, dialogue de l'histoire et de l'âme païenne* (*Œuvres en prose 1909-1914* (Paris 1961), p.160).

[2] Grimm, *Correspondance littéraire* (Paris 1877-1882), xiii.519: avril 1784.
[3] La Harpe, cité par Félix Gaiffe, *Le Mariage de Figaro* (Paris 1928), p.80.

Certes, Beaumarchais persistait à présenter son œuvre comme 'la plus badine des intrigues', mais il avait eu l'habileté de susciter un mouvement d'opinion qui dépassait, de très loin, le seul domaine des lettres. C'est ainsi qu'il organisa une représentation privée, le 13 juin 1783, à la Salle des menus-plaisirs. Cette représentation, patronnée par Vaudreuil, l'un des familiers de la reine, était attendue avec impatience. Louis XVI l'interdit au dernier moment et Beaumarchais dut s'incliner. Mais de cet échec apparent, de ce nouvel obstacle il tira profit en l'exploitant contre l'autorité royale. Il s'acquit ce jour-là beaucoup de partisans au sein de cette société de cour, brillante, désœuvrée et frondeuse chez qui le mécontentement dû à la frustration d'un plaisir attendu prenait des allures de malaise politique. Mme Campan rapporte dans ses mémoires que: 'Toutes les espérances déçues excitèrent le mécontentement à tel point que les mots d'oppression et de tyrannie ne furent jamais prononcés, dans les jours qui précédèrent la chute du roi, avec plus de passion et de véhémence'.[4]

Beaumarchais avait d'ailleurs l'art de manipuler l'opinion publique avec une adresse rare: un des exemples les plus significatifs de sa tactique nous est fourni par Fleury, sociétaire de la Comédie française, qui relate une séance présidée par le baron de Breteuil, ministre d'état, secrétaire de la maison du roi, et groupant des 'académiciens français, des censeurs, des gens du monde, de la cour, aussi justes qu'éclairés, qui discuteront le principe, le fond, la forme et la diction de cette pièce, phrase par phrase, et mot à mot'.[5]

Cette séance, qui eut lieu au mois de mars 1784, fut triomphale: notre auteur était en train d'organiser sa publicité pour le 24 avril suivant. Mais sa soumission à cet aréopage est significative: les censeurs qu'il s'est choisis ne sont pas des hommes de lettres. Ces derniers ne sont alors qu'une engence assez méprisable, que Beaumarchais a pris sous sa protection, et dont il défend les droits en fondant à la même époque 'la société des auteurs' qui leur garantira une certaine dignité professionnelle. Les hommes de lettres ne lui seront d'aucune utilité dans la lutte qu'il a entreprise et qui, d'ailleurs, ne se situe pas dans le domaine des lettres. Ses censeurs, donc, sont des 'gens du monde et de la Cour'; ils sont réunis sous la présidence du baron de Breteuil,

---

[4] mme Campan, *La Cour de Marie-Antoinette* (Paris 1971), p.187.

[5] Fleury, cité par Frédéric Grendel, *Beaumarchais ou la calomnie* (Paris 1973), p.406.

ministre d'Etat. Beaumarchais, qui se soumet sans réserve à leur verdict, finira cependant par imposer son ouvrage en entier:

> D'abord, monsieur de Beaumarchais débute par annoncer qu'il se soumettra sans réserve à tous les retranchements, à toutes les corrections dont ces messieurs et même ces dames trouveront l'ouvrage susceptible; il lit, on l'arrête, on lui fait des observations, on discute; à chaque interruption, il cède, puis revenant sur ses pas, il finit par défendre les moindres détails avec une adresse, une verve, une force de logique, une séduction de plaisanterie qui ferment la bouche à ses censeurs [. . .] Non, disait M. de Chamfort, parlant de cette séance, non je n'ai jamais entendu un tel magicien! Tout ce que dit Beaumarchais pour l'apologie de son ouvrage l'emportait infiniment par l'esprit, par l'originalité, par le comique même, sur tout ce que sa nouvelle comédie offrait de plus ingénieux et de plus gai.[6]

On a rarement su infléchir l'opinion publique avec autant de maîtrise, et le résultat ne se fit pas attendre. La première représentation du *Mariage* eut lieu le mois suivant et le succès dépassa, de très loin, tout ce qui s'était jamais vu.

'Vous verrez', avait fini par dire Louis XVI, 'que Beaumarchais aura plus de crédit que le Garde des Sceaux!' Et c'est ce qui arriva effectivement.

Parler 'd'oppression' et de 'tyrannie' à propos d'une comédie gaie n'est pas un fait courant. Mais tout le bruit qui entoure ce fameux *Mariage* est quelque chose de nouveau, de jamais vu, non seulement parce que la pièce a beaucoup de succès, mais surtout parce que ce succès est dû à des raisons non-littéraires.

Le Mariage de Figaro pose au chercheur un problème intéressant: celui de la rencontre heureuse d'une société en quête de son identité et d'un ouvrage dramatique qui lui donne, de la manière la plus parfaite, l'image de cette identité qu'elle se cherche. La comédie arrivait à point nommé pour combler une attente du public, attente que rien n'avait satisfaite jusque là et qui avait été rendue plus pressante encore par les interdictions, et les censures, autant que par la campagne publicitaire savante que l'auteur avait organisée.

Or, en ces années 1780, le public parisien se préoccupait surtout d'idées socio-politiques et c'est à cette préoccupation que le *Mariage* fournissait un aliment de choix. On y trouvait des allusions à tel ou tel grand seigneur, on y parlait beaucoup des 'abus' dont tout le

---

[6] Fleury, cité par Grendel, p.406.

monde avait conscience; leur critique ne pouvait donc que susciter l'enthousiasme. Sans remettre en question la structure même de la société, toutes les valeurs sur lesquelles elle reposait (privilèges des grands, coutumes abusives, hypocrisie des mœurs) étaient dénoncées ou du moins ridiculisées au nom d'un nouveau système de valeurs, qui était en train de se créer, et que le public ravi découvrait dans la bouche de Figaro, ce valet faisant la leçon à son maître. Et de fait, les critiques du temps contre cette pièce sont essentiellement du domaine des idées et non pas de la forme. A côté des jugements des hommes de lettres qui tendent à minimiser le rôle du *Mariage* dans la préparation de la Révolution, ceux des hommes d'état soulignent, au contraire, la place prépondérante de cette comédie dans l'évolution des esprits:

LOUIS XVI. Il faudrait détruire la Bastille pour que la représentation de cette pièce ne fût pas une inconséquence dangereuse.

DANTON. Figaro a tué la Noblesse.

NAPOLÉON. Sous mon règne, un tel homme eût été enfermé à Bicêtre. On eût crié à l'arbitraire, mais quel service c'eût été rendre à la société [. . .] *Le Mariage de Figaro*, c'est déjà la Révolution en action.[7]

Juge-t-on ici une œuvre dramatique ou un pamphlet politique? Pour ces hommes d'état, il s'agit bel et bien d'un pamphlet, c'est-à-dire d'un ouvrage qui doit son succès aux circonstances du moment et dont l'intérêt devrait disparaître avec les raisons qui l'ont suscité.

Les hommes de lettres contemporains, de leur côté, refusèrent de voir dans ce succès sans précédent autre chose que l'engouement passager d'un public frivole. D'après eux, cet ouvrage était plein de défauts et n'obéissait pas aux règles les plus élémentaires de l'écriture dramatique: ils y relevaient des longueurs, de la surcharge et des bavardages inutiles, et refusaient de reconnaître dans le style du *Mariage* une originalité digne d'attention: 'Le dialogue du *Mariage de Figaro* ressemble à celui du *Barbier de Séville*; on y court après le trait, la réponse y est souvent le seul motif de la question; ce trait n'est quelquefois qu'une pointe, un proverbe retourné, un mauvais calembour', déclare Grimm dans sa *Correspondance littéraire* (xiii.521). Ce ton dédaigneux se retrouve chez d'autres critiques, et il y a lieu de penser que la jalousie n'est pas étrangère à cette réaction de tous 'les insectes, les moustiques, les cousins, les critiques, les maringouins, les

---

[7] cités par Pol Gaillard, *Le Mariage de Figaro* (Paris 1965), p.186.

envieux, les feuillistes, les libraires, les censeurs, et tout ce qui s'acharne à la peau des malheureux gens de Lettres (*Barbier*, I.ii, p.175).[8]

Nous nous bornerons à citer la plus fielleuse des critiques, celle de l'académicien Suard,[9] qui fut l'un des censeurs du manuscrit, et en interdit la représentation:

> Dans ce drame honteux, chaque acteur est un vice
> Bien personnifié dans toute son horreur.
> Bartolo nous peint l'avarice,
> Almaviva, le suborneur;
> Sa tendre moitié l'adultère;
> Le Double-main un plat voleur;
> Marceline est une mégère,
> Basile un calomniateur;
> Fanchette, l'innocente, est trop apprivoisée!
> Et tout brûlant d'amour, tel qu'un vrai chérubin,
> Le page est, pour bien dire, un fieffé libertin
> Protégé par Suzon, fille plus que rusée,
> Prenant aussi sa part du gentil favori,
> Greluchon de la femme et mignon du mari.
> Quel bon ton, quelles mœurs cette intrigue rassemble!
> Pour l'esprit de l'ouvrage, il est chez Brid'oison,
> Et quant à Figaro, le drôle à son patron
> Si scandaleusement ressemble!
> Il est si frappant qu'il fait peur.
> Mais pour voir, à la fois, tous les vices ensemble
> Le parterre en chorus a demandé l'auteur.[10]

Le prudent et timoré Suard ne pouvait être qu'effrayé par le chef d'œuvre de Beaumarchais, qui ne ressemblait à rien de connu, et pour cause. Dans la mesure où nous pouvons parler de théâtre révolutionnaire, le *Mariage* est le seul ouvrage digne d'attention qui puisse valablement être classé sous cette rubrique. Ce ne sont plus seulement les mœurs qui sont censurées, mais surtout les institutions: *Le Mariage de Figaro* annonce la Révolution, ou plus exactement, il nous donne

[8] sauf indication du contraire, toutes les citations des œuvres de Beaumarchais se réfèrent à l'édition de la Pléiade, par M. Allem et P. Courant, *Théâtre complet, lettres relatives à son théâtre* (Paris 1957).

[9] 'Suard, triste petit bonhomme fluet et rageur, type de l'écrivain médiocre qui se prend pour le pape des lettres; il jouera un rôle néfaste en ce domaine pendant un quart de siècle', Anne et Claude Manceron, *Beaumarchais, Figaro vivant* (Paris 1968), p.151.

[10] Suard, cité par le duc de Castries, *Figaro, ou la vie de Beaumarchais* (Paris 1972), p.375.

l'image exacte, la reproduction quasi photographique de ce qui a été appelé plus tard une situation révolutionnaire. Quelques répliques du *Barbier de Séville* annonçaient déjà ce qui allait suivre, mais c'est le *Mariage* qui, de ce point de vue marque vraiment une date. Dans *Le Mariage de Figaro*, l'irrespect, l'impertinence, l'hostilité d'une classe à l'autre s'étalent. Pourtant, les institutions subissant les plus vives attaques, les mots les plus cruels et même le fameux monologue passent à la faveur d'une continuelle gaieté. C'est ainsi que la comédie de mœurs est devenue une satire politique. C'est aux assises mêmes de la société que Beaumarchais s'en prend: tout au long de la comédie, les attaques les plus vives pleuvent contre la justice, la censure, l'arbitraire royal et seigneurial, la servitude militaire. On y daube sans respect sur la politique et la diplomatie, on proteste contre la sujétion où sont tenues les femmes, et en général contre tout un ordre de choses où rien ni personne n'est à sa vraie place.

Métra nous donne une idée de la portée politique du *Mariage*, notant dans sa *Correspondance secrète*:

Jusqu'ici on a fait rire les grands aux dépens des petits; ici, au contraire, ce sont les petits qui rient aux dépens des grands, et le nombre des petits étant très considérable on ne doit point s'étonner de ce concours prodigieux de spectateurs de tout état que Figaro appelle. On dirait qu'ils viennent se consoler de leurs misères en s'amusant des ridicules de ceux qui en sont les instruments.[11]

Aucune des audaces présentées par Beaumarchais n'était nouvelle à proprement parler, mais jamais encore auparavant, en n'avait rencontré un ensemble aussi riche et aussi organisé, ni une mise en œuvre aussi complète de tous les moyens comiques: intrigue, situations, caractères, mœurs, mots, gestes, spectacle, tout contribuait à un effet total qui devait être et qui fut extrêmement fort.

Pourtant si *Le Mariage de Figaro* n'était qu'une réaction aux conditions politiques du moment, il ne présenterait pour nous qu'un caractère historique, et ne nous intéresserait pas plus que les mélodrames de Guilbert de Pixérécourt, dont le succès fut immense entre 1797 et 1835 et qui sont actuellement complètement oubliés.

Dans *Le Mariage de Figaro*, il y a bien plus: brillante satire politique certes, la pièce reste pour nous avant tout un chef d'œuvre dramatique,

[11] cité par Félix Gaiffe, *Le Rire et la scène française* (Paris 1931), p.154.

une de ces réussites où l'auteur, pour reprendre l'expression des frères Goncourt, parvient à donner à ses personnages un mouvement, une vitalité, une profondeur tels qu'ils 'prennent place dans la mémoire du monde, comme des êtres créés par Dieu, et comme ayant eu une vraie vie sur la terre'.

C'est précisément cette réussite dramatique qui fera l'objet de notre étude: nous chercherons à démêler les relations de réciprocité qui existent entre Beaumarchais et son public, et qui commandent l'orientation de l'œuvre au niveau de l'écriture elle-même. Nous chercherons à comprendre ce phénomène si curieux et si rare, selon lequel une pièce de théâtre est en fait un événement politique, et cet événement politique un chef d'œuvre du théâtre français.

Cette perfection formelle, qui fait l'objet de notre étude, se trouve étayée par un ensemble de thèmes particulièrement agressifs; le problème qui se pose à nous est par conséquent le suivant: il s'agit de passer en revue les thèmes et les idées de Beaumarchais, de les étudier en se référant à la personnalité de l'auteur d'une part (puisque Figaro ressemble beaucoup à son créateur), et à l'actualité socio-politique de l'époque d'autre part, puisque nous avons vu que le *Mariage* était une violente satire des institutions politiques. Mais toute cette richesse n'est que le matériau. L'intérêt véritable pour nous est ailleurs: nous chercherons à voir comment Beaumarchais s'y prend pour écrire une comédie gaie qui est également un pamphlet politique, comment se fait-il que cette pièce continue à nous intéresser et à nous faire rire alors que le monde qu'elle reproduit, celui qui a contribué à sa création a disparu depuis longtemps. Quel est le secret de cette éternelle jeunesse? Pourquoi les habitants d'Aguas-Frescas continuent-ils à retenir notre attention et à provoquer notre rire à deux siècles d'intervalle? Telle est la question à laquelle nous tenterons de répondre.

Pour cela, nous aborderons *Le Mariage de Figaro* de trois points de vue, différents mais complémentaires.

a. *Les personnages*. Figaro est Beaumarchais. L'auteur se met en scène et place autour de lui des personnages qu'il connaît, qui lui sont familiers. En un sens, on peut dire que le *Mariage* est une sorte de psychodrame à l'aide duquel Beaumarchais exorcise ses démons: sur scène, Figaro l'emporte sur Almaviva grâce à sa ruse, son intelligence et aussi grâce au hasard, alors que dans la vie il n'en va pas de même. Autour de Figaro gravitent des personnages auxquels les contemporains se sont plu à donner des noms: Almaviva est le duc de Choiseul et le domaine d'Aguas-Frescas n'est pas sans rappeler Chanteloup, avec son seigneur autoritaire, la belle Comtesse délaissée, et le jeune page amoureux. Les autres aussi, nous le verrons, ne sont pas sans ressemblance avec des individus que Beaumarchais connaissait bien. Réfléchir à la transposition dramatique que fait subir Beaumarchais à ses familiers pourra donc nous être utile.

b. *La thématique.* Dans cette partie, nous traiterons des problèmes soulevés dans la comédie, c'est-à-dire, essentiellement des revendications individuelles et sociales. Celles-ci se rattachent au courant de pensée réformateur caractéristique de la bourgeoisie commerçante des villes et de ce milieu de haute noblesse et de grande finance qui domine l'opinion publique parisienne et forme le capitalisme naissant. Il s'agit surtout des problèmes relatifs à la promotion sociale, à l'importance de l'argent, et aux abus de toutes sortes dont souffre la bourgeoisie. Première par l'activité économique, cette classe n'a aucun pouvoir politique: son malaise provient de la mauvaise organisation de la société et de la nécessité urgente de réformes en ce domaine, ce que détaille Figaro en soulevant les problèmes de la justice, de la situation de la femme, de l'enfant naturel, et bien d'autres encore.

c. *Les problèmes de forme.* Dans la troisième partie enfin, nous nous pencherons sur les problèmes de forme et d'écriture. Ayant constaté que Beaumarchais est peu imaginatif, puisqu'il transpose des personnages réels sur la scène, qu'il est peu original dans ses idées, puisqu'il ne fait que reprendre les sujets de préoccupation les plus actuels de son temps, et que ce qu'il dit correspond à ce que son public désire entendre, il nous reste à élucider le mystère de la perfection formelle. L'étude thématique se mue en étude stylistique: ce que dit notre auteur nous intéresse moins que sa manière de le dire. Comment parvient-il à exprimer tant d'idées et sur des sujets aussi divers, dans une pièce de théâtre pourtant parfaitement claire et dont le but principal demeure de divertir un public aussi difficile que celui de ses contemporains, tout en nous divertissant encore aujourd'hui?

Bref, quel est le secret de la vitalité de cette comédie, encore jeune, agressive et si déconcertante qu'elle est souvent traitée avec mépris par ceux qui n'osent l'aborder de front?

PREMIERE PARTIE

Les personnages

Introduction

C'est par les personnages, avons-nous dit, qu'il faut commencer l'étude du *Mariage*. Beaumarchais n'est pas un auteur au sens habituel du mot; c'est un amateur et son attitude vis-à-vis de la création littéraire s'en ressent: la manière dont l'œuvre est conçue est très particulière. Certes, il avait déjà écrit des pièces de thèâtre, il avait réfléchi aux problèmes posés par le genre dramatique, mais tout cela ne dépassait pas une médiocre moyenne. Il n'y a dans son œuvre rien d'original, rien de génial jusqu'à ce qu'il ait trouvé le personnage unique qu'il fait vivre sur scène. Ce personnage, nommé Figaro, c'est lui-même.

Pour expliquer ce nom, le mieux est d'adopter le raisonnement de Jacques Scherer, qui est également celui de Frédéric Grendel: Figaro est une altération espagnolisante de fi[ls] Caro[n], le fils de l'horloger Caron, lui-même donc, ou plutôt l'image de lui-même qu'il essayait de dépasser en achetant une noblesse, en se faisant appeler *m. de* Beaumarchais, en s'efforçant de faire oublier son humble origine dans cette société brillante qui condescendait à l'adopter et à rire des parades qu'il avait composées.

Pour l'homme 'arrivé' qu'est m. de Beaumarchais, 'le fils Caron' sonne presque comme une insulte, et c'est ce démon qu'il exorcise en le mettant sur scène, et en imaginant une intrigue autour de lui.

On a souvent remarqué que Figaro parlait en dehors des nécessités de l'intrigue: déjà dans le *Barbier*, il est possible de supprimer bon nombre des répliques de Figaro sans nuire en rien au déroulement de la comédie. Il en est de même dans le *Mariage*: c'est d'ailleurs ce que fera Mozart dans ses *Noces*.

Mais si l'on supprime toutes ces répliques apparemment inutiles, on fait disparaître du même coup ce qui donne à ces comédies leur originalité: ce personnage unique qu'est Figaro tient son caractère à nul autre pareil au fait qu'il *est* Beaumarchais et que l'auteur, en faisant parler son personnage, s'exprime lui-même.

Autour de Figaro, Beaumarchais campe des comparses et brode une intrigue. Celle du *Barbier* est la plus banale qui soit, mais cela n'a pas d'importance: à ceux qui le lui font remarquer, Beaumarchais répond par une pirouette. Pour lui, c'est le personnage de Figaro qui est l'essentiel. Face à ce *moi* magistral qu'il met sur scène sous le nom transparent de Figaro, Beaumarchais place Almaviva car ce n'est que lorsqu'il aura trouvé, ou retrouvé, son maître que Figaro pourra déployer ses talents et sa verve, devenant le superbe Sganarelle de ce descendant de Dom Juan.

Almaviva est donc celui qui permet à Figaro de se faire valoir. Sur scène comme à la ville, ils ne peuvent exister l'un sans l'autre. Beaumarchais les fait travailler de concert dans le *Barbier*, puis les oppose dans le *Mariage*.

Beaumarchais et Figaro ne faisant qu'un, les conséquences de cette identification s'imposent: si Beaumarchais est Figaro, Almaviva est la société, c'est-à-dire la monarchie absolue. Bartholo, Bazile, Brid'oison sont les complices du roi, ses laquais véritables. Restent les femmes: elles sont l'enjeu de la lutte. Almaviva voulait l'une *et* l'autre. Figaro l'aide à posséder la première et lui refuse la seconde qu'il veut garder pour lui. D'une pièce à l'autre, désormais la voie est claire: Beaumarchais-Figaro sert Almaviva – le pouvoir lorsque sa cause est bonne (Rosine), et le combat quand il prétend exercer sa tyrannie (le droit du seigneur-Suzanne).

Mais Almaviva n'est pas seulement un symbole, c'est un personnage très vivant qui ressemble à des êtres réels, que Beaumarchais connaissait bien et auxquels le public contemporain n'avait pas de mal à donner des noms si le jeune Comte fringant et amoureux du *Barbier* ressemble aux jeunes nobles que Beaumarchais avait rencontrés dans les salons du prince de Conti, celui du *Mariage*, en revanche, fait irrésistiblement penser au duc de Choiseul, exilé depuis 1770 dans son domaine de Chanteloup, riche, hautain et fastueux, assez puissant pour avoir inquiété Louis xv, qui l'avait exilé, et qui, sous Louis xvi, évoquait avec nostalgie l'époque de la Pompadour.

Figaro et Almaviva n'existent pas l'un sans l'autre: ils sont le produit d'un contexte social où l'inégalité et les abus sont érigés en système. Beaumarchais n'avait qu'à regarder autour de lui pour choisir les autres personnages qui entoureraient ces deux-là, et il ne s'en fait pas faute. Le nom véritable de Brid'oison est Don *Guzman* Brid'oison et nous reconnaissons en lui le juge Goezman, dont la justice était si peu équitable et l'épouse, si corruptible.

Marceline présente des traits communs avec mademoiselle d'Eon (le chevalier Eon de son vrai nom), personnage pittoresque que Beaumarchais avait connu à Londres, et auquel la rumeur publique voulait le marier. Quant à Suzanne, elle n'est pas sans avoir bien des traits communs avec mademoiselle Thérèse de Willermaulaz, maîtresse de Beaumarchais depuis 1775, dont la fille Eugénie allait naître en 1777, et qui allait enfin devenir son épouse en 1786.

Chérubin, enfin, est l'évocation nostalgique que Beaumarchais trace de sa propre adolescence. En outre ses relations avec la Comtesse rappelleraient certains incidents survenus à Chanteloup, où la duchesse de Choiseul, belle, imposante et abandonnée de son époux tout comme dans la comédie, se trouvait être l'objet de la passion d'un charmant petit page nommé Petit-Louis.[1]

Voilà pour les personnages: ils préexistent à l'intrigue. Peu importe désormais ce qu'ils font: l'essentiel est qu'ils soient là, et que le public les reconnaisse à la manière dont on reconnaît les héros de l'actualité dans les revues satiriques de l'époque – les parades – celles des salons autant que celles des tréteaux de foire.

Or, c'est ce genre de revue d'actualité qui allait prendre de l'importance et devenir l'essentiel de la création dramatique à l'époque révolutionnaire. Une des audaces de Beaumarchais, dans le *Mariage*, fut précisément de hisser au niveau de la grande scène, de mettre au Théâtre français, ce qui n'existait auparavant que sur les tréteaux de foire: la revue d'actualité déguisée en comédie.

[1] cf. René Pomeau, *Beaumarchais* (Paris 1962), p.160.

I

Figaro

Une réputation détestable!
Et si je vaux mieux qu'elle? Y a-t-il beaucoup de Seigneurs qui puissent
en dire autant?[2]

La meilleure interprétation de l'apparition triomphante de Figaro
sur la scène est celle qu'en donne Rossini. Le grand air de Figaro
débute en fanfare, avant même que le personnage n'entre en scène.
Avant même de se montrer, Figaro proclame très haut son existence et
sa joie de vivre. Rossini souligne ainsi les traits du personnage créé
par Beaumarchais: vêtu en 'majo' espagnol, un fichu de soie attaché
fort lâche à son cou, une guitare en bandoulière, Figaro entre en
scène en composant une chanson qui est elle-même toute une philosophie (*Barbier*, 1.ii, pp.171-2):

> Bannissons le chagrin,
> Il nous consume [. . .]
> Le vin et la paresse
> Se partagent mon cœur;
> Si l'une est ma maîtresse
> L'autre est mon serviteur [. . .]

Le ton est donné, et les spectateurs ont vite fait de reconnaître le
créateur derrière la créature. Ce Figaro qui aime chanter et composer,
cet auteur raté qui revient à son ancien métier de barbier en attendant
de rencontrer à nouveau Almaviva et la fortune, c'est Beaumarchais
lui-même.

Feu M. le Prince de *Conti* [. . .] me porta le défi public de mettre au Théâtre
ma Préface du *Barbier*, plus gaie, disait-il, que la Pièce [. . .] Monseigneur,
lui répondis-je, si je mettais une seconde fois ce caractère sur la Scène, comme
je le montrerais plus âgé, qu'il en saurait quelque peu davantage, ce serait
bien un autre bruit, et qui sait s'il verrait le jour! Cependant, par respect,
j'acceptai le défi: je composai cette *Folle Journée* [. . .]

C'est ainsi que Beaumarchais lui-même raconte (*Mariage*, 'Préface',
p.237) comment il fut amené à composer le *Mariage*, pour remettre

---

2 *Mariage*, III. v, p.310.

sur scène un personnage qui avait ravi le public dans la comédie précédente. Il s'agissait donc de reprendre Figaro, et de le mettre dans une nouvelle situation: non plus en train d'aider son maître à parvenir à ses fins, mais s'opposant à lui. Quelle situation pouvait être plus classique que celle où deux hommes se disputaient le cœur de la même femme? Mais comme tout le monde savait que le Comte Almaviva s'était marié à la fin du *Barbier*, sa nouvelle passion ne pouvait donc être que coupable.

'Lorsque mon sujet me saisit, j'évoque tous mes personnages et les mets en situation', explique Beaumarchais dans sa préface (p.249). Et effectivement toute la comédie, avec son intrigue compliquée et ses rebondissements multiples, a un point de départ très simple: Almaviva veut disputer à Figaro son épouse. Les deux compères de l'époque du *Barbier* étant désormais rivaux, la bonne humeur qui était alors de règle se mue en persiflage, et les abus, qui étaient autrefois des prétextes à boutades et à plaisanteries, sont ressentis et dénoncés avec indignation.

Mais qui était ce Figaro-Beaumarchais que le public désirait revoir sur scène? En 1776, après le triomphe du *Barbier*, Beaumarchais était célèbre à plus d'un titre. Ses démêlés récents avec la justice et l'éclat de ses *Mémoires* contre Goezman avaient fait de lui une célébrité. L'esprit et la verve qu'il avait déployés pour se défendre, ainsi qu'une conjoncture favorable (l'hostilité du public à l'égard des parlements Maupeou), tout cela avait contribué à faire de lui un personnage de premier plan. N'oublions pas qu'en cette décennie de 1770-1780, où la francisation de l'élite européenne avait atteint son apogée, la célébrité dont jouissait Beaumarchais à Paris s'étendait à toute l'Europe. C'est cette atmosphère d'insouciante gaieté caractéristique des premières années du règne de Louis XVI que Beaumarchais évoque avec un peu de mélancolie dans la préface du *Mariage*: 'Hélas! quand [mon ouvrage] fut composé, tout ce qui fleurit aujourd'hui n'avait même pas encore germé. C'était un tout autre Univers (p.238).

Dans ce 'tout autre univers', Beaumarchais avait su se tailler une place de choix: fils d'artisan-horloger, il avait pu, grâce à son intelligence, son audace et son esprit d'à-propos, s'élever à un rang très élevé. Inventeur ingénieux à l'âge de vingt ans, il défendit hardiment son invention, et gagna son premier procès. C'était l'horloger le plus célèbre de Paris, un sieur Lepaute, qui avait voulu la lui voler. Nullement intimidé, le jeune Caron démontra à l'Académie des sciences que

c'était lui l'inventeur du fameux 'échappement', dont Lepaute revendi-
quait l'invention.

C'est ainsi qu'il devint 'horloger du roi' et fut introduit à la cour
où il émerveilla Louis xv et madame de Pompadour avec une montre
minuscule de sa fabrication, artistiquement enchassée dans une bague.
Le roi fut enchanté: il y avait déjà là de quoi tourner la tête à un jeune
ambitieux!

Cependant, le talent et l'ambition ne suffisaient pas pour se maintenir
à Versailles, il fallait également de la chance, de la persévérence, et
surtout du charme, ce dont le jeune Caron était abondamment pourvu,
si l'on en juge par le portrait qu'en trace Gudin de La Brenellerie (cité
par Grendel, pp.64-5):

Dès que Beaumarchais parut à Versailles, les femmes furent frappées de sa
haute stature, de sa taille svelte et bien prise, de la régularité de ses traits, de
son teint vif et animé, de son regard assuré, de cet air dominant qui semblait
l'élever au-dessus de tout ce qui l'environnait, et enfin de cette ardeur
involontaire qui s'allumait en lui à leur aspect.

Horloger du roi, marié, anobli, et veuf après dix mois de mariage,
nous le retrouvons chez mesdames les filles du roi dont il était devenu
le maître de musique, et pour qui il venait d'inventer une pédale
assurant la régularité de tension des cordes de la harpe. Loque, Coche,
Graille et Chiffe l'avaient pour ainsi dire adopté: il était devenu un
familier agréable de ces dames, un compagnon de leurs plaisirs. C'est
alors qu'il fit la connaissance de Paris-Duverney qui, à soixante-seize
ans, se prit d'amitié pour le jeune inventeur dont il avait remarqué la
fécondité d'esprit. Le vieux financier entreprit d'initier Beaumarchais
aux affaires de finance, de banque et de commerce: 'Il m'instruisit par
ses travaux / Je lui dois le peu que je vaux' pourra-t-on lire en 1787
sur le socle du buste de Paris-Duverney, dans le jardin de l'extravagante
maison de Beaumarchais, en face de la Bastille (cité par Grendel, p.77).

Amuseur des filles du roi et disciple de Paris-Duverney, Beaumarchais est bien sur le chemin de la fortune. Il ne serait pourtant
qu'un des multiples arrivistes dont le siècle est fécond s'il n'était
également le créateur de Figaro.

Or Figaro, qui ressemble si étrangement à son créateur, en diffère
pourtant sur un point primordial et dont on ne s'avise pas suffisamment: la promotion sociale. En effet, la carrière de Beaumarchais et

celle de son personnage subissent des trajectoires diamétralement opposées. Ce fait est assez curieux pour mériter réflexion, d'autant plus que le rapport entre les 'arrivistes' de la littérature et leurs créateurs est généralement l'inverse: Julien Sorel réunit en lui toutes les qualités de beauté et de charme dont Stendhal se sent dépourvu, Rastignac mène la carrière brillante dont rêve Balzac. Or, chez Figaro, c'est exactement le contraire. Lorsqu'il apparaît sur scène pour la première fois, sa situation sociale n'est pas sans présenter des analogies avec celle du jeune Pierre-Augustin Caron: tous deux tiennent boutique, l'un à Séville et l'autre à Paris, rue Saint-Denis. Tous deux sont des artisans fiers de leur profession: le jeune Caron s'est taillé une célébrité dans l'horlogerie, et Figaro raconte au Comte qu'il est 'établi' dans Séville, et le choix du mot montre bien qu'il considère ce fait comme définitif.

Mais la ressemblance est plus grande encore: c'est sa valeur professionnelle qui permet à Figaro de s'introduire chez Bartholo, de même que c'est grâce à ses talents d'horloger que Caron a pu se faire connaître à la cour. Ensuite, chez l'un comme chez l'autre, la musique complète utilement l'habileté professionnelle: le premier échelon de l'ascension sociale de Caron est cette place de professeur de harpe des filles de Louis XV, et le premier pas dans l'organisation de l'intrigue de séduction du Comte se fait en musique: 'Je me rends, allons, Figaro, vole à la fortune, mon fils' (*Barbier*, I.vi, p.183). Mais la fortune tant attendue boude Figaro alors qu'elle sourit à Beaumarchais. La contradiction est troublante entre l'ambition que Figaro affiche constamment, le talent et l'activité qu'il déploie, et la minceur des résultats. A deux reprises, au début du *Barbier* et à la fin du *Mariage*, Figaro raconte comment toutes ses tentatives se sont soldées par des échecs. Dans le *Mariage*, le découragement n'est pas bien loin: on le sent dans l'amertume du monologue de la scène deux du premier acte, Figaro le simule ensuite (III.v) lorsqu'il déclare au Comte qu'il 'renonce à la fortune' et préfère demeurer 'heureux avec [sa] femme au fond de l'Andalousie'. Enfin, il le ressent réellement lorsqu'à la fin du monologue, il s'avoue 'désabusé' (v.iii).

Comment expliquer cet écart entre Figaro et son créateur sur un plan aussi fondamental? C'est l'œuvre de Beaumarchais qui nous fournit la réponse: si Figaro échoue là où Beaumarchais a réussi, c'est qu'ils sont différents, c'est que, contrairement à ce qu'on se plaît à répéter, Figaro n'est pas seulement le portrait que fait de lui-même un auteur vaniteux (la réussite économique importait trop à Beaumarchais pour qu'il négligeât de l'attribuer à son personnage s'il s'identifiait entièrement à lui): il y a différence, et cette différence se manifeste dans l'attitude de Figaro face à la société, face aux pouvoirs, face à Almaviva. La *Folle journée* n'est pas seulement une œuvre écrite pour provoquer le rire; c'est également un acte politique. Et l'on aurait tort de refuser d'accorder l'importance qu'ils méritent aux interdits répétés du roi, de même qu'aux discours des contemporains qui ont tous souligné cet aspect.

Reprenons la conversation entre Conti et Beaumarchais, conversation que ce dernier rapporte dans sa préface et où il est convenu de voir le point de départ de la composition du *Mariage*: '[comme Figaro] en saurait quelque peu davantage, ce serait bien un autre bruit, et qui sait si [cette nouvelle pièce] *verrait le jour!*' (p.237).

Pourquoi Beaumarchais craint-il, avant même d'écrire sa comédie, qu'elle soit interdite? Est-ce parce que les aventures de jeunesse de Marceline sont trop scandaleuses? Non, bien sûr. Il y a autre chose: l'interlocuteur est, ne l'oublions pas, le prince de Conti, très grand seigneur certes, mais conspirant sans cesse contre le roi: 'Un jour, devant la Harpe, il déclara en laissant entendre qu'il blâmait Louis xvi: "Moi, j'aurais, je crois, fondé une république". Comme son interlocuteur se récriait, le prince insista qu'il préférait la république à tout autre régime'.[3]

Tel était Louis-François de Bourbon, prince de Conti, altesse royale et ancien candidat au trône de Pologne. Dans ses salons du Temple se rassemblait toute la noblesse contestataire qui soutenait les anciens parlements et le ministre exilé Choiseul. C'est chez Conti que Beaumarchais pouvait observer ces jeunes seigneurs au langage vif et elliptique qui allaient se reconnaître avec plaisir dans le charmant jeune Comte Almaviva amoureux de Rosine.

Entre Conti et Beaumarchais, l'admiration et l'affection étaient réciproques et ne se démentirent jamais. Conti avait soutenu son ami aux moments les plus difficiles du procès Goezman: 'Je veux que vous veniez demain chez moi. Je suis d'assez bonne maison pour donner

---

[3] rapporté par Bernard Fay, *Beaumarchais, ou les fredaines de Figaro* (Paris 1971), p.76.

l'exemple à la France de la manière dont on doit traiter un grand citoyen tel que vous' avait-il déclaré le 25 février 1774, devant une audience nombreuse, à la veille du fameux procès qui s'était terminé par un 'blâme' (cité par Castries, p.216).

Quand l'orage fut passé, il mit Beaumarchais au défi de donner une suite au *Barbier*. Etait-ce seulement pour voir Figaro retrouver ses parents? Auteur à succès avec le *Barbier*, Beaumarchais venait d'atteindre la célébrité grâce aux *Mémoires* contre Goezman. Or, c'étaient les problèmes soulevés par ces *Mémoires* qui intéressaient Conti, et c'est bien là que se situait le défi: de ces *Mémoires* qui avaient ébranlé le pouvoir et qui amusaient tant les belles dames, il fallait faire une comédie dans laquelle réapparaîtrait Figaro.

Le personnage donc existait: Figaro, qui venait de la première comédie. Existait également le thème central: le procès qui venait, lui, des *Mémoires*. Le troisième acte du *Mariage* prend dès lors une dimension nouvelle. La raison du procès est futile: ici, quinze louis, et là, 'deux mille piastres fortes'. Mais dans les deux cas, c'est l'appareil judiciaire tout entier qui est mis en branle pour *empêcher* que justice soit faite: qui n'a pas reconnu l'affaire Goezman?

L'amicale complicité qui lie Conti et Beaumarchais nous aide à comprendre les relations Almaviva-Figaro dans le *Barbier*. Mais dans le *Mariage*, les choses sont différentes. Conti est mort, et les expériences de Beaumarchais durant ces dix ans ont marqué Figaro, il est 'plus âgé' et il 'en sait davantage'. Autrefois compagnon aimable et dévoué, le voilà devenu le porte-parole des opprimés, du tiers-état. Figaro va plus loin que Beaumarchais, celui-ci maintient l'ambiguïté de ses relations avec ses grands et puissants amis, alors que le personnage tranche, refuse et dénonce. Beaumarchais est un réformateur, mais Figaro, lui, est révolutionnaire.

En 1761, alors qu'il commençait à se pousser dans le monde, et désirait acquérir des lettres de noblesse, le fils Caron avait dû demander à son père de renoncer à sa boutique et, constatant 'la manière imbécile d'envisager les choses dans ce pays', il ajoutait: 'ne pouvant changer le préjugé, il faut bien que je m'y soumette'.[4]

Or Figaro est le valet qui refuse précisément de se soumettre à 'la manière imbécile d'envisager les choses en ce pays', et c'est bien là que

---

[4] *Correspondance*, éd. B. N. Morton (Paris 1969), i.32.

se situait le défi véritable du prince de Conti. Osez, Beaumarchais: et il osa.

Durant les quatre premiers actes du *Mariage*, les répliques acérées et mordantes ne se comptent guère, provoquant des remous dans la salle, mais elles ne font que préparer le grand monologue du cinquième acte. Là, soudain, Figaro seul dans l'obscurité prononce la tirade la plus extraordinaire du théâtre français: pour la première fois, dans une comédie, un homme soliloque longuement. Or, c'est un valet qui parle, et non pas de l'intrigue, mais de la société, du monde et de lui-même. Dramatiquement absurde, cet immense monologue est comme un coup de foudre. C'est aussi l'accomplissement de la carrière dramatique de l'auteur. Une fois ce monologue prononcé, Figaro a terminé sa mission et son destin est accompli. Il réapparaît encore sur scène, et Beaumarchais demeure au centre de l'actualité, mais tout ce qui suit cet invraisemblable et génial monologue n'est plus qu'un long déclin. L'effet de ce monologue fut effectivement foudroyant:

Je n'oublierai jamais dans quel étonnement me jeta ce monologue, qui dure au moins un quart d'heure. Mais cet étonnement changea bientôt d'objet, et le morceau était extraordinaire sous plus d'un rapport. Une grande moitié n'était que la satire du gouvernement; je la connaissais bien, je l'avais entendue. Mais j'étais loin d'imaginer que le gouvernement pût consentir qu'on lui adressât de pareilles apostrophes en plein théâtre. Plus on battait des mains, plus j'étais stupéfait et rêveur. Enfin je conclus à part moi que ce n'était pas l'auteur qui avait tort, qu'à la vérité le morceau, là où il était placé, était une absurdité incompréhensible, mais que la tolérance d'un gouvernement qui se laissait avilir à ce point sur la scène l'était encore bien plus et qu'après tout Beaumarchais avait raison de parler ainsi sur le théâtre, n'importe à quel propos, puisqu'on trouvait à propos de le laisser dire.[5]

Voilà pour l'aspect politique et revendicateur de Figaro à qu'il arrive à plus d'une reprise d'aller plus loin que Beaumarchais. Ou plutôt, il faudrait distinguer entre Beaumarchais le citoyen et l'auteur du *Mariage*. Le premier était probablement un réformateur, tout comme Choiseul, Conti et ses autres illustres amis, mais l'auteur du *Mariage* est incontestablement un révolutionnaire: sa comédie met en scène un homme, lui-même. Mais cette incarnation de lui-même n'atteint le niveau de l'existence qu'en renversant l'ordre établi et en

---

⁵ La Harpe, cité par Gaiffe, *Le Mariage de Figaro*, p.88.

bouleversant le monde. Figaro est un personnage explosif. Il incarne les impatiences de Beaumarchais devant 'la manière imbécile d'envisager les choses dans ce pays'. Tout au long de sa vie, Beaumarchais a protesté avec véhémence contre les préjugés auxquels il devait se soumettre et il s'est efforcé de les changer chaque fois qu'il l'a pu. Figaro illustre cet aspect combattif de son créateur et n'illustre véritablement que lui.

Cependant, si Figaro se distingue de Beaumarchais par les idées, il en est la reproduction exacte dès lors qu'il s'agit du caractère (*Barbier*, I.ii, p.175):

LE COMTE. Qui t'a donné une philosophie aussi gaie?
FIGARO. L'habitude du malheur. Je me presse de rire de tout, de peur d'être obligé d'en pleurer.

Une fois de plus, la réflexion sur la biographie de l'auteur s'impose, et c'est à sa ténacité lors du procès Goezman que l'on songe cette fois: l'affaire du duc de Chaulnes et le procès contre La Blâche venant à coincider, voilà Beaumarchais jeté en prison, accusé sans avoir pu se défendre et totalement ruiné. S'il parvient à renverser une situation qui semblait désespérée, c'est moins par la force de ses arguments que par la bonne humeur et le sens du ridicule dont il fait preuve pour les exposer.

La joie de vivre, l'humeur riante et l'heureuse disposition du caractère sont telles chez Beaumarchais que les contemporains s'en sont étonnés; et Beaumarchais de s'expliquer:

Beaucoup de gens graves [. . .] ont trouvé que dans une affaire où il allait du bonheur ou du malheur de ma vie, le sang-froid de ma conduite, la sérénité de mon âme, et la gaieté de mon ton, annonçaient un défaut de sensibilité, peu propre à leur en inspirer pour mes malheurs [. . .] Pourquoi mettre sur le compte de l'insensibilité ce qui peut être en moi le résultat d'une philosophie, aussi noble dans ses efforts que douce en ses effets?[6]

Il en est exactement chez Figaro: sang-froid dans la conduite, sérénité de l'âme et gaieté de ton se conjuguent chez lui dès la première scène où Suzanne l'informe des projets du Comte. On s'inquiéterait à moins! La Comtesse, elle, est pleine de désarroi lorsqu'elle apprend à son tour les intentions de son époux (*Mariage*, II.ii, p.280):

---

[6] *Quatrième mémoire à consulter* (*Mémoires* (Paris 1908), p.270).

LA COMTESSE. Pouvez-vous, Figaro, traiter si légèrement un dessein qui nous coûte à tous le bonheur?
FIGARO. Qui dit cela, Madame?
SUZANNE. Au lieu de t'affliger de nos chagrins . . .
FIGARO. N'est-ce pas assez que je m'en occupe?

Et effectivement, dès la deuxième scène, Figaro s'est empressé de manifester sa colère et de réfléchir à un plan d'action sans se départir pour autant du ton enjoué qui est le sien (*Mariage*, I.ii-iii, p.262): 'Mais, Monseigneur, il y a de l'abus' (colère) 'Attention sur la journée, Monsieur Figaro [. . .] avancer [. . .] épouser [. . .] écarter [. . .] empocher [. . .] donner le change [. . .] étriller' (sang-froid dans l'organisation du plan d'action) 'Héééé! voilà le gros Docteur: la fête sera complète' (gaieté de ton); Beaumarchais se plaît à revenir sur ce caractère de sociabilité et de gaieté dont il a été pourvu par la nature. Ce qui fait l'originalité de Figaro, ce n'est pas qu'il soit comique, mais gai: il y a en lui une sorte de dynamisme, un élan vital qui l'emporte sur les angoisses de l'esprit: 'LA COMTESSE. Il a tant d'assurance, qu'il finit par m'en inspirer. FIGARO. C'est mon dessein.' (*Mariage*, II.ii, p.281).

Il ne s'agit pas, comme chez Molière, de châtier les mœurs par le rire. Le rire n'est pas seulement dans la salle: la bonne humeur des personnages, et principalement de Figaro, est contagieuse. Pourtant, la jeunesse et l'insouciance qui triomphaient dans le *Barbier* ont fait place à une gaieté non plus spontanée, mais réfléchie: Figaro est 'plus âgé', il 'en sait davantage', sa gaieté est le 'résultat d'une philosophie', et elle s'aigrit parfois, devient dénigrement, persiflage, et même méchanceté: ce qu'illustre particulièrement la conduite de Figaro à l'égard de Bazile, qu'il ne cesse de couvrir de sarcasmes à l'encontre même de son propre intérêt.

Mais ce qui domine, c'est la volonté de maintenir la façade de gaieté et de joie même lorsque l'adversité semble triompher: à ce compte, le *Mariage* tout entier reflète une attitude 'baroque' devant la vie, qui se caractérise par la primauté du 'paraître' sur l''être'.[7] Figaro ne soulève le masque de la gaieté que lorsqu'il est seul: il s'examine alors et l'on se rend compte tout d'un coup que ce masque peut être lourd à porter: 'j'ai tout vu, tout fait, tout usé. Puis l'illusion s'est détruite, et, trop

---

[7] P. Van Tieghem, *Beaumarchais par lui-même* (Paris 1960), p.98.

désabusé . . . Désabusé . . .' il se hâte de remettre le masque dès qu'il entend des pas: 'J'entends marcher . . . on vient. Voici l'instant de la crise' (*Mariage*, v.iii, fin du monologue, p.347). Figaro n'en demeure pas moins extraordinairement vivant et sa bonne humeur, spontanée ou voulue, est contagieuse: il entraîne ceux qui l'entourent par son mouvement, son rythme et sa bonne humeur; mais c'est Beaumarchais qui communique à son personnage l'ardeur qui lui est propre, le mouvement endiablé qui le caractérise, ainsi que sa joie de vivre et son insolence. Le valet de comédie traditionnel se transforme en un personnage tout nouveau: un revendicateur, un opprimé qui dénonce l'oppression et qui en rit . . . un annonciateur des temps nouveaux.

Le Comte Almaviva

Mais ne voulant qu'amuser nos Français [. . .] de mon coupable Amant j'ai fait un jeune Seigneur de ce temps-là, prodigue, assez galant, même un peu libertin, à peu près comme les autres Seigneurs de ce temps-là [. . .] j'ai eu le respect généreux de ne lui prêter aucun des vices du peuple. [. . .] un Seigneur assez vicieux pour vouloir prostituer à ses caprices tout ce qui lui est subordonné, pour se jouer dans ses domaines de la pudicité de toutes ses jeunes vassales, doit finir, comme celui-ci, par être la risée de ses valets [. . .] Croisé dans tous ses projets, le Comte *Almaviva* se voit toujours humilié, sans être jamais avili.

Beaumarchais nous expose ainsi, dans sa préface (pp.239-240), les traits essentiels du personnage: sa ressemblance avec nombre de ses contemporains de 'ce temps-là' et la punition de son libertinage malgré le respect qu'on continue à lui vouer. Nul doute qu'il doit beaucoup aux jeunes seigneurs du milieu Choiseul et de l'entourage des Conti et des Orléans que Beaumarchais fréquentait. Le portrait demeure assez flatteur puisque l'auteur prend soin de montrer que les désordres de sa vie privée n'empêchent à aucun moment le Comte d'exercer ses fonctions consciencieusement et surtout, d'avoir sur tous ses sujets un ascendant naturel incontestable.

Mais, plus que le portrait de ces jeunes seigneurs, Almaviva en est le symbole, le prototype plus vrai que vrai. Almaviva est le nanti de naissance que Beaumarchais-Figaro sert avec dévouement sans cesser pour autant de fulminer contre lui. Les relations de Figaro avec ce maître sont ambiguës: dans le *Barbier* (1.ii, p.175), il se déclare 'prêt à servir Votre Excellence en tout ce qu'il lui plaira d'ordonner' mais dans le *Mariage* (v.iii, p.345) il en parle avec beaucoup d'amertume: 'Parce que vous êtes un grand Seigneur, vous vous croyez un grand génie!... noblesse, fortune, un rang, des places; tout cela rend si fier!'

D'une citation à l'autre, on mesure le chemin parcouru en moins de dix ans: dans le premier cas, Figaro s'adresse au Comte avec une révérence un peu moqueuse, un peu exagérée peut-être, mais sincère. La révérence et les propos qui l'accompagnent sont reçus par le Comte avec sourire et bonne humeur. Le ton légèrement moqueur de Figaro est également celui du Comte: c'e st celui de la bonne société. Dix ans plus tard, Figaro monologue. Almaviva ne peut plus ni entendre les paroles de Figaro, ni lui répondre; entre les deux anciens amis, la distance sociale a fini par creuser un fossé. Cette évolution est un signe des temps: il n'y a plus de dialogue possible. Au cinquième acte, Figaro fait appel à tous les vassaux . . . la Bastille n'est pas loin de tomber.

Quel est le modèle d'Almaviva? Sur le plan sentimental, il n'est sans beaucoup ressembler à son créateur, monsieur *de* Beaumarchais, homme riche, 'arrivé', très séduisant, et tout à la fois sentimental et libertin. En dépit de son très grand respect envers Thérèse, qu'il appelle affectueusement sa 'ménagère', il se rend coupable d'infidélites sans nombre à son égard: 'J'ai toujours aimé les Lisettes. On y va plus gai. Dans leurs amours moins empesées que leurs maîtresses et disant toujours oui, la demande, l'accord, les fiançailles, l'épousaille, l'hymen et le veuvage sont l'affaire d'un moment'.[8] On voit à quel trait de caractère profond correspond le caprice d'Almaviva pour Suzanne.

Mais Beaumarchais place ce personnage, qui lui ressemble beaucoup, dans une situation sociale bien différente de la sienne: il en fait un très grand seigneur. Le Comte Almaviva occupe des fonctions qui ne sont pas sans rappeler celles que le duc de Choiseul a occupées. Il serait bon, par conséquent, de connaître ce duc auprès duquel Beaumarchais rêvait peut-être d'occuper le poste de confiance qu'il attribue à Figaro. Ministre de Louis xv dès 1757, Choiseul allait cumuler les fonctions de secrétaire d'Etat aux affaires étrangères, ministre de la guerre et de la marine: très riche, très grand-seigneur, très imbu de sa supériorité et de ses privilèges, il avait l'appui de la noblesse de cour et de celle des parlements dont il défendait les intérêts. Il avait également l'appui des philosophes car il était lettré et spirituel: 'Choiseul était-il violent? Avec les formes charmantes et légères de l'homme du monde, il était hautain et sec, indiscret, méchant de langue, et, même dans la galanterie, si l'orgueil était blessé, on le vit parfois cruel' raconte Michelet[9] qui lui voue une haine tenace. Ce portrait pourrait bien être celui d'Almaviva. Choiseul fut brusquement renvoyé et exilé en 1770, au

[8] Beaumarchais, cité par René Jasinski, *Le Mariage de Figaro* (Paris 1947), p.128.
[9] Michelet, *Histoire de la France* (Paris 1833-1869), v.453.

moment où l'agitation des parlements menaçait la monarchie. Ce renvoi fut une des mesures que prit Louis xv pour entreprendre la réforme judiciaire que la hardiesse et l'arrogance des parlementaires parisiens rendaient indispensable. Les anciens parlements furent donc remplacés par les parlements Maupeou: le parlement de Paris fut supprimé et remplacé par six conseils supérieurs dont les juges étaient nommés par le roi, en seule considération de leur compétence, et appointés par l'état. Si elle avait réussi, cette réforme parlementaire aurait peut-être évité la Révolution.

Or, cette noblesse parlementaire était souvent liée à la noblesse de cour. Curieuse d'idées nouvelles, favorable aux philosophes, riche, amie des lettres et des arts, elle formait le public qui soutenait Choiseul. C'est ce même public qui acclama Beaumarchais lorsque celui-ci démontra dans ses *Mémoires* que les nouveaux parlements n'étaient pas meilleurs que les anciens: Goezman était un de ces juges nouveaux appointés par l'état, et à qui les épices étaient interdites. Or Beaumarchais démontra qu'il était vénal. Il portait ainsi atteinte au nouveau système et s'appuyait sur tous ceux qui lui étaient opposés: les milieux parlementaires, la noblesse de robe, la grande noblesse liée aux Choiseul; et aussi toute la bourgeoisie commerçante des villes, qui soutenaient ceux qui, par leur fortune, stimulaient le commerce.

Mais Choiseul, lié au monde de la noblesse de robe l'était également, et étroitement, à celui de la haute finance: il était l'époux de Louise-Honorine de Crozat Du Chatel, une descendante du fermier-géneral Crozat qui avait protégé Watteau. Entre l'argent des Crozat et la puissance ministérielle de Choiseul, on peut ainsi discerner les lignes de force d'un parti politique aussi bien que d'un milieu d'affaires.

Exilé par le roi en 1771, Choiseul se retira en son domaine de Chanteloup, dans lequel on a vu le modèle d'Aguas-Frescas.[10] A Paris, le duc et la duchesse de Choiseul résidaient, rue Richelieu, dans un hôtel que la duchesse avait hérité de son grand-oncle Pierre Crozat et à propos duquel nous retrouvons Beaumarchais et ses affaires immobilières de 1780-1783.

---

[10] voir l'article de Jeanne Orliac, 'Chanteloup, la duchesse de Choiseul et Chérubin', *Revue hebdomadaire* (Paris 1922).

Lié aux financiers Crozat par son mariage, Choiseul est aussi le frère de la duchesse de Grammont, avec laquelle ses relations étaient très étroites (on a même parlé d'inceste). Or, c'est la duchesse de Grammont qui a introduit la duchesse de Polignac à la cour, et l'a présentée à Marie-Antoinette. Par ailleurs, le mari de la duchesse de Polignac est le comte de Polastron, de qui on a, datée du 18 avril 1782, une obligation à Beaumarchais. N'oublions pas en outre que c'est au duc de Choiseul que Marie-Antoinette est redevable de son mariage avec le roi de France. L'amant de la duchesse de Polignac est Vaudreuil, celui-même qui a fait jouer le *Mariage* aux Gennevilliers en septembre 1783, malgré l'interdiction du roi.

Nous voyons donc que Beaumarchais est lié au 'milieu Choiseul' par tout un réseau de relations d'affaires et d'amitiés. Ceci nous permet de comprendre la nature des rapports qu'il instaure entre Figaro et le Comte Almaviva. Leur caractère est semblable, et la complicité qui était la leur à l'époque du *Barbier* démontre bien qu'ils étaient faits pour s'entendre. Mais ils sont d'essence différente: dans le monde d'Almaviva, Figaro ne peut être que valet, en dépit de ses talents incontestables. L'horloger devenu financier se plie encore à cet état de choses, mais son 'alter ego' Figaro ne l'admet qu'avec peine et se révolte contre celui qui 'ne s'est donné que la peine de naître'. Le personnage revendique une dignité que l'auteur n'a pu obtenir pour lui même.

Cependant les insolences de Figaro se heurtent au mépris du Comte, qui d'un bout à l'autre de la comédie, ne les considère jamais comme autre chose que des mots d'esprit.

Pour employer des termes modernes, il y a 'manque de communication' entre Almaviva et Figaro: ils dialoguaient dans le *Barbier*, et ici ils monologuent chacun de son côté. Lorsque le Comte essaie de 'sonder adroitement' Figaro, cette tentative nous vaut une scène étonnante au long de laquelle les deux personnages se servent des mots non pas pour se transmettre une information mais pour se la cacher: 'Le Comte. . . . Autrefois tu me disais tout. Figaro. Et maintenant je ne vous cache rien.' (*Mariage*, iii.v, p.309). Il lui cache pourtant quelque chose d'important: Almaviva ne se rend pas compte à quel point il est dépendant de son valet. Il a l'impression d'être le maître, il jouit encore des marques du plus profond respect, mais il n'est pas conscient de l'instabilité de cette situation. La scène finale devrait le faire réfléchir, mais il est bien trop occupé à ses plaisirs. Dans le couplet qu'il chante au vaudeville, il n'est question que de libertinage: 'Vive la femme au bon air!' Pendant ce temps, Figaro a gagné à sa cause la Comtesse elle-même, ainsi que tous les vassaux qui, dans une variante, parlant de Figaro qui tenait tête à son maître, disaient: 'l'un après l'autre d'un ton bas et comme un murmure général: Il a raison, bien fait, c'est juste, il a raison etc.'[11]

Dans la réalité, Beaumarchais a fait encore mieux: il a mis le duc de Choiseul sous son entière dépendance en lui avançant des fonds pour lui permettre de réaliser une importante opération immobilière.

En effet, le 25 avril 1782, Beaumarchais consent au duc un prêt de 763,000 livres, ce qui permet à Choiseul d'entreprendre l'édification de tout un ensemble d'hôtels et de maisons autour de la nouvelle Comédie italienne. Beaumarchais frappe d'hypothèque tous les biens de Choiseul et particulièrement les maisons et hôtels construits et à construire sur les terrains de l'hôtel des Crozat, rue de Richelieu; c'est à lui que les entrepreneurs donneront quittance. Beaumarchais devait singulièrement savourer le plaisir d'avoir sous sa dépendance ce grand seigneur qui l'avait humilié plus d'une fois et qui, plus que tout autre, résumait en lui-même tous les privilèges et les nantis du régime: noblesse de cour, de robe et d'argent, réunies en un seul homme.[12]

Mais Choiseul n'était plus qu'un vieil homme qui voulait s'assurer une fin sans souci. Almaviva est au contraire un homme jeune, avide de plaisirs 'libertin par ennui, jaloux par vanité' (*Mariage*, I.iv, p.263) et qui nous fait penser à un autre jeune noble libertin, Valmont, dont il utilise d'ailleurs le vocabulaire. Il qualifie lui-même de 'fantaisie' le sentiment qu'il éprouve pour Suzanne, et pour parvenir à ses fins, il entend user 'd'autorité'. La valeur exacte de ces termes est bien mise en évidence par Laurent Versini qui établit une distinction entre trois formes de sentiment amoureux, selon que son siège est dans 'les sens', 'l'esprit' ou 'le cœur'. Selon Versini,[13] lorsque le siège du sentiment amoureux est dans 'les sens', les choses se présentent de la manière suivante:

[11] *Le Mariage de Figaro*, ed. J. B. Ratermanis, *Studies on Voltaire* (1968), lxiii.501.

[12] Jacques Seebacher, 'Autour de Figaro: Beaumarchais, la famille Choiseul et le financier Clairière', *Revue d'histoire littéraire* (Paris janvier 1962).

[13] Laurent Versini, *Laclos et la tradition: essai sur les sources et les techniques des Liaisons dangereuses* (Paris 1968), p.462. Il s'agit d'un tableau intitulé 'Tableau du vocabulaire du sentiment chez Crébillon et ses héritiers'.

Siège du sentiment:	*sens*
Nature du mouvement:	*désirs*
Manifestation du mouvement:	emportement
	ivresse
	plaisir
Nature de la liaison:	commerce ou affaire de galanterie
	fantaisie
	arrangement
Nature de l'attachement:	*fantaisie*
Aptitude (adjectif):	*ardent*
	sensuel
	sensible
	amoureux
	passionné
	susceptible
(substantif):	sensibilité
Caractère susceptible du mouvement:	femme galante
	libertin
But:	*plaire*
Moyens de plaire:	coup *d'autorité*
	témérité
	impertinence
	insolence
	surprise
	occasion
	moment
	hasard inopiné

Tous les mots soulignés dans ce tableau établi par Versini apparaissent dans les répliques d'Almaviva ou à son sujet. Nous pouvons constater que leur nombre est important: Almaviva s'exprime comme Valmont. Mais justement, il est le seul de tous les personnages du *Mariage* à pouvoir être aisément intégré dans le système qu'établit Laurent Versini d'une façon aussi ingénieuse. Autrement dit, le Comte Almaviva utilise un vocabulaire différent de celui de tous les autres personnages. Ce n'est donc pas seulement sur le plan des revendications sociales et matérielles que le dialogue avec lui s'avère impossible, c'est également au niveau des sentiments. Si bien que la Comtesse prend l'initiative du déguisement parce qu'elle s'est rendu compte que, pour forcer l'attention de son époux, il faut qu'elle lui apparaisse sous l'aspect de sa 'fantaisie', Suzanne.

On aurait tort cependant de pousser trop loin la comparaison. Beaumarchais prend soin de nous répéter à maintes reprises que le Comte n'est pas 'un méchant'. Avec le sens de la cocasserie qui lui est propre, il présente un personnage ni très intelligent, ni très volontaire 'du reste, homme assez ordinaire!, tandis que moi, morbleu' (*Mariage* v.iii, p.345), un personnage dont le mérite essentiel demeure d'incarner les nantis, les privilégiés, tout en continuant à se faire aimer de ceux qui ne le sont pas. Il représente le privilégié à un moment historique particulier: on ne le hait pas encore, mais on sent qu'un jour, on le haïra.[14]

[14] à propos de Chérubin, Beaumarchais explique dans la préface (p.242): 'on ne l'aime pas encore, mais on sent qu'un jour, on l'aimera'.

III

Suzanne

Contrairement à Figaro et à Almaviva, Suzanne est un visage nouveau. Mais, dès la première scène, nous en apprenons assez pour comprendre toutes ses actions: elle se prépare à épouser Figaro, à qui elle entend rester fidèle, et elle est très attachée à la Comtesse, dont elle est la 'camariste'. Spirituelle, adroite et rieuse, elle demeure, d'un bout à l'autre de la pièce, 'sage', et il n'y a dans son rôle 'pas une phrase, pas un mot qui ne respire la sagesse et l'attachement à ses devoirs' (*Mariage*, 'Préface', p.242).

D'où vient Suzanne? Pouvons-nous lui trouver des antécédents littéraires? La Lisette du *Jeu de l'amour et du hasard* est bien spirituelle, elle aussi, mais ce n'est pas là qu'il faut chercher. Ce n'est pas dans la littérature que Beaumarchais a trouvé son modèle, c'est dans sa vie, bien plus intéressante que tous les romans. C'est donc sur sa biographie que nous nous penchons pour y découvrir celle qui servit de modèle à la charmante Suzon: elle se nommait Marie-Thérèse de Willermaulaz et depuis 1775, cumulait auprès de Beaumarchais les fonctions de ménagère et de sécrétaire de direction. Elle allait devenir, en janvier 1777, la mère d'Eugénie, unique descendante de Beaumarchais, avant d'être enfin la troisième et dernière madame de Beaumarchais, en 1786.

Sa célébrité attira sur lui les regards d'une femme douée d'un cœur sensible et d'un caractère ferme [. . .] Elle vint; je fus témoin de leur première entrevue. J'ai déjà dit qu'il était difficile de voir Beaumarchais sans l'aimer [. . .] Il était plus difficile encore de résister aux regards, à la voix, au maintien, aux discours de cette jeune femme [. . .] Leurs cœurs furent unis, dès ce moment, d'un lien que nulle circonstance ne put rompre, et que l'amour, l'estime, la confiance, le temps et les lois rendirent indissoluble.[15]

Cela se passait en février 1775, et cette rencontre eut lieu dans les circonstances les plus romanesques: Beaumarchais sortait du Palais de justice où il venait d'entendre le verdict qui le 'blâmait' en même temps que mme. Goezman. Il y avait foule chez lui: on venait le féliciter, car il avait risqué les galères. C'est au milieu de ce brouhaha que mlle de Willermaulaz apparut pour demander à Beaumarchais 'de lui

---

[15] Gudin, cité par Castries, p.226.

prêter sa harpe'. Dès lors, ils ne se quittèrent plus. Elle eut certes beaucoup à souffrir des infidélités de son célèbre amant, mais elle finit toujours par le ramener à elle:

Forcé d'avoir plutôt une ménagère qu'une maîtresse, la femme qui prend le tablier blanc chez moi, qui arrête le livre des gens et de la blanchisserie, a droit à ma reconnaissance. Ce n'est là ni de la passion ni de l'ivresse, c'est une douce convenance que la plus austère honnêteté ne peut qu'approuver.[16]

Pendant que Thérèse veillait au train-train quotidien, tenait les comptes et arrêtait 'le livre des gens', Beaumarchais se multipliait: c'est à cette époque qu'on le trouve quasi simultanément à Londres et à Paris, et où il mène de front les affaires suivantes:

1. Les suites interminables du procès contre La Blache, qui l'obligent à plaider à Aix (décembre 1775-juillet 1778).

2. L'appel contre le 'blâme' de 1775. Tant qu'il est blâmé, il n'a pas de personnalité civile: entre autres, il ne peut pas se marier.

3. Des missions secrètes en Angleterre: il s'agit de récupérer des libelles infamantes contre mme Du Barry d'abord, puis après la mort de Louis xv, contre Marie-Antoinette, ainsi que des documents secrets compromettants pour la politique française (avril 1775-1778).

4. Etant à Londres, il s'intéresse aux difficultés qu'a l'Angleterre dans ses colonies américaines et envoie à ce sujet d'innombrables mémoires à Vergennes, ministre des affaires étrangères (1775-1777).

5. Il monte la compagnie Hortalez et Cie, qui servira de prête-nom au gouvernement français et se met à armer des navires, et à envoyer des munitions aux insurgents américains (juin 1776-janvier 1779).

6. Il est en pourparlers avec les comédiens français d'une part et un certain nombre d'auteurs de l'autre, et finira par fonder la 'Société des auteurs', qui défendra les droits de ces derniers. Pour qui connaît le caractère individualiste et susceptible des gens de lettres, il ne fait pas de doute que ce n'était pas la plus facile de ses entreprises (juillet 1777-janvier 1791).

7. Voltaire venant à mourir (1778), Beaumarchais entreprend de faire éditer ses œuvres complètes. Tâche quasi impossible: Voltaire souvent ne signait pas ses ouvrages, niait fréquemment en être l'auteur. Sa correspondance était éparpillée dans toute l'Europe, et enfin, le

---

[16] *Correspondance*, iii.85: lettre à mme de Godeville du 4 avril 1777.

gouvernement français interdisait une telle édition. Beaumarchais monta donc de toutes pièces une usine de papier et une maison d'édition à Kehl, à cheval sur la frontière, et se lança dans cette entreprise, bien plus importante, quantitativement s'entend, que l'*Encyclopédie*, qui fut la grande affaire de l'édition en France au dix-huitième siècle (1779-1790).

8. Il entretient une liaison orageuse avec mme de Godeville, qui nous a gardé sa correspondance (1776-1779).

9. Il compose *Le Mariage de Figaro* (? 1775-juillet 1778).

Ce n'est là que l'essentiel, car entre 1778 et 1779 Beaumarchais semble doué d'ubiquité. Aurait-il pu se multiplier ainsi s'il n'avait eu à ses côtés la présence silencieuse et efficace de Thérèse, collaboratrice autant que compagne, 'la légèreté française sur le piédestal suisse', comme le disait Julie, sœur de Beaumarchais.

Rarement nommée dans les lettres, Thérèse apparaît en filigrane dans la correspondance que Beaumarchais entretient avec mme de Godeville, au point qu'on peut valablement se demander dans quelle mesure Suzanne n'est pas la projection sur scène de Thérèse, qui incarnait pour lui la stabilité et la tranquillité au sein de sa vie mouvementée. Nous essaierons de répondre à cette question en étudiant la correspondance, qui s'étend sur les années 1777-1779, de Beaumarchais à mme de Godeville.

En 1777, Beaumarchais a quarante-cinq ans. Thérèse en a environ vingt-cinq et elle attend un enfant. Cela n'empêche pas Beaumarchais de se lier avec mme de Godeville qu'il a connue à Londres, et dont la réputation est des plus scandaleuses.

Cependant, comme il a des remords vis-à-vis de sa 'ménagère', et qu'il est réellement très occupé, il lui arrive souvent de ne pas se rendre aux rendez-vous fixés avec la dame et de s'en excuser. Ballotté entre une passion coupable dont il n'a pas la force de s'arracher et un goût grandissant pour le bonheur bourgeois que Thérèse lui propose, il se sent déchiré (*Correspondance*, iii.101):

Mardi 29 Avril à 3 heures, 1777.

Sais-tu bien pourquoi je ne te réponds pas? C'est que je ne *veux* pas me livrer au plaisir de te répondre [. . .] Rendu à mon cabinet, à mes affaires, à la foi promise et due à cette ménagère qui mérite tant de reconnaissance et d'égards, je sens mon cœur tiraillé des deux parts en sens contraires [. . .] La

45

pauvre petite que l'inquiétude et l'effroi rendent si pressante et timide en me parlant [. . .] me dit: 'Ah! mon ami, tu ne peux pas me mentir, et puisque tu ne réponds pas, tu es sûrement coupable'. Et tu veux que je rougisse devant celle qui respectait ma véracité! [. . .] Chère femme, ou plutôt, cruelle femme! rends-moi mon repos; je n'aurais perdu que mes plaisirs, que le bonheur si vif de t'aimer et d'être aimé de toi: mais j'aurai retrouvé cette *unité de marche et de sentiment si nécessaire à ma situation.*

Le désarroi sentimental de Beaumarchais est frappant dans cette lettre, dans laquelle il refuse d'accorder à mme de Godeville l'exclusivité qu'elle exige et ce, au nom de l'honnêteté et du respect qu'il doit à Thérèse.

Harcelé par les exigences de mme de Godeville, il lui écrit, le 29 mai, alors qu'il doit faire face à de graves problèmes d'échéance difficile: 'La femme incapable de sentir un peu mes angoisses et de les partager n'aura jamais la moindre part à mon affection' (*Correspondance,* iii.115). Il commence à se lasser de la dame, et attache beaucoup trop d'importance à ses occupations professionnelles pour s'en laisser détourner, même par une femme adorée. Il écrit encore à mme de Godeville, mais il est clair qu'elle n'occupe plus la première place dans sa vie.

Thérèse, de son côté, est une présence silencieuse et efficace: les fonctions qu'elle assume sont autrement plus importantes aux yeux de Beaumarchais que celles qu'ambitionne mme de Godeville: Beaumarchais ne peut mener cette vie fébrile et tourbillante qui est la sienne que grâce à la présence auprès de lui de cette jeune Suissesse éprise d'ordre et douée d'un sens rare de l'organisation. C'est elle l'épouse que l'on respecte et que l'on craint. S'il échappe parfois, c'est comme un enfant qui fait l'école buissonnière (*Correspondance,* iii.116):

Dimanche, Ier Juin à 3 heures 1777.
Ce soir, ce soir, du moins je l'espère. Si vous saviez devant qui j'écris ces 4 mots!...

Plus loin, nous trouvons des propos plus explicites encore (iii.119):

4 Juin 1777, à 4 heures
J'ai un battement de cœur en t'écrivant ce billet. *Quelqu'un* à qui je ne permets pas l'entrée de mon cabinet quand je travaille mais qui souvent trouve des prétextes pour y entrer, vient de me surprendre à lire ta lettre. Je l'ai jetée sous la table. Ah! voilà une lettre qui tombe. Je me suis baissé

sans répondre et je l'ai mise dans un cahier d'affaires; puis je me suis levé et j'ai marché pour masquer ma rougeur. Il semble qu'un démon l'inspire et je lis peu de tes lettres sans être interrompu. Mais que faire? Paraître s'en fâcher inspirerait des soupçons qui me nuiraient, qui nous nuiraient.

Vraisemblablement Thérèse se doute de quelque chose et rôde aux alentours. Beaumarchais se plaît à lui faire des infidélités tout en savourant le remords d'en faire. C'est à Almaviva que notre auteur prêtera le fruit de cette expérience sentimentale peu glorieuse: le Comte se laisse entraîner par son caprice malgré la confusion et la honte qu'il en ressent: 'Qui donc m'enchaîne à cette fantaisie? j'ai voulu vingt fois y renoncer... Etrange effet de l'irrésolution!' (*Mariage*, iii.iv, p.307). Cependant, les récriminations incessantes de mme de Godeville commencent à lasser Beaumarchais: 'le sentiment que vous exigez de moi et auquel je me livrerais volontiers si j'avais plus de loisirs est tout ce qui constitue mes torts à mes yeux! Je ne suis ni assez libre, ni assez aimable pour faire suivre une passion' écrit-il, découragé, le 18 juin 1777 (*Correspondance*, iii.129). Et il poursuit: 'Comment concevriez-vous le quart de mes occupations et de mes embarras? Les gens qui m'environnent seuls peuvent avoir pitié de moi.' En ce mois de juin 1777, l'infatigable Beaumarchais que guette le surmenage a besoin de tendresse et de soins plutôt que de folle passion; c'est alors que la présence de Thérèse devient indispensable, et l'on retrouve un écho de ce besoin d'une présence féminine douce et diligente dans une des variantes du *Mariage de Figaro* (Ratermanis, pp.517-19, ms CF):

MARCELINE. Avant de signer le contrat, prétends-tu nous la tourmenter avec tes visions maritales.

BARTHOLO. C'est le mal du pays.

SUZANNE. Je l'en guérirai.

BARTHOLO. Et votre recette est?

SUZANNE. De la sagesse, de la réserve, de la solitude, et des soins.

FIGARO, *lui pressant la main avec amour*. Voilà ce qu'on peut appeler un vrai remède de bonne femme.

Ce n'est pas de la passion que Figaro-Beaumarchais demande à son épouse. C'est au repos, au calme et à la tranquillité qu'il aspire en sa compagnie: Thérèse l'emporte désormais sur mme de Godeville, bien que la partie ne soit pas encore tout à fait terminée (*Correspondance*, iii.164-165):

Dimanche matin 27 Juillet 1777

Si je vous cause bien des chagrins sans savoir comment, vous m'en causez bien d'autres dans mon intérieur, et j'ai donné cent fois depuis quinze jours mille malédictions à l'amour, aux femmes, à la jalousie, et bref à ma sottise de me faire ainsi tirailler entre deux femmes pendant que j'ai besoin de toute ma tête pour les occupations qui seules conviennent à un homme de mon âge. En honneur, je suis honteux de moi et de tout ce qui m'arrive.

En dépit de ces sentiments louables, Beaumarchais allait attendre jusqu'en mai 1786 pour épouser enfin Thérèse. Les témoignages cependant concordent pour affirmer que ni la longue attente, ni le désagrément de cette fausse situation n'avaient altéré ses charmes. Ennemie de toute coquetterie, elle était naturellement 'sage', et savait s'accomoder également de solitude. 'Ma vivacité, ma gaieté se prêtent à tout ce qu'on veut faire. Avec les jeunes gens, je m'évertue; avec les penseurs, je médite; avec les fous, je ris aux larmes; avec les ennuyeux, je m'occupe afin de les oublier si je le puis'.[17] Sa correspondance témoigne, selon les biographes de Beaumarchais, de ses mérites de femme d'esprit, autant que de ses qualités de maîtresse de maison. 'Routinière comme le soleil et la lune', elle menait son intérieur avec fermeté, plus attachée aux intérêts du *patron* qu'aux siens propres. Intelligente et sensible, son attachement et sa tendresse envers Pierre-Augustin ne se démentirent jamais en dépit des nombreux torts qu'il eut à son endroit (mme de Godeville n'était pas la seule, loin de là). Tout donne à penser qu'elle souffrit de la situation irrégulière où son excès d'amour l'avait jetée (d'après Castries, pp.401-404).

Le personnage de Suzanne constitue le plus bel hommage de Beaumarchais envers cette femme qu'il aimait et estimait: 'La charmante fille! toujours riante, verdissante, pleine de gaieté, d'esprit, d'amour et délices! mais sage!' (*Mariage*, I.ii, p.261). Suzanne est camariste comme Thérèse est ménagère. Tout comme c'était le cas avec Figaro, il s'agit d'un personnage qui existe avant la comédie, qui vient de la vie, et que Beaumarchais met en situation. Toutes deux sont des femmes de tête au caractère franc, ouvert et rieur. Cette fidélité de notre auteur à son modèle vivant a pour résultat la création d'un personnage infiniment plus complexe que toutes les jeunes filles qui

---

[17] lettre de Thérèse, citée par Castries, p.402.

48

apparaissent chez Molière, Marivaux et bien d'autres écrivains de moindre valeur.

Chez Beaumarchais, par exemple, la preuve la plus convaincante que donne Suzanne de son amour est une série de claques que Figaro reçoit avec délectation, et qui montre bien combien elle est peu encline à la passivité et à la soumission féminine traditionnelle. Figaro a douté de la fidélité de Suzanne, puis, l'ayant reconnue sous les atours de la Comtesse, il a fait semblant de courtiser cette dernière. Bien que dupe à moitié seulement, Suzanne n'en est pas moins vexée, car la méfiance et la jalousie ne doivent en aucun cas apparaître dans les relations qu'elle entend avoir avec son époux.

Tous deux sont soulagés lorsqu'ils se rendent compte que leurs inquiétudes n'avaient pas de raison d'être. Chez tous les deux, ce soulagement se manifeste par de l'allégresse, mais il se mêle un peu de rancœur à la gaieté de Suzanne: 'Tu m'as reconnue? Ah! comme je m'en vengerai!' (*Mariage*, v.viii, p.354). Cette jeune fille fraîche et 'riante' n'a pas la passivité de la Comtesse; son bon sens et sa force de caractère se font déjà sentir, ne fût-ce que dans l'estime que lui porte Figaro, qui la met au courant de tous ses projets et lui voue une confiance absolue. Les relations entre Figaro et Suzanne sont des relations d'égalité et le fait qu'elle travaille n'est peut-être pas étranger à cet état de choses. Le poste qu'elle occupe auprès de la Comtesse équivaut à celui que Figaro occupe auprès de Comte, c'est pourquoi Suzanne 'se venge' lorsque Figaro prend l'attitude du mari jaloux.

En Suzanne, Beaumarchais a créé un type féminin nouveau. Elle est aussi éloignée des soubrettes dont elle semble issue que Figaro l'est des valets dont il est le descendant (*Mariage*, iv.i, p.329):

FIGARO. Et tu m'aimeras un peu?
SUZANNE. Beaucoup.
FIGARO. Ce n'est guère.
SUZANNE. Et comment?
FIGARO. En fait d'amour, vois-tu, trop n'est même pas assez.
SUZANNE. Je n'entends pas toutes ces finesses; mais je n'aimerai que mon mari.
FIGARO. Tiens parole et tu fera une belle exception à l'usage.

On ne saurait trouver de meilleure citation pour clore cette étude du personnage de Suzanne qui, aimante mais peu sentimentale, nous fournit avec son Figaro un des plus jolis portraits de l'amour conjugal existant dans la littérature française.

49

IV

Marceline

Marceline est mentionnée dans le *Barbier* sans apparaître sur scène. Nous savons qu'elle est la gouvernante de Bartholo, elle est malade et Figaro la saigne au pied (*Barbier*, II.iv, p.187). Dans la *Lettre modérée* où Beaumarchais défend sa comédie, il s'en prend aux critiques qui trouvent que la pièce n'est qu'une 'farce' et qu''elle n'a pas de plan'. Avec la verve qui lui est propre, notre auteur démontre que le plan du *Barbier* est le plus simple qui soit, et qu'il ne tenait qu'à lui de le compliquer: 'Au lieu de rester dans ma simplicité comique, si j'avais voulu compliquer, étendre et tourmenter mon plan à la manière tragique ou *dramatique*, imagine-t-on que j'aurais manqué de moyens [. . .]?'[18] Et il nous présente un scénario étourdissant et loufoque, où Figaro et Bartholo en viennent aux mains après le mariage d'Almaviva, qui a terminé la comédie. Cette querelle provoque la reconnaissance mutuelle de Figaro et Bartholo, l'un étant le fils de l'autre. Quant à Marceline 'Sa mère est cette Marceline, devenue vieille et gouvernante chez le docteur, que l'affreux horoscope de son fils a consolée de sa perte' (*Lettre modérée*, p.158).

Et Beaumarchais d'expliquer avec une feinte candeur que pour mettre tout cela sur scène 'Il n'en eût coûté qu'un *sixième* acte'.

Pourtant ce sixième acte ne fut pas perdu pour tout le monde: 'feu M. le Prince de *Conti*, donc, me porta le défi public de mettre au Théâtre ma Préface du *Barbier*, plus gaie, disait-il, que la Pièce, et d'y montrer la famille de *Figaro* (*Mariage*, 'Préface', p.237).

C'est ainsi que Marceline et Bartholo reparaissent dans le *Mariage*.

Dans son *Analyse dramaturgique du Mariage de Figaro*, Jacques Scherer remarque que les deux personnages sont introduits d'une façon des plus maladroites:

Marceline [. . .] prend le public à témoin en se référant au passé et en s'appuyant sur le souvenir du *Barbier de Séville*. Souvenir peu fidèle d'ailleurs [...] [Bartholo] semble n'arriver de Séville que pour écouter l'exposition [...] Il

---

[18] *Lettre modérée sur la chute et la critique du Barbier de Séville* de 1775 (*Théâtre complet*, p.157).

est un personnage en quête, non d'auteur, mais de situation. *Qu'à cela ne tienne, Beaumarchais lui en trouvera une.*[19]

Cette dernière réflexion de J. Scherer confirme ce que nous disions plus haut de la manière de Beaumarchais, chez qui le personnage préexiste et est mis en situation. Ici, nous avons un fait curieux: les deux personnages arrivent avant que l'auteur sache exactement ce qu'il va en faire. Par leur nom, ils nous rappellent la comédie antérieure, mais il s'avère très vite que nous aurons affaire ici à des personnages nouveaux: Bartholo est devenu 'compassé'. Bazile, que Bartholo considérait jadis comme son allié est devenu 'un maraud' qui fait ici 'tout le mal dont il est capable'. (La rancune n'est pas étrangère à ce qualificatif; Bartholo n'a pas oublié que Bazile l'a trahi pour de l'argent.) Quant à Marceline, la 'vieille gouvernante' de Bartholo, la voilà devenue une femme savante, une 'duègne' à la recherche d'époux et de considération, l'un amenant l'autre, et ayant, dans cette quatrième scène du premier acte, pas moins de trois partis possibles, Bartholo, Figaro et Bazile (et dans une variante – Antonio aussi lui proposait de l'épouser).

Suzanne, de son côté, considère Marceline comme une menace; elle perd son sang-froid en lui parlant (i.v), et rappelle à Figaro qu'elle est à redouter (ii.ii). De tous les obstacles que Figaro et Suzanne auront à surmonter, c'est Marceline qui est le plus redoutable: Figaro se trouve obligé de payer Marceline ou de l'épouser le jour-même. Le coup de théâtre qui rend ce mariage impossible, et qui permet par conséquent celui de Suzanne, était tout à fait inattendu.

Avant de devenir la mère comblée de Figaro et l'heureuse épouse du docteur Bartholo, Marceline a été un adversaire acharné, à tel point qu'on a du mal à expliquer la désinvolture de Figaro à son égard. En effet, il y a eu entre Figaro et Marceline des relations d'affaires ou d'intrigue au cours desquelles notre héros s'est trouvé dans l'obligation de signer une promesse de mariage, en reconnaissance d'un prêt d'argent que Marceline lui a accordé (*Mariage*, iii.xv, p.318):

Je soussigné reconnais avoir reçu de Damoiselle etc . . . Marceline de Verte-Allure, dans le Château d'Aguas-Frescas, la somme de deux mille piastres fortes cordonnées, laquelle somme je lui rendrai à sa réquisition, dans ce

---

[19] Jacques Scherer, *Le Mariage de Figaro: édition avec analyse dramaturgique* (Paris 1966), p.67.

château[,] et/ou je l'épouserai, par forme de reconnaissance. Signé Figaro tout court.

Tel est le contrat que Figaro traite avec tant de légèreté. Il a tort de ne pas le prendre au sérieux, car ce contrat est inattaquable et Figaro va effectivement perdre son procès.

L'opposition de Marceline au mariage est la plus sérieuse de toutes celles que rencontrent les deux fiancés. Figaro le sait, et néanmoins n'en tient pas compte (*Mariage*, II.ii, pp.280-1):

> FIGARO. [. . .] L'heure du mariage arrive en poste; [le Comte] n'aura pas pris parti contre; et jamais il n'osera s'y opposer devant Madame.
> SUZANNE. Non; mais Marceline, le bel esprit, osera le faire, elle.
> FIGARO. Brrr. Cela m'inquiète bien, ma foi!

Pourtant, il ne poursuit pas cette idée, mais revient à son intrigue première: faire endosser l'habit de Suzanne à Chérubin et l'envoyer au rendez-vous avec le Comte 'sur la brune au jardin'.

Comment se fait-il qu'il soit aussi insouciant? Il a vu Marceline escortée du docteur, et bien déterminée à l'épouser de force. Et pourtant, au lieu de chercher à sonder ses intentions, ce qui serait la prudence élémentaire, il quitte la scène après avoir évoqué leur différend sur le ton de la plaisanterie: 'Adieu, Marceline; avez-vous toujours envie de plaider contre moi? "Pour n'aimer pas, faut-il qu'on se haïsse?"' (*Mariage*, I.iii, pp.262-3).

Or Marceline a plus que jamais envie de plaider contre lui; elle le fait à l'acte III, et gagne son procès.

La question se pose donc: comment se fait-il que Figaro ne l'ait pas prise au sérieux? Il y a une incohérence dans le personnage. Un intrigant comme l'est Figaro ne peut pas ne pas tenir compte d'un obstacle aussi redoutable et aussi immédiat. L'ayant vue aussi déterminée, étant au courant de l'altercation violente qu'elle a eue avec Suzanne (I.v), comment peut-il se présenter au procès avec autant de désinvolture, jouer au plus fin avec le Comte, agacer le juge de ses insolences, afficher la plus parfaite insouciance, tout comme si ce procès ne le concernait en aucune façon, et être finalement 'stupéfait' quand il constate qu'il vient de perdre son procès?

Mieux encore: ce n'est qu'à ce moment, quand le procès est déjà perdu que Figaro, tout décontenancé, se met à songer à ses parades, à Bazile 'qui devait s'opposer au mariage de Marceline', et qu'il a maladroitement laissé partir (II.ii-iii), ou encore à ses parents 'gentil-hommes' qui doivent approuver le mariage de leur rejeton. La question demeure donc: pourquoi n'y a-t-il pas pensé avant? Cela ne lui ressemble guère et il y a tout lieu de dire, comme Suzanne: 'Comme les gens d'esprit sont bêtes!' (*Mariage*, I.i, p.260).

Pourtant, si nous nous penchons une fois de plus sur la biographie de l'auteur, si nous arrivons à découvrir la personne qui a servi de modèle à l'intrépide plaideuse, le mystère s'éclaircira: si Marceline de Verte-Allure n'est pas 'épousable', c'est qu'elle ressemble à une per-sonne qui ne l'était pas davantage. Elle a des traits communs avec mademoiselle Lia de Beaumont, alias Charles-Geneviève-Louis-Auguste-André-Timothée de Beaumont d'Eon, chevalier, capitaine de dragons, ex-lectrice d'Elisabeth, impératrice de Russie, femme de lettres et agent secret détenteur de papiers compremettants pour la cour de France et dont Beaumarchais fit la connaissance à Londres en 1775.

Tout le monde dit que cette fille est folle de moi. Elle croit que je l'ai méprisée et les femmes ne pardonnent pas une telle offense. Je suis loin de la mépriser, mais qui diable! aussi se fût imaginé que, pour bien servir le roi dans cette affaire, il me fallût devenir galant chevalier autour d'un capitaine de dragons? L'aventure me paraît si bouffonne que j'ai toutes les peines du monde à reprendre mon sérieux pour achever convenablement ce mémoire.[20]

C'est ainsi que Beaumarchais commente son étrange aventure dans une lettre adressée à Vergennes, le ministre des affaises étrangères auquel il fait le compte-rendu de ses démarches auprès du chevalier pour récupérer les papiers en question.

Une explication s'impose ici: actuellement, nous savons que made-moiselle d'Eon était en réalité un homme, mais on n'en eut pas la certitude avant la mort de l'étrange créature, en 1810, d'autant plus qu'une des conséquences des démarches de Beaumarchais fut précisé-ment de lui interdire de paraître autrement qu'en vêtements féminins.

Mais revenons en 1775: Beaumarchais venait de terminer son retentissant procès contre Goezman et avait intérêt à ne pas se montrer à Paris pendant quelque temps. Il fut donc dépêché à Londres pour négocier, entre autres, avec Eon. Celui-ci avait en sa possession des papiers relatifs à un éventuel plan d'invasion de l'Angleterre. Si les autorités anglaises découvraient ces documents, cela pouvait entraîner

---

[20] *Correspondance*, ii.158.

la guerre. Mais comme ces papiers n'étaient plus très nouveaux, le problème du chevalier était, tout en obtenant le prix le plus élevé possible, de les rendre sans trop tarder, car plus le temps passait, plus leur valeur baissait.

Eon était loin d'être un sot; il connaissait le défaut de Beaumarchais – la vanité. Le voyant arriver, précédé de sa réputation d'auteur dramatique à succès, et auréolé de la gloire récemment acquise dans l'affaire Goezman, le chevalier androgyne prépara une mise en scène digne de celui qu'elle devait attraper. C'est ainsi que Beaumarchais rencontra une femme sensible, intelligente, cultivée et spirituelle, mais en butte aux méchancetés de tous à cause de son physique ingrat et des circonstances curieuses de sa vie. Quand Beaumarchais débarqua à Londres, en avril 1775, le chevalier d'Eon ne paraissait en public que travesti en femme, et les paris sur son sexe étaient ouverts depuis 1771. Le chevaleresque Pierre-Augustin sentit son cœur se serrer et prit la faible créature sous sa protection. Celui-ci de son côté, trouva bon de tomber amoureux de l'irrésistible Beaumarchais, dont les succès féminins ne se comptaient pas et qui n'aurait pas manqué de s'étonner si, cette fois encore, ses charmes n'avaient pas opéré.

Le plan du chevalier d'Eon réussit fort bien, puisqu'on alla jusqu'à parler de leur imminent mariage, ainsi que nous le prouve la lettre suivante que d'Eon adresse à Beaumarchais:

J'avoue, Monsieur, qu'une femme se trouve quelquefois dans des situations si malheureuses, que la nécessité des circonstances la force à profiter des services dont elle sent la première tout le ridicule parce qu'elle en pénètre l'objet. Plus l'homme qui la veut obliger est adroit et délicat, plus le danger est grand pour elle. Mais quels souvenirs me rappellent ces réflexions! elles me rappellent que, par une confiance aveugle en vous et en vos promesses, je vous ai découvert le mystère de mon sexe, que par reconnaissance, je vous ai donné mon portrait, et que par estime vous m'avez promis le vôtre. Il n'y a jamais eu d'autres engagements entre nous; tout ce que vous avez avancé au-delà *sur notre prochain mariage* selon ce que l'on m'a écrit de Paris, ne peut être regardé par moi que comme véritable persiflage de votre part.[21]

Beaumarchais fut-il réellement dupe du chevalier? Les avis sont partagés. Certains biographes prétendent qu'il fut effectivement dupé

---

[21] lettre du chevalier d'Eon à Beaumarchais (*Correspondance*, ii.157-8).

par Eon,[22] alors que d'autres, relisant les lettres de Beaumarchais attentivement, en concluent que, plus rusé encore que son adversaire, notre auteur fit semblant d'être dupe – ce que la lettre de Vergennes semblerait confirmer:

Quelque désir que j'aie de voir, de connaître et d'entendre M. d'Eon, je ne vous cacherai pas une inquiétude qui m'assiège [. . .] Si *M.* d'Eon voulait se *travestir*, tout serait dit. C'est là une proposition que lui seul peut se faire.[23]

Beaumarchais négocia cette demande peu banale et obtint satisfaction. En retour, le chevalier d'Eon obtenait du roi l'autorisation de rentrer en France, une rente viagère de 12,000 livres et l'apurement de ses dettes à Londres.

Le règlement définitif de cette affaire fit l'objet d'une transaction, le 4 novembre 1775, passée entre

Le sieur Caron de Beaumarchais en vertu des pouvoirs à lui conférés par Louis XVI le 25 Août 1775 [et] demoiselle d'Eon de Beaumont, fille majeure,[24] connue jusqu'à ce jour sous le nom de chevalier d'Eon, ancien capitaine de dragons, chevalier de l'Ordre royal et militaire de Saint-Louis, aide de camp des maréchal-duc de Broglie, ministre plénipotentiaire de France auprès du roi de Grande-Bretagne, ci-devant docteur en droit civil et en droit canon.

Quand le chevalier eut remis à Beaumarchais tous les documents en sa possession, on signa une manière de traité:

Nous, soussignés, Pierre-Augustin Caron de Beaumarchais, chargé spéciale-ment des ordres particuliers du roi de France etc . . . et Demoiselle Charles-Geneviève-Louis-Auguste-Andrée Thimotée d'Eon de Beaumont, fille majeure [. . .]

A l'article quatre de cet étrange contrat, on pouvait lire:

Mlle de Beaumont reconnaît que, par la faute de ses parents elle a vécu sous un faux état-civil masculin et que désormais, pour mettre fin à une situation équivoque, elle reprendra ses habits de fille pour être autorisée à rentrer en France et ne les quittera plus.[25]

Eon tenta par la suite de faire revenir le roi sur sa décision, et espérait y parvenir par l'intermédiaire de Beaumarchais à qui il faisait des

---

[22] c'est notamment le cas de Bernard Fay, dans *L'Esprit révolutionnaire en France et aux États-Unis à la fin du XVIIIème siècle* (Paris 1925), pp.37-9.

[23] lettre de Vergennes à Beaumarchais (*Correspondance*, ii.134).

[24] ce qui est également le titre de Marceline (*Mariage*, III.xv).

[25] contrat rapporté par Castries, p.269.

coquetteries et pour qui il simulait un amour éperdu. N'y parvenant pas, Eon se mit à couvrir Beaumarchais d'insultes et de calomnies, le tenant responsable de ses malheurs:

Tant que Pierre-Augustin Caron de Beaumarchais s'est contenté de me dire en Angleterre qu'il me ferait du bien en France, j'ai écrit du bien de lui. Quand j'ai vu qu'il ne cherchait qu'à me duper et à établir sa fortune sur mon sexe j'ai été forcée, au bout de sept mois de patience et de silence de dire du mal de lui [. . .] N'est-ce pas M. de Beaumarchais qui [. . .] publia partout à Paris qu'il devait m'épouser? Mais son nom seul est un remède contre l'amour nuptial.[26]

Beaumarchais, de son côté, souhaitait se débarrasser de l'encombrante 'vieille folle' qui ne cessait de lui rappeler une promesse de mariage faite en plaisantant. Sa courtoisie naturelle à l'égard des femmes était mise à rude épreuve. Née en 1728, mlle d'Eon approchait de la cinquantaine. Lorsqu'elle vint faire les révérences d'usage à la cour, le 28 novembre 1777, son aspect bizarre frappa tous les yeux, malgré les beaux atours que lui avait confectionnés mlle Bertin, couturière de la reine: 'Il est difficile d'imaginer quelque chose de plus extraordinaire et, s'il faut le dire, de plus indécent que Mlle d'Eon en jupes' notait Grimm dans sa *Correspondance littéraire* (xii.203) à cette occasion.

Visiblement, Eon regrettait d'avoir accepté les conditions de Vergennes, telles qu'elles lui avaient été présentées par Beaumarchais, et il faisait pression sur ce dernier pour obtenir une révision en sa faveur, obtenir une augmentation de la pension que le roi lui avait accordée, peut-être aussi l'annulation de la clause bizarre relative aux vêtements. Toujours est-il qu'il se répandait en libelles et propos venimeux sur le compte de Beaumarchais. Celui-ci, pour sa part, considérait l'affaire Eon comme terminée. Il avait bien d'autres problèmes: il lui fallait obtenir la révision du procès La Blache (ce qui se fit à Aix en 1778), faire casser le jugement de février 1775 et faire annuler le blâme, qui l'avait privé de son identité civile. Il devait surtout s'occuper de la compagnie Hortalez et Cie, armer des navires à Bordeaux et à Nantes, les remplir de marchandises et de munitions pour les insurgents, correspondre avec le congrès américain, faire face aux calomnies relatives à ses initiatives politiques, consolider son ménage où Eugénie venait de

[26] d'Eon à Vergennes, 20 janvier 1778, rapporté par Castries, p.269.

naître, sans oublier pour autant mme de Godeville . . . Bref, 'la chère chevalière' l'excédait, et il finit par lui régler son compte de la manière suivante: le parlement d'Aix en Provence devant juger le procès en appel entre La Blache et Beaumarchais, son arrêt fut prononcé le 21 juillet 1778 et donna enfin raison à Beaumarchais contre La Blache. Mais pour en arriver là, Beaumarchais avait écrit de nouveau un mémoire, qu'il avait répandu dans la ville, selon la technique mise au point lors de l'affaire Goezman: dans ce mémoire, qui eut un grand succès et contribua beaucoup à sa victoire, l'auteur racontait, avec autant d'esprit que de talent l'histoire de sa vie, enrichie depuis 1773 de quelques épisodes piquants, dont celui du chevalier d'Eon, et il en profitait pour répondre aux libelles injurieux de l'amazone.

Cette réponse fut reprise en entier par Grimm, qui, la recopiant dans sa *Correspondance littéraire* d'août 1778 (xii.161), la fit connaître à toute l'Europe:

Un morceau d'un autre genre est la réponse que l'auteur fait en passant au pamphlet de la demoiselle d'Eon, répandu par M. de la Blache avec la plus grande profusion dans toutes les villes du ressort de la cour d'Aix. 'Je ne vois dans cette ingénieuse diatribe que le badinage innocent d'une demoi- selle d'esprit, très bien élevée, qui a le ton excellent, et qui surtout est si reconnaissante de mes services qu'elle craint que ma lettre à M. le Comte de Vergenne à son sujet, la réponse de ce ministre et mon envoi, ne sortissent trop tôt de la mémoire des hommes. Quant au cartel mâle et guerrier qu'elle m'y adresse, quoique je n'aie pas manqué d'en être effrayé, j'ai si peu oublié qu'elle était du beau sexe que malgré ses cinquante cinq ans, ses jure-dieu, son brûle-gueule et sa perruque, je n'ai pu m'empêcher de lui appliquer à l'instant ces beaux vers de Quinault, mis en belle musique par le chevalier Glück:

> Armide est encor plus aimable
> Qu'elle n'est redoutable.'

Ces deux vers, relatifs à mlle d'Eon, 'fille majeure', étaient désormais sur toutes les lèvres. Eon renonça à poursuivre sa lutte, repartit pour l'Angleterre et chercha à se faire oublier.

Mais en cet été 1778, l'infatigable Beaumarchais était également en train de composer le *Mariage*, et c'est ainsi que Marceline, avant de rentrer dans le rang et devenir mère et épouse, se trouve ressembler à l'étonnante 'fille majeure' qui poursuivait Beaumarchais à coups de libelles et brandissait un contrat aux clauses bizarres, contrat que lui n'avait jamais pris au sérieux, ou plutôt qu'il avait oublié depuis longtemps et qu'elle s'entêtait à lui rappeler.

C'est ainsi que Figaro se retrouve, au moment de contracter mariage avec Suzanne, aux prises avec une vieille excentrique qui lui rappelle des souvenirs oubliés, une promesse de mariage qu'il n'a jamais prise au sérieux, mais dont elle entend obtenir la réalisation.

'Qui diable se fût imaginé que pour bien servir le roi dans cette affaire, il me fallût devenir galant chevalier autour d'un capitaine de dragons?' écrivait Beaumarchais à Vergennes en avril 1776 (*Correspondance*, ii.158). Il y a également cette rumeur persistante du prochain mariage, rumeur qu'Eon attise par ses savantes dénégations.[27] Nous retrouvons un écho de cette situation invraisemblable dans notre comédie (*Mariage*, II.xxii, pp.301-2):

MARCELINE, *au Comte*. Ne l'ordonnez pas [son mariage], Monseigneur! il a des engagements avec moi [. . .]
FIGARO. Des engagements! de quelle nature? Expliquez-vous [. . .]
LE COMTE. De quoi s'agit-il, Marceline?
MARCELINE. D'une obligation de mariage.
FIGARO. Un billet, voilà tout, pour de l'argent prêté.
MARCELINE, *au Comte*. Sous condition de m'épouser [. . .]

Figaro ne hait pas Marceline, il le lui dit à deux reprises: 'Pour n'aimer pas, faut-il qu'on se haïsse' (*Mariage*, I.iii, p.263) et, plus loin, 'J'étais loin de vous haïr, témoin l'argent' (*Mariage*, III.xviii, p.325). Mais ce n'est pas une raison pour épouser cette personne 'de cinquante cinq ans, avec ses jure-dieu, son brûle-gueule et sa perruque'. Dans sa comédie, Beaumarchais place son personnage dans la situation ridicule qui était la sienne vis-à-vis de mlle d'Eon, puis tire les conséquences jusqu'à la conclusion absurde: l'obligation d'épouser. 'LE COMTE. [. . .] la Cour condamne le défendeur à payer deux mille piastres fortes à la demanderesse; ou bien à l'épouser dans le jour. FIGARO, *stupéfait*. J'ai perdu'. (*Mariage* III.xv, p.321).

Si Figaro n'a pas songé à l'éventualité de perte de son procès, c'est que pour lui, Marceline est une de ces créatures que l'esprit refuse d'associer à l'idée de mariage, en raison soit de leur âge, soit de leur allure

---

27 voir Grimm qui, à ce sujet, écrit ceci: 'Le bruit s'est répandu depuis quelques jours que M. le chevalier d'Eon allait revenir dans ce pays-ci; on ajoute que M. de Beaumarchais l'épouse. Cette nouvelle est trop folle pour *ne pas* paraître vraisemblable' (*Correspondance littéraire*, xi.162: novembre 1775).

générale. Son aspect est ridicule et provoque le rire, ce que les réactions des autres personnages montrent bien: Fanchette l'a vue gesticuler de loin et raconte: 'Elle avait l'air bien échauffée, elle parlait tout haut en marchant, puis elle s'arrêtait, et faisait comme ça, de grands bras . . .' (*Mariage*, i.x, p.276). Pour Suzanne aussi, Marceline est un sujet de plaisanterie (*Mariage*, i.vii, p.268):

> CHÉRUBIN. [. . .] Hier, je rencontrai Marceline . . .
> SUZANNE, *riant.* Ah, ah, ah, ah!
> CHÉRUBIN. Pourquoi non? elle est femme! elle est fille! [. . .]
> SUZANNE. Il devient fou!

Il faut que Chérubin soit devenu fou pour considérer Marceline comme femme et fille. Elle n'est rien de tout cela; tout au plus est-elle une duègne, titre très désobligeant, qu'elle est furieuse de s'entendre attribuer par Suzanne.

Pourtant, nulle doute que Marceline soit une femme intelligente et cultivée. Elle est 'femme d'esprit' nous dit l'auteur en commentant le personnage. Elle a le défaut commun des personnages de Beaumarchais, elle écrit. Dans une variante, Suzanne dit qu'elle a écrit un 'méchant livre', dans la version définitive, le méchant livre disparaît, non sans laisser quelques traces: 'SUZANNE. Allez, Madame! allez, Pédante! [. . .] parce qu'elle a fait quelques études et tourmenté la jeunesse de Madame, elle veut tout dominer au château!' (*Mariage*, i.vi, p.266). Or n'oublions pas que mademoiselle d'Eon de Beaumont était docteur en droit civil et en droit canon et qu'elle avait publié bon nombre d'ouvrages.

Lorsque Figaro fouille ses poches en essayant de deviner quel est le papier qui en est tombé et que le Comte tient en main, ce qu'il produit en premier lieu c'est 'une lettre de Marceline, en quatre pages; elle est belle!' (*Mariage*, ii.xxi, p.300).

Mlle d'Eon, elle aussi, écrivait beaucoup de lettres et les publiait dans les journaux. Marceline est intelligente et cultivée, mais son aspect physique est tel que personne ne peut la prendre au sérieux lorsqu'il s'agit de mariage: 'BARTHOLO. Est-ce pour écouter ces sornettes, que vous m'avez fait venir de Séville? Et cet accès d'hymen qui vous reprend si vif . . . (*Mariage*, i.iv, p.264). Puisque Bartholo est inflexible, elle lui demande de l'aider à en épouser un autre: 'BARTHOLO. [. . .] Mais quel mortel abandonné du ciel et des femmes? . . . MARCELINE.

Eh! qui pourrait-ce être, Docteur, sinon le beau, le gai, l'aimable Figaro?' (*Mariage*, i.iv, p.264). Le contrat, par lequel Marceline eut la faiblesse jadis de prêter une somme importante à Figaro en contre-partie d'une promesse de mariage des plus hypothétiques, rappelle bien le contrat signé par Eon et Beaumarchais, contrat dont le chevalier voulait obtenir la révision à son profit et dont Beaumarchais ne voulait plus entendre parler.

Poussée jusqu'à ses derniers retranchements, Marceline décide de plaider et, assistée de Bartholo comme avocat, elle gagne son procès: sans leur reconnaissance inattendue, Figaro et sa mère devaient s'épouser. De même n'était le fait que mlle d'Eon était en réalité un homme, Beaumarchais se serait retrouvé, sinon son époux, du moins son 'galant chevalier'. 'L'aventure me paraît si bouffonne que j'ai toutes les peines du monde à reprendre mon sérieux pour achever convenablement ce mémoire' conclut-il dans sa lettre à Vergennes d'avril 1776, mentionnée ci-dessus. Un esprit aussi porté à la plaisanterie ne pouvait manquer de tirer parti d'une situation aussi cocasse.

A la fin de la scène quinze du troisième acte, Marceline triomphe et Figaro se met à chercher des expédients. Heureusement pour lui, on découvre qu'il est en réalité le fils de Marceline et la comédie glisse alors vers le mélodrame: Marceline prononce un plaidoyer féministe des plus éloquents, sur lequel nous reviendrons plus tard, devient 'la "plus bonne" des mères', finit par se faire épouser par le docteur et perd son relief. La solution que fournit Beaumarchais à la situation inextricable dans laquelle il a mis son personnage montre bien que malgré tout, il avait de l'estime et de la pitié pour sa 'chère chevalière'. Eon lui fournissait assez d'éléments pour en faire une caricature inou-bliable, et ce n'est certes pas la verve qui manquait à Beaumarchais. Au lieu de cela, il la prend au sérieux et en fait le porte-parole d'idées féministes qui lui tiennent à cœur et qu'il refuse de retrancher de sa pièce malgré les demandes des comédiens. Il veut montrer, en faisant de Marceline une mère comblée, que seules les circonstances sont responsables de l'aigreur, de la méchanceté et de la hargne de la vieille et ridicule demoiselle: 'Elle est femme et si affreusement entourée que je lui pardonne de tout cœur; elle est femme et ce mot dit tout' confiait Beaumarchais à Vergennes, et il ajoutait avant d'entamer les négocia-tions avec Eon: 'Quand on pense que cette créature tant persécutée est d'un sexe à qui l'on pardonne tout, le cœur s'émeut d'une douce compassion [. . .] J'ose vous assurer, Sire, qu'en prenant cette étonnante créature avec adresse et douceur, quoique aigrie par douze années de malheur, on l'amènera facilement à rentrer sous le joug' (cité par Castries, p.264).

La courtoisie naturelle l'emporte finalement sur le goût de la plaisanterie. Eon lui fournissait un modèle particulièrement haut en couleurs, mais au lieu de charger la caricature, Beaumarchais l'esquisse seulement avant de glisser vers le mélodrame.

Le moralisateur l'emporte ainsi sur l'auteur comique: si Beaumarchais met dans la bouche de Marceline des idées qui lui sont chères, c'est aussi parce qu'il refuse de plaisanter à propos d'une femme, même si elle s'y prête aussi bien que mlle d'Eon ou que Marceline.

V

Chérubin

'Est-ce mon Page, enfin, qui vous scandalise?' demande Beaumarchais dans sa préface (pp.242-3), soulignant le caractère enfantin du personnage,

Un enfant de treize ans [. . .] on ne l'aime donc pas encore; on sent qu'un jour on l'aimera [. . .] Quand mon Page aura dix-huit ans, avec le caractère vif et bouillant que je lui ai donné, je serai coupable, à mon tour, si je le montre sur la Scène. Mais à treize ans qu'inspire-t-il? quelque chose de sensible et doux qui n'est ni amitié ni amour, et qui tient un peu de tous deux.

Tout cela est vrai mais, quoique dise Beaumarchais, on sent autour de Chérubin une atmosphère de volupté fort peu innocente, créée par l'auteur au moyen de suggestions et d'allusions, et qui n'en est pas moins troublante:

J'évoque assez bien, à distance, l'étrange et voluptueux émoi que me procura cet androgyne, ce délicieux Chérubin dont Beaumarchais efface le sexe par le moyen traditionnel et théâtral du travesti, ce personnage au nom si gracieusement céleste, si troublant pour le cœur et l'esprit des autres adolescents par le rayonnement mystérieux de sa nature [. . .] Et les *Liaisons dangereuses* et les *Confessions* de J. J. Rousseau, cet autre adolescent voleur de rubans, et la lecture bien plus clandestine encore de certaines œuvres de Crébillon fils, me firent inconsciemment placer les pièces de Beaumarchais dans la littérature galante.[28]

Effectivement, ce Chérubin, si habile à chanter des romances à sa belle marraine et à voler des baisers à sa camariste, semble bien être l'incarnation même de l'esprit d'Aguas-Frescas, esprit voluptueux s'il en fut. Il est la version enfantine du Comte, qui reconnaît en lui un rival. Tous deux sont le produit de la même société et de la même éducation. Le Comte est d'ailleurs le seul à prendre Chérubin au sérieux, et avec raison, puisque Beaumarchais en fera le séducteur de la Comtesse et le père de Léon.

[28] Louis Jouvet, *Réflexion du comédien* (Paris 1952), p.22.

Pour le moment, Chérubin sent s'éveiller en lui des passions sans objet. Dans ce domaine enchanté d'Aguas-Frescas, où l'amour semble bien être l'unique préoccupation de tous les personnages, Chérubin fait avec ravissement la découverte de ce sentiment nouveau: 'Tu sais trop bien, méchante, que je n'ose pas oser' dit-il à Suzanne qui le taquine (*Mariage*, i.vii, p.267). Sa compagne de jeu ordinaire est Fanchette, que le Comte cherche à séduire elle aussi. Les deux enfants baignent dans une atmosphère de volupté dont eux-mêmes n'ont pas tout à fait conscience, mais qui ajoute beaucoup au sentiment de culpabilité que les adultes éprouvent en leur présence.

L'équivoque qui plane sur Chérubin est d'ailleurs savamment orchestrée par l'auteur: le rôle est tenu par une actrice, ce qui est déjà une interprétation dans un sens déterminé, comme le soulignait une réplique qui disparaît de la version définitive: au cinquième acte, quand le Comte fait sortir le page du pavillon, don Guzman disait: 'Quoi! c'est là le tendron que vous vous disputez?' (Ratermanis, p.499, ms CF).

Conformément à une technique que nous retrouverons souvent, Beaumarchais supprime les répliques trop précises, ou trop scabreuses, mais la suggestion demeure. L'équivoque du personnage se trouve donc non pas dans ce qu'il fait réellement, mais dans l'interprétation que le Comte donne à tout ce qu'il fait. Pour le Comte, Chérubin est un rival auprès de Fanchette, ce qui est vrai, auprès de la Comtesse, ce qui ne l'est pas encore mais risque bien de le devenir et auprès de Suzanne, ce qui n'est pas tout à fait faux non plus.

La technique de Beaumarchais est infaillible d'insolence. Rien ne peut lui être reproché dans tout ce qui est dit ou montré, mais tout demeure dans la suggestion. Suzanne considère Chérubin comme un enfant et le taquine. Figaro, de son côté, le tutoie (ce qu'il ne se permettrait plus s'il avait quelques années de plus). Suzanne et Figaro ont pour lui l'affection 'désintéressée', dont parle Beaumarchais dans sa préface. Mais Antonio se méfie du 'galopin de page' et soufflette sa fille qui le fréquente trop, Almaviva cherche à l'éloigner et même Bazile trouve que 'Chérubino di amore' regarde la Comtesse 'avec des yeux' qui ne sont plus tout à fait innocents.

Le nom même du personnage est suggestif. Chérubin, c'est un petit ange au sexe indéterminé ('le tendron que vous vous disputez'), que Bazile appelle 'Chérubino di amore' (ange d'amour), que les femmes s'amusent à travestir, qui a un physique de jeune fille, et qui apparaît effectivement vêtu en jeune paysanne au quatrième acte.

Il en est encore à rôder tout le jour au quartier des femmes, à 'jouer à la main chaude ou à colin-maillard', mais Suzanne n'a pas tort de prédire que 'dans trois ou quatre ans [il sera] le plus grand petit vaurien'. Il ne fait que commencer son éducation sentimentale, et Beaumarchais se plaît à le montrer extrêmement doué pour ce genre d'étude. Il est jeune, il est vrai, mais 'aux âmes bien nées, la valeur n'attend point le nombre des années'. Ses coups d'essai, comme ceux de Rodrigue, sont des coups de maître. Dans la Séville de Corneille, la grande affaire était la guerre; dans celle de Beaumarchais, par contre, on ne s'occupe que d'amour, et tout porte à croire qu'il pourra vaincre s'il n'est écarté à temps. Pur produit de cour, il est, de tous les personnages, celui qui appartient le plus étroitement au monde évoqué par le cadre d'Aguas-Frescas. Nous retrouverons la famille Almaviva, triste et vieillie, dans un mélodrame intitulé *La Mère coupable*. Elle aura survécu à la Révolution. Mais tel n'est pas le cas pour Chérubin qui meurt jeune, et dont le souvenir est évoqué avec nostalgie par les personnages du drame: étant le type même du privilégié, il disparaît avec les privilèges. C'est lui qui est passé des jeux de l'enfance à un des premiers postes de l'armée pour ne pas gêner un autre privilégié dans ses plaisirs. Plus encore que le Comte, c'est bien Chérubin qui devrait exciter la hargne de Figaro: il s'est juste donné la peine de naître, il n'a que treize ans, et le voilà capitaine. En 1784, ne l'oublions pas, le jeune Bonaparte a quinze ans, et les écoles militaires sont remplies de jeunes gens frustrés de leurs ambitions par des Chérubins gracieux et désuets qui, grâce à leurs quartiers de noblesse, accèdent aux postes les plus intéressants. Or, Figaro manifeste de l'affection pour Chérubin, et cette attitude reflète le sentiment de Beaumarchais vis-à-vis d'une société qui le fascine et dans laquelle il se désole ne pouvoir pénétrer autrement qu'à titre de serviteur, laquais, financier ou amuseur, société à laquelle il est sincèrement attaché, qu'il sert fidèlement, quoiqu'avec beaucoup de turbulence, et dont surtout, en aucune manière, il n'envisage la fin.

D'une certaine manière, Chérubin est le représentant d'un monde: 'tout une atmosphère de jeunesse et d'esprit, tout un climat d'un peuple et d'une société, tout un certain point de jeunesse de tout un régime et

65

de tout un monde' dit Péguy[29] en parlant des personnages du *Mariage* et en insistant surtout sur le personnage de Chérubin, dont il souligne le potentiel romantique: 'tous ces personnages avaient réussi à constituer leur jeunesse en une telle effigie que le souvenir de leur jeunesse marche partout derrière eux dans leur maturité [. . .] "Un certain Léon d'Astorga, qui fut jadis page, et que l'on nommait Chérubin".'[30] La poésie du personnage de Chérubin fascine Péguy à tel point qu'il a du mal à s'en détacher pour revenir à son sujet 'Victor Hugo'. Ceci nous vaut une très belle digression sur la romance de Chérubin dont il conclut le commentaire en disant (p.171):

J'avais peut-être raison de vous dire que pour bien saisir dans toute sa mélancolie, cette '*romance de Chérubin*', pour en savourer *l'unique* mélancolie, il fallait lire cette *Mère Coupable*. Le plus grand vieillissement qui puisse arriver à un homme, c'est d'avoir un enfant sensiblement idiot. C'est précisément ce vieillissement sensiblement posthume qui est arrivé à notre Chérubin.

Chérubin, dit Péguy, était la grâce même, et sa romance 'marque un âge, date un peuple, elle date un monde qui ne retournera sans doute jamais dans l'histoire du monde. C'était alors une jeunesse, un peuple gonflé de sa propre sève' (p.179). Tel est pour Péguy ce jeune Chérubin qui, dans le *Mariage*, ne cesse de renverser les projets du Comte en promenant partout ses premiers émois (*Mariage*, I.vii, p.268):

[. . .] d'honneur, je ne sais plus ce que je suis; mais depuis quelque temps je sens ma poitrine agitée; mon cœur palpite au seul aspect d'une femme; les mots *amour* et *volupté* le font tressaillir et le troublent. Enfin le besoin de dire à quelqu'un *je vous aime*, est devenu pour moi si pressant, que je le dis tout seul, en courant dans le parc, à ta maîtresse, à toi, aux arbres, aux nuages, au vent qui les emporte avec mes paroles perdues.

Nul doute qu'il y a là une influence de Rousseau 'cet autre adolescent voleur de rubans', comme disait joliment Jouvet. L'exaltation romanesque propre à l'adolescence est un thème à la mode. Comme Saint-Preux, comme René, comme Werther, Chérubin s'en va dans la nature pour calmer ses esprits agités de sentiments qu'il ignore.[31]

Cette évocation cependant demeure très discrète: l'exaltation senti-

[29] Charles Péguy, *Clio* (*Œuvres en prose 1909-1914*, p.169).
[30] Péguy, p.171 (Péguy cite *La Mère coupable*).

[31] cet aspect de Chérubin est souligné dans l'opéra de Mozart.

mentale de Chérubin se heurte au solide bon sens de Suzanne qui se moque gentiment de lui et refuse de se laisser prendre à la mélancolie poétique de ses paroles (*Mariage*, i.vii, p.268):

> CHÉRUBIN. Laisse, ah, laisse-le moi, Suzon; je te donnerai ma romance, et pendant que le souvenir de ta belle maîtresse attristera tous mes moments, le tien y versera le seul rayon de joie qui puisse encore amuser mon cœur.
> SUZANNE. Amuser votre cœur, petit scélérat! vous croyez parler à votre Fanchette [...]

Dans *Les Mémoires d'outre-tombe*, Chateaubriand décrit son état d'âme à seize ans, alors qu'il vit isolé dans son manoir de Combourg. Ce n'est pas une petite surprise que de trouver des ressemblances frappantes entre René et le petit page que protège Figaro:

> J'entrevis que d'aimer et d'être aimé [...] devait être la félicité suprême [...] Tout devint passion chez moi, en attendant les passions mêmes [...] J'étais agité d'un désir de bonheur que je ne pouvais ni régler ni comprendre; mon esprit et mon cœur s'achevaient de former comme deux temples vides, sans autels et sans sacrifices.[32]

Dans le cadre aimable d'Aguas-Frescas, les 'deux temples vides' ont vite fait de se peupler de charmantes présences féminines, qu'il se désole de devoir bientôt quitter (*Mariage*, ii.iv, p.282):

> SUZANNE. Entrez, Monsieur l'Officier; on est visible.
> CHÉRUBIN, *avance en tremblant*. Ah, que ce nom m'afflige, Madame! il m'apprend qu'il faut quitter des lieux ... une marraine si ... bonne!...
> SUZANNE. Et si belle!
> CHÉRUBIN, *avec un soupir*. Ah! oui.

Suzanne, avons-nous dit, n'est pas sentimentale. Son bon sens lui permet d'esquiver les pièges tendus par le Comte et de réagir comme elle le fait aux aveux de Chérubin. Mais la Comtesse, comme toutes les belles dames de son temps, est 'sensible'. La romance que Chérubin lui chante la trouble bien plus qu'elle n'ose se l'avouer, Chérubin y parle d'amour et de mort (*Mariage*, ii.iv, p.284):

> Je veux, traînant ma chaîne,
> (Que mon cœur, mon cœur a de peine!)
> Mourir de cette peine;
> Mais non m'en consoler.

---

[32] *Mémoires d'outre-tombe* (Paris 1946), pp.86-92.

Il en parle à nouveau quand il s'enhardit à avouer son amour à la Comtesse, aveu que l'arrivée inopinée du Comte derrière la porte rendra impossible. Mais la Comtesse a compris, et cet aveu, bien qu'inexprimé, est pour beaucoup dans les sentiments de culpabilités qu'elle aura vis-à-vis de son époux dans les scènes suivantes. Une fois de plus Beaumarchais utilise sa technique de la suggestion: rien n'est dit effectivement, mais tout le monde a compris de quoi il retourne: les spectateurs savent que la Comtesse a un sentiment pour Chérubin, que Chérubin s'est enhardi jusqu'à l'aveu (et donc que la conquête suivra de peu), que le Comte est jaloux, et que cette jalousie n'est pas injustifiée mais seulement un peu prématurée (*Mariage*, ii.ix, p.287):

> CHÉRUBIN. Je suis si malheureux!
> LA COMTESSE, *émue*. Il pleure à présent! c'est ce vilain Figaro avec son pronostic![33]
> CHÉRUBIN, *exalté*. Ah! je voudrais toucher au terme qu'il m'a prédit! sûr de mourir à l'instant, peut-être ma bouche oserait ...

Mais le Comte frappe à la porte avant que Chérubin n'ait eu le temps d''oser'. L'action repart, et les sentiments qu'on était sur le point d'épancher demeurent refoulés.

La difficulté que l'on éprouve à cerner le personnage de Chérubin tient à la manière qu'a Beaumarchais de faire toujours comprendre plus qu'il en dit effectivement. Beaumarchais nous explique que son page est un enfant. Dans la présentation qu'il fait des personnages, il dit (p.257) que Chérubin est 'ce que toute mère, au fond du cœur, voudrait peut-être que fût son fils, quoiqu'elle dût beaucoup en souffrir', mais la scène de la romance et de l'aveu presqu'exprimé donnent à notre personnage un caractère romantique, caractère que souligne Péguy, et qui se trouvera renforcé a fortiori par la dernière pièce de la trilogie, *La Mère coupable*.[34]

Cette tendance romantique ne doit pourtant pas nous faire oublier l'autre aspect de notre personnage: celui de l'apprenti libertin (l'un d'ailleurs complétant l'autre). Chérubin est-il conscient du trouble qu'il suscite dans les esprits? Il sent que quelque chose est changé en lui: 'je ne sais plus ce que je suis' dit-il à Suzanne, mais la vie qu'il mène est

---

[33] parlant de la future carrière militaire de Chérubin, Figaro avait dit: 'à moins qu'un coup de feu ...' (i.x, p.276).

[34] voir à ce sujet, Pierre Rétat, 'La mort de Chérubin', *Revue d'histoire littéraire* (Paris novembre-décembre 1974), lxxiv. 1000-1009.

celle d'un enfant: 'Adieu, mon petit Chérubin', lui dit Figaro, [. . .] tu ne rôderas plus tout le jour au quartier des femmes: plus d'échaudés, de goûtés à la crème; plus de main-chaude ou de colin-maillard' (*Mariage*, I.x, p.276). Innocent, il ne l'est plus tout à fait, lui qui rôde au quartier des femmes, écrit une romance à sa marraine, vole des baisers à Suzon et trouble les esprits de Fanchette. Mais il est naïf et ne sait pas encore dissimuler. Fanchette et Chérubin, comme tous les enfants, jouent à imiter les adultes. Or, dans les domaines de monsieur le Comte Almaviva, l'amour est la grande affaire. C'est donc l'amour qui forme l'essentiel de leurs préoccupations communes (*Mariage*, I.xi, p.277):

CHÉRUBIN. Mais Fanchette qui ne sait pas son rôle!
BAZILE. Que diable lui apprenez-vous donc, depuis huit jours que vous ne la quittez pas? [. . .] Prenez garde, jeune homme, prenez garde! le père n'est pas satisfait; la fille a été souffletée; elle n'étudie pas avec vous: Chérubin! Chérubin! vous lui causerez des chagrins! *Tant va la cruche à l'eau* [. . .] *qu'à la fin* [. . .] Elle s'emplit.

L'aspect à la fois enfantin et déjà séducteur de Chérubin est évoqué ici. Perspicace, Bazile le met en garde, en le traîtant de *jeune homme*, contre les conséquences des jeux nouveaux qu'il joue avec Fanchette. L'équivoque du personnage résulte de l'écart, de la disconvenance sentimentale que ressent Chérubin écartelé entre son physique d'enfant et ses sentiments presqu'adultes. 'Quand mon sujet me saisit, j'évoque tous mes personnages et les mets en situation' dit Beaumarchais qui ajoute: 'ce qu'ils diront, je n'en sais rien, c'est ce qu'ils feront qui m'occupe' (*Mariage*, 'Préface', p.249). C'est à cette attitude si éminemment dramatique que nous devons attribuer la création de Chérubin: Beaumarchais évoque l'adolescent turbulent qu'il fut jadis, lorsqu'il était le fils unique que choyaient ses parents et ses cinq sœurs, agile, espiègle, passionné de musique et qui, à l'âge de treize ans éprouva un désespoir d'amour et en fut si violemment secoué qu'il songea au suicide:

Un jour qu'il grandissait
Sa mère le voyait
Et dit par parenthèse:
'Ah! mon fils, mon cher fils
Que tu feras bien aise
Les femmes de Paris!

A peine avait douze ans
Faisait des vers charmants
A ses jeunes maîtresses.[35]

C'est du jeune Pierre-Augustin qu'il est question dans ces vers dont l'auteur est Julie, la sœur adorée. C'est cet adolescent fougueux et irrésistible qu'il fut lui-même que Beaumarchais évoque avec nostalgie sous les traits de Chérubin. Il le place comme page à Aguas-Frescas. Il le coiffe, il l'habille, puis 'le renferme et l'endoctrine, et puis dansez, Monseigneur' (*Mariage*, II.ii, p.281).

Monseigneur danse, et les spectateurs gardent de Chérubin le souvenir de l'incarnation poétique et désuète du temps de la 'douceur de vivre'.

Puisque ses contemporains se nomment Chateaubriand et Napoléon, il ne peut que mourir jeune, car il appartient à une société révolue, celle où l'on passe de l'état de page à celui de d'officier. Et avec Péguy, nous sommes sensibles à la poésie nostalgique qui se dégage de l'évocation de Chérubin faite par le Comte en 1792, après la Révolution, quand le monde dont Chérubin faisait partie a sombré dans la tourmente: 'Un certain Léon d'Astorga, qui fut jadis mon page, et que l'on nommait Chérubin' (*La Mère coupable*, I.viii, p.472).

[35] mlle Julie de Beaumarchais, citée par Castries, p.23.

VI

La Comtesse

Consacrer un chapitre à Chérubin sans en accorder un à sa belle marraine n'aurait pas de sens: nous ne pouvons donc clore cette galerie des personnages du *Mariage de Figaro* sans parler quelque peu de la Comtesse Almaviva, pôle sentimental de notre comédie comme Figaro en est le pôle socio-politique.

En effet, lorsque nous comparerons, dans notre troisième et dernière partie, la comédie de Beaumarchais et le livret d'opéra qu'en tire Da Ponte pour Mozart, nous constaterons que le rôle de Figaro et de la Comtesse sont inversement proportionnés. Réduisant le rôle de Figaro et supprimant ses monologues revendicateurs, Da Ponte ajoute à la Comtesse de touchantes 'arias' au cours desquelles elle épanche de mélancoliques sentiments d'épouse délaissée. Ce faisant, Da Ponte et Mozart ne font d'ailleurs que reprendre une solide tradition littéraire selon laquelle un des thèmes les plus efficaces est celui de la belle dame abandonnée, dont les malheurs conjugaux trouveront toujours un public intéressé et compatissant. A coup sûr, on a du mal à reconnaître la spirituelle Rosine du *Barbier de Séville* dans la belle dame qui 'languit', oubliée, après trois années de mariage seulement.

Personnage mélodramatique, la Comtesse oppose au libertinage du Comte la tendresse quelque peu soupirante des 'âmes sensibles'. Ses désillusions l'ont mise dans un état de langueur. Un rien la fatigue. Elle se jette dans une bergère (*Mariage*, ii.i, p.278) pour écouter les explications de Suzanne. La colère du Comte la brise 'Ah! Suzon, je suis morte' (ii.xviii, p.294). Elle s'assied dans une bergère, quand Marceline vient demander au Comte de soutenir ses droits (ii.xxii, p.302). Plus loin, elle avoue: 'Tout cela m'avait remuée au point que je ne pouvais associer deux idées' (ii.xxiv, p.304). Voulant parler au Comte, Suzanne dit que: 'La Comtesse est incommodée' (iii.ix, p.312). Et à l'acte quatre, celle-ci déclare à son époux: 'Vous savez bien que je ne me porte pas très bien' (iv.viii, p.335). Nature impressionnable et tendre, elle résiste mal aux excès d'émotion.

Par ailleurs, dès sa première apparition sur scène, et même avant, la Comtesse est parée d'une auréole de respectabilité, et elle manifeste une supériorité naturelle que personne, pas même Figaro, ne songe à contester. Blessée par la conduite désinvolte de son époux, elle est un personnage 'émouvant' qui souffre en silence et 'rêve' au jeune Chérubin qui commence à lui troubler les esprits.

Cependant, l'expression des sentiments est chez la Comtesse d'une extrême discrétion. Fidèle à sa technique, Beaumarchais *suggère* plus qu'il n'en dit véritablement. Plus que ses paroles, ce sont les silences, les rêveries' de la Comtesse qui nous instruisent. Dans la mesure où des sentiments sont effectivement exprimés en paroles, ce n'est pas chez Beaumarchais que cela se passe, mais chez Mozart.

C'est ainsi que l'acte deux, 'l'acte des femmes', commence chez Beaumarchais par un dialogue au cours duquel Suzanne rend compte à sa maîtresse des entreprises amoureuses du Comte. Suzanne parle, et la Comtesse répond. Le rythme ralentit lorsqu'on vient à parler de Chérubin: la Comtesse, alors, 'rêve' . . . 'LA COMTESSE, *rêvant*. Laissons . . . laissons ces folies . . . Enfin ma pauvre Suzanne, mon époux a fini par te dire' (II.i, p.279). Ces indications scéniques sont loin d'être indifférentes. Disciple fidèle de Diderot, Beaumarchais attache une extrême importance à l'expression des sentiments par des moyens autres que la parole. Le même jeu se reproduit quelques répliques plus loin, lorsque les mouvements et l'agitation de la Comtesse, bien plus que les quelques paroles qu'elle prononce, nous instruisent de ses sentiments à l'égard du Comte: 'LA COMTESSE *se lève et se promène, en se servant fortement de l'éventail.* Il ne m'aime plus du tout' (II.i, p.279).

Chez Mozart, en revanche, le thème des sentiments est extrêmement développé au même endroit. L'acte s'ouvre par une 'cavatina' au cours de laquelle la Comtesse, *seule* en scène, chante à peu près ceci:

> Amour, donne quelque repos à ma peine
> Et à mes soupirs
> Rends-moi celui que j'aime
> Ou par pitié laisse-moi mourir.[36]

Il est évident que cette plainte lyrique donnera à l'ensemble de la scène qui suit, de même qu'au personnage concerné, une nuance fort éloignée de celle que Beaumarchais lui avait imprimée. Mais, comme l'interpré-

[36] traduction du texte italien de Da Ponte dans *Le Nozze di Figaro* (London 1971), p.63.

tation musicale développe les potentialités contenues dans la création dramatique, c'est la Comtesse de chez Mozart que le public voit dans la comédie de Beaumarchais. Le glissement est d'autant plus inévitable que l'aspect sensible, voire sentimental, n'est pas absent de la comédie.

En effet, comme nous l'avons déjà dit plus haut, la Comtesse n'a rien à voir avec la Rosine du *Barbier*: 'Je ne la suis plus, cette Rosine que vous avez tant poursuivie! Je suis la pauvre Comtesse Almaviva; la triste femme délaissée [...]' (*Mariage*, ii.xix, p.295). Et effectivement, bien plus qu'à Rosine, c'est à Eugénie, héroïne du drame du même nom, qu'elle fait penser. Le calvaire de 'la pauvre Comtesse Almaviva' passe donc par trois étapes mélodramatiques: jeune fille abusée à la première, elle est une épouse délaissée à la seconde et enfin une mère 'coupable' à la troisième.

A l'encontre des autres personnages du *Mariage*, qui éclatent de vie, parce qu'ils sont pris de la vie, la Comtesse est un personnage littéraire et conventionnel. Héroïne de mélodrame, elle est un peu égarée au milieu de cette étourdissante comédie à rebondissements multiples.

Fidèle, une fois de plus, aux théories de Diderot, Beaumarchais place son personnage dans une situation en contradiction avec son caractère. Grande dame noble, respectable et aux mouvements empreints de majesté, voilà la Comtesse soudain lancée, au cours du deuxième acte, dans une suite de péripéties dont elle-même a le plus grand mal à suivre le fil: la scène du fauteuil, au premier acte, n'était qu'une préparation à cet étourdissant jeu de passe-passe au cours duquel Suzanne et Chérubin changent agilement de cachette, où Chérubin saute par la fenêtre et où la colère du Comte augmente jusqu'à la fureur avant de se terminer en déconfiture, alors qu'il entre et qu'il sort, constamment suivi de son épouse, de plus en plus affolée . . .

La Comtesse, avons-nous dit, représente le pôle sentimental de la comédie, et à ce titre elle est étrangère aux problèmes essentiels que Beaumarchais soulève dans son ouvrage sous le voile de la comédie légère. Elle l'est même à tel point qu'elle n'apparaît guère au cours du troisième acte, c'est-à-dire l'acte central, où sont exposées la plupart des revendications socio-politiques. Mais en revanche, elle est au centre d'une intrigue secondaire dont le rôle est d'estomper, par sa présence même, la virulence et l'agressivité de l'attaque satirique qui forme l'essentiel, le pivot, l'axe même de cet ouvrage.

Tout comme le personnage de Figaro, celui de la Comtesse a subi une sorte de glissement. Dans le cas de Figaro, on a attribué au personnage des éléments biographiques et des traits de caractère appartenant à l'auteur. Dans le cas de la Comtesse, on attribue au personnage créé par Beaumarchais une importance et un poids qui ne lui appartiennent que dans l'opéra de Mozart.[37] Cette réciprocité existant entre l'œuvre musicale et l'œuvre dramatique ne doit pas être oubliée lorsque nous étudions les personnages de cette comédie, ainsi que les thèmes dont ils sont les porte-parole et qui ont contribué à préciser les idées du public parisien en matière politique au cours des années précédant la Révolution.

[37] il en est d'ailleurs de même pour le personnage de Figaro dans le *Barbier:* le 'Figaro-ci, Figaro-là' de Rossini est in-dissolublement lié au personnage créé par Beaumarchais.

VII

La foule

Nous n'avons étudié que six des personnages du *Mariage*, leur trouvant des ressemblances avec des êtres réels que Beaumarchais connaissait et qui ont servi de point de départ à son imagination dramatique. D'autres personnages de la comédie, et qui pourraient valablement entrer dans cette étude, ne s'y trouvent pas cependant: il s'agit essentiellement de Brid'oison et ses acolytes, le greffier Double-Main, l'huissier et les personnages muets figurant au procès. Cet oubli n'est pas fortuit, et nous réservons l'étude de Brid'oison à la deuxième partie, qui traite des thèmes: Brid'oison est le symbole, le représentant, l'image de la justice, et c'est dans le chapitre traitant ce thème qu'il figurera.

D'autres personnages apparaissent encore dans la comédie: Antonio et sa fille Fanchette, Bartholo, Bazile et tous les autres. Ce sont tous, à des degrés différents, des créations purement littéraires dont la fonction essentielle est de donner la réplique. Ils ne méritent donc pas qu'on leur consacre une réflexion approfondie.

En revanche, Beaumarchais place dans sa comédie un autre personnage extrêmement important: la foule. Son apparition sur scène est un fait nouveau. C'est une des multiples innovations de Beaumarchais sur le plan dramaturgique, et il renoue ainsi avec la tradition théâtrale antique. Beaumarchais manifeste une maîtrise parfaite dans le maniement des groupes en vue de l'obtention de certains résultats: Figaro emporte le consentement du Comte à son mariage en lui opposant 'une foule de paysans et de paysannes' qui entrent, à l'encontre de toute vraisemblance, jusque dans la chambre de la Comtesse – à la fin du deuxième acte – pour aider Figaro dans ses tentatives de persuasion. Il manipule l'opinion publique pour arriver ainsi à fléchir le pouvoir. Presque muette au début, cette foule réapparaît à tous les actes et manifeste son point de vue d'une manière de plus en plus nette. Les scènes où elle apparaît sont d'ailleurs celles où l'aspect véritablement révolutionnaire du *Mariage* est le plus frappant.

A la fin de l'acte premier et de l'acte deux, le même jeu se répète: Figaro apparaît à la tête de 'beaucoup de paysans et de paysannes', et prie le Comte d'autoriser son mariage. Malgré ses réticences, le Comte se trouve ainsi dans l'impossibilité d'interdire ce qu'il a autorisé auparavant: 'FIGARO. Joignez-vous à moi, mes amis! TOUS ENSEMBLE. Monseigneur! Monseigneur! [. . .] LE COMTE. Je suis pris' (*Mariage*, I.x, p.274).

A l'acte trois, la foule réapparaît. Elle est présente au procès, et ses réactions à ce qui se dit sont bruyantes au point d'obliger l'huissier à 'glapir': 'Silence, Messieurs!' (III.xv, p.320) plusieurs fois de suite. A l'acte quatre, la foule est encore là, assistant à la cérémonie de mariage et y participant. Au cinquième acte, enfin, elle accourt sous les grands marronniers et y assiste aux derniers développements de l'action de la *Folle journée*. Dans une variante, Beaumarchais lui prêtait même certaines réflexions très hardies, qui soulignaient encore davantage l'aspect révolutionnaire dont nous parlions plus haut: 'ANTONIO. L'y a parguenne une bonne Providence; vous en avez tant fait dans le pays. *Tous les paysans l'un après l'autre d'un ton bas, et comme un murmure général:* Il a raison, bien fait, c'est juste, il a raison etc.' (Ratermanis, p.501).

Comparée parfois à un chœur antique, cette foule qui réapparaît à tous les actes est l'allié essentiel de Figaro contre le Comte. Sa présence même est le résultat d'une manière politique de considérer les choses: Figaro se sert de la foule pour parvenir à ses fins. Nous avons insisté sur sur l'importance des revendications politiques dans le *Mariage*, et souligné la tendance révolutionnaire qui apparaît dans les propos de Figaro. Mais ses idées et toutes ses paroles n'ont véritablement de force que parce qu'il est épaulé, assisté par 'beaucoup de valets, paysans et paysannes', qui le soutiennent par leur approbation et dont il est le porte-parole. C'est la présence de la foule derrière Figaro qui lui donne sa dimension nouvelle, et qui fait de ce descendant de Sganarelle un pércurseur de Danton.

Conclusion

Au terme de cette étude des personnages du *Mariage de Figaro*, une certaine réflexion s'impose, concernant essentiellement l'importance des relations entre notre comédie et la réalité contemporaine de sa composition. Sans chercher à trancher de l'éternel problème des rapports entre la vie et la littérature, nous nous bornerons à constater que ces rapports, très étroits dans le cas présent, sont trop souvent ignorés des critiques qui se hâtent de ramener Figaro et son mariage aux critères connus et rassurants de la comédie d'intrigue, du drame bourgeois, de la parade, ou du mélodrame:

> Or, on trouve de tout dans *Le Mariage de Figaro* une comédie d'intrigue aussi éblouissante que les plus éblouissantes de Feydeau; des numéros de chansonniers, comme le procès du troisième acte; une peinture de mœurs où revivent vingt-cinq ans d'histoire; une belle histoire d'amour, par moments presque tragique; l'étude de cinq caractères et l'esquisse de plusieurs autres; enfin une satire sociale dont nous n'avons jamais revu l'équivalent sur notre scène.[38]

Cette complexité est celle de la vie même de Beaumarchais qui imprime un mouvement étourdissant à toutes ses actions. A l'encontre de ce qui se passe chez d'autres écrivains, la littérature n'est pas pour lui un moyen d'évasion ou de rêve, c'est au contraire le moyen de mettre de l'ordre, de donner un sens à une vie haletante . . .

Beaumarchais se met lui-même sur scène, car il est le meilleur et le plus réussi de tous les personnages qu'il a jamais imaginés. Autour de lui gravitent tous ceux auxquels il a eu affaire au cours de sa vie mouvementée et qui préexistent à l'intrigue. Mais c'est bien entendu à lui-même, Figaro-Beaumarchais, que revient le rôle central. Actif, mais surtout bavard, Figaro parle, parle, parle et ne fait presque rien d'autre en dépit de son agitation constante. C'est ce bavardage intarissable qui forme l'essentiel de ce personnage, à travers lequel Beaumarchais exprime les sentiments de frustration qu'il ressent dans cette société si mal faite.

En face, c'est le Comte Almaviva, pas encore méchant, pas encore odieux, pas encore haï, mais sur le point de le devenir. Il rassemble en

[38] Brunetière, cité par Pol Gaillard, *Le Mariage de Figaro* (Paris 1965), p.190.

77

lui les traits de caractère inhérents à son état social, et chez lui, la perversion morale est liée à la perfection absolue des manières et du bon ton: 'de mon coupable Amant j'ai fait un jeune Seigneur *de ce temps-là*, prodigue, assez galant, même un peu libertin, à peu près comme les autres Seigneurs de *ce temps-là* [...] j'ai eu le respect généreux de ne lui prêter aucun des vices du peuple' (*Mariage*, 'Préface', p.239). Selon l'aveu même de l'auteur, le Comte est la reproduction la plus fidèle possible d'un type social qu'il connaît bien et auquel il s'est heurté à maintes reprises: le jeune seigneur 'de ce temps-là'.

Ce conflit entre Figaro revendicateur et le Comte imbu de ses privilèges se manifeste par les relations qu'entretiennent ces deux personnages principaux avec leur entourage: il y a Chérubin, que le Comte poursuit et que Figaro protège, évocation à la fois poétique et amusée que Beaumarchais fait de sa propre adolescence; il y a les femmes, qui sont l'enjeu de la lutte entre les deux hommes et dont notre auteur trace une galerie des plus variées: depuis Marceline, qui réussit ce tour de force réservé aux vieilles filles d'être à la fois intelligente et ridicule (tout comme l'était son modèle– mademoiselle d'Eon) jusqu'à Fanchette 'la troublante ingénue', et en passant par les deux épouses. La Comtesse d'abord – 'belle', 'noble', 'imposante', elle est un peu lointaine dans sa perfection – et son habituelle passivité est peu conforme au vent de révolte qui souffle à Aguas-Frescas; Suzanne enfin, 'fraîche', 'riante' mais 'sage', et surtout très consciente de sa dignité et de ses droits qu'elle défend avec autant d'acharnement que de bonne humeur.

C'est d'ailleurs à Suzanne qu'incombe de donner la leçon de la pièce (*Mariage*, 'Vaudeville', p.364):

> Si ce gai, ce fol ouvrage,
> Renfermait quelque leçon,
> En faveur du badinage,
> Faites grâce à la raison.

DEUXIEME PARTIE

Les thèmes à la mode

Introduction

Notre étude des personnages nous conduit à une réflexion d'ordre thématique: la manière dont Figaro est campé sur scène résulte d'une prise de position idéologique: épaulé par 'la foule', Figaro dépasse la revendication individuelle dans laquelle il semblait se cantonner dans le *Barbier* pour devenir le porte-parole sinon du peuple, du moins du *public* cultivé, de ceux qui lisent et qui pensent, ce qui n'est pas exactement la même chose.

En 1775, dans *Le Barbier de Séville*, Figaro avait bénéficié de la popularité de l'auteur des *Mémoires à consulter*, série de pamphlets des plus percutants contre la justice, et le public s'était plu à reconnaître dans la bouche de l'insolent barbier, le ton et l'esprit de l'adversaire de Goezman.

Beaumarchais avait d'ailleurs exploité sa popularité sans vergogne et, du moment qui le procès Goezman faisait de lui un homme célèbre, il en profitait pour pousser sa comédie. En effet, écrite et présentée à la Comédie-française dès 1773, la comédie *Le Barbier de Séville* ne fut pas jouée avant février 1775, c'est-à-dire un an après la fin du procès Goezman (le blâme ayant éte prononcé le 26 février 1774).

Michelet, qui n'aime pas Beaumarchais, lui rend pourtant justice, dans son *Histoire de France*, en situant le *Mariage* dans le contexte socio-politique de l'époque et en soulignant son importance dans la préparation des esprits. Ce passage, intéressant et peu connu, mérite d'être cité en entier:

Le seul point où le roi se souvient qu'il est le roi, c'est l'exclusion de Figaro, son refus obstiné de lui ouvrir la scène. Cette énorme aposthume d'âcretés, de satires, traits haineux, mots mordants, avait mis six ans à mûrir. Elle avait (Beaumarchais le dit) pris son germe au salon du Temple, qui, des Vendôme à Conti, fut toujours le foyer des nouveautés risquées. Conti, ce bizarre prince en qui tout fut contraste (Conti-de-Sades, Conti-police, Conti-Rousseau, l'ennemi de Turgot, révolutionnaire au pire sens), pressentit au *Barbier* ce que deviendrait Figaro. Il le voulait marié, en défia l'auteur, lui mit le feu au ventre.

Six ans durant, à travers les affaires, Beaumarchais prit au vol cent mots étincelants, qui jaillissaient vers la fin des soupers. La pièce est chargée, surchargée d'esprit; elle en est fatigante.

Elle devint fort âcre, quand Beaumarchais, pour l'affaire d'Amérique, ne put trouver justice ni ici, ni là-bas. Il s'aigrit, menaça, prédit un cataclysme et sembla le vouloir, comme si le torrent ne devait pas le rouler des premiers et l'emporter lui-même.

Figaro est très sombre. Pendant toute la pièce, les lazzis, le faux-rire, j'entends derrière un bruit comme un vague roulement d'orage. Il est partout dans l'air. 'Je l'entends, dit madame Rolland, au clos de la Patrière.' (Lettres). Et Fabre d'Eglantine, au petit chant plaintif, dont tous les cœurs ont palpité. J'aime peu *Figaro*. Je n'y sens nullement l'esprit de la Révolution. Stérile, tout à fait négative, la pièce est à cent lieues du grand cœur révolutionnaire. Ce n'est point du tout l'homme du peuple. C'est le laquais hardi, le bâtard insolent de quelque grand seigneur (et point du tout de Bartholo).

La pièce manque son but. Que le grand seigneur soit un sot, d'accord, mais qui voudrait que le puissant fût Figaro? Il est pire que ceux qu'il attaque. On lui sent tous les vices des grands et des petits. Si ce drôle arrivait, que serait-ce du monde? Qu'espérer de celui qui rit de la nature, se moque de la maternité, qui salit l'autel-même, *sa mère?*[1]

Cette page de Michelet résume l'essentiel des critiques que font au *Mariage* ceux qui considèrent la pièce non pas comme un chef d'œuvre dramatique, mais comme un pamphlet politique particulièrement efficace. Avec sa partialité bien connue, Michelet n'est pas tendre pour Beaumarchais.

Mais cette passion même est intéressante, autant que le refus de Michelet d'accorder à l'œuvre littéraire majeure de la période pré-révolutionnaire, ce que l'on peut à juste titre appeler, précisément, sa valeur révolutionnaire: la distinction que Michelet établit entre 'l'homme du peuple' et le 'laquais hardi' mérite qu'on y réfléchisse un moment, car il est loin d'être le seul à faire ce reproche à Beaumarchais. Il conclut sa diatribe en disant que 'la pièce manque son but', ce qui nous ramène à notre question initiale: quel était le but de Beaumarchais? Etait-ce seulement, comme il le prétendait lui-même, d'"amuser nos français', ou son intention était-elle vraiment d'"ébranler la monarchie' comme l'avait senti Louis XVI?

C'est à cette question que nous tenterons de répondre dans cette partie, constatant qu'en réalité ces deux buts n'en font qu'un puisque, en cette époque troublée, c'était en secouant la monarchie que Beaumarchais arrivait à 'amuser nos français'.

'Le public de cette époque, beaucoup plus que celui des classiques, veut s'amuser et veut qu'on lui parle, ne serait-ce que par allusion, des

---

[1] Michelet, *Histoire de France*, v.492-3.

réalités politiques et sociales du monde où il vit'.[2] Et Beaumarchais, docile à son public, multiplie dans son œuvre les allusions à l'actualité dont le sens nous échappe souvent. Ses personnages gravitent dans un monde qui est la reproduction exacte de celui que connaissent ses spectateurs, et auquel, par la force des choses, nous sommes beaucoup moins familiers.

Le public parisien, vers 1780, aime être effrayé, heurté et ravi; de plus, il ne faut pas oublier que Beaumarchais, enhardi par le bruit suscité par les *Mémoires à consulter* et le succès du *Barbier*, ose mettre sur scène une comédie où il dépasse lui-même sa propre surenchère de scandale, en dénigrant comme on ne l'avait jamais fait un monde, une société dont toutes les institutions sont à revoir.

'Il semblait que j'eusse ébranlé l'Etat' note Beaumarchais avec ironie en parlant du bruit suscité par *Le Barbier de Séville* (*Mariage*, 'Préface', p.237). Le terme est certainement trop fort pour cette aimable comédie, dans laquelle il n'a fait que suivre l'exemple de Molière et châtier les mœurs par le rire. Mais dans le *Mariage*, c'est aux institutions qu'il s'attaque. La justice notamment subit des attaques particulièrement vives: outre que les démêlés de Beaumarchais avec les instances judiciaires étaient célèbres, cette institution est en vérité la pierre angulaire de tout le régime: l'attaquer, c'est attaquer le régime tout entier et le ridicule de Brid'oison finit par s'étendre au Comte, juge suprême de la province, siégeant sous le portrait du roi.

Accessoirement, d'autres aspects de la mauvaise organisation de la société sont passés en revue: la politique étrangère est égratignée au passage, de même que sont mentionnés les abus de tous genres que subissent ceux qui n'ont pas eu la chance de 'se donner la peine de naître' dans la caste des privilégiés. Beaumarchais soulève également les problèmes inhérents à la situation de la femme et de l'enfant naturel, avant d'aborder et de traiter, dans le grand monologue du cinquième acte, le cas plus général du non privilégié: animal humain physiologiquement défini, et donc interchangeable, auquel son esprit, son intelligence, son dynamisme et toutes les belles qualités sont impuissantes à procurer autre chose qu'un poste subalterne chez un noble.

On aboutit ainsi à l'image d'ensemble d'une société où rien ni personne n'est à sa vraie place.

[2] Jacques Scherer, *La Dramaturgie de Beaumarchais* (Paris 1970), p.11.

En 1784, tel était exactement le sentiment du public. Il applaudissait avec enthousiasme à la démonstration éblouissante que Beaumarchais lui proposait de ce qu'il savait déjà. Rien de ce qui se disait dans le *Mariage* n'était nouveau, répétons-le, mais jamais encore cette critique n'avait été présentée avec autant de force.

Et comme si le talent de Beaumarchais n'avait pas suffi, le roi, en interdisant pendant cinq ans la représentation de cette comédie explosive, en grossit et en multiplia les effets et les conséquences.

A coup sûr, les circonstances qui accompagnèrent sa création jouèrent un rôle primordial dans la place historique qu'occupe *Le Mariage de Figaro* dans la préparation de la Révolution.

Les idées, les thèmes, les critiques ... tout était connu, mais la forme était nouvelle. Elle surprit dès le début, et c'est encore elle qui, de nos jours, nous rend sensibles à ce que Michelet appelle avec dédain 'cet énorme aposthume d'âcretés, de satires, traits haineux, mots mordants' ... et dont pourtant Mozart a tiré l'un des plus délicieux ouvrages lyriques de toute la civilisation occidentale.

Quels étaient les thèmes de ces âcretés, satires etc? C'est ce que nous verrons dans les chapitres suivants, en commençant par la plus vénérable des institutions, celle qui subit de la part de Beaumarchais les attaques les plus vives: la justice.

I

La justice

Dans l'adaptation du *Mariage* que proposent Mozart et Da Ponte dans leur opéra, tout le développement relatif au procès à l'acte trois est supprimé: à la scène quatre de l'acte trois, chez Mozart, nous assistons à la colère et au dépit du Comte qui a entendu Suzanne dire à Figaro: 'Tu viens de gagner ton procès'. A la scène cinq, le juge entre et annonce le résultat de ce procès: 'Payer ou épouser'. L'intrigue ne souffre guère de cette omission; on peut presque dire qu'elle y gagne, car ce long développement, cette avalanche de plaidoieries sont effectivement inutiles à l'action: peu importe en effet que Figaro gagne ou perde son procès puisque de toute façon il ne pourra épouser Marceline qui se découvrira être sa mère, et qu'au surplus la Comtesse offre à Suzanne, en dot, la somme due par Figaro.

Apparemment inutiles à l'action, ces quatre scènes sont cependant indispensables au *Mariage* satire politique et sociale. Beaumarchais s'en donne à cœur joie dans la caricature de personnages et de pratiques qu'il connaît parfaitement. Il a été juge lui-même, au 'baillage et capitainerie de la varenne du Louvre'. Cette charge faisait partie des prérogatives liées à la noblesse qu'il avait acquise en 1761, au début de son ascension sociale. A ce titre, siégeant 'sur les lys' une fois par semaine, il condamnait ceux qui braconnaient sur les chasses du roi, 'les pâles lapins et les maraudeurs de la plaine'.

Mais surtout, il a été plaideur. Le procès Goezman est encore présent dans tous les esprits en 1784, et c'est à lui surtout que pensent les spectateurs du *Mariage* au cours du troisième acte.

Plutôt que de leur exposer une histoire bien rigoureuse, Beaumarchais préfère intéresser ses spectateurs en dénonçant par le rire les abus de la justice. Que le thème soit des plus rebattus n'empêche en rien l'intérêt que le public lui porte, ni l'importance que l'auteur lui accorde.

Parmi les traits satiriques, dénonçant des pratiques judiciaires néfastes, notons les répliques suivantes (*Mariage*, III.xii, p.315):

MARCELINE [. . .] *à Brid'oison.* Quoi! c'est vous qui nous jugerez?
BRID'OISON. Est-ce que j'ai a-acheté ma charge pour autre chose?

MARCELINE, *en soupirant.* C'est un grand abus que de les vendre!
BRID'OISON. Oui, l'on-on ferait mieux de nous les donner pour rien.

Il y a ici une allusion très nette à la vénalité des charges, abus que tous dénonçaient avec vigueur, et que le roi avait d'ailleurs tenté de supprimer, en 1770, par la fameuse réforme Maupeou. En 1789, les cahiers de doléances demanderont la suppression de la vénalité des charges en reprenant la célèbre formule de Loyseau: 'Si l'officier mérite charge, ce n'est pas raison qu'il l'achète, et s'il ne la mérite pas, il y a encore moins de raison de la lui vendre: le Roi doit rendre la justice, il ne doit pas la vendre'.[3]

'La forme' est une autre source de profit, extrêmement fructueuse pour les magistrats, et que Beaumarchais dénonce ici, après bien d'autres. Dans une première version, il précisait la source scandaleuse d'enrichissement que pouvait constituer pour tous les 'serviteurs' de la justice, 'la forme', c'est-à-dire la paperasserie imposée aux plaideurs et dont étaient remplis les 'sacs à procès' (Ratermanis, pp.250, 251, ms BN):

FIGARO. Hé, sans la bienheureuse forme, Monsieur le Conseiller, les mouchards, les huissiers auraient-ils crédit au cabaret? Les pillards procureurs, des campagnes? L'avocat braillard, des maîtresses? Le greffier parcheminier, des maisons? L'épicier rapporteur, des rentes sur le sac, et le secrétaire à l'extrait, des monts d'or?
DON GUZMAN. Il faut que tout le monde vive.
FIGARO. Robins et autres.

Bien entendu, cette critique de la justice n'est pas nouvelle, et la littérature nous en fournit maints exemples. C'est ainsi que Molière met dans la bouche de Scapin les propos suivants (*Les Fourberies de Scapin,* III.v):

Pour plaider, il vous faudra de l'argent. Il vous en faudra pour l'exploit; il vous en faudra pour le contrôle, il vous en faudra pour la procuration, pour la présentation, conseils, productions, et journées de Procureur; il vous en faudra pour les consultations et plaidoieries des avocats, pour le droit de retirer le sac et pour les grosses d'écritures; il vous en faudra pour le rapport des substituts, pour les épices de conclusion, pour l'enregistrement du greffier, façon d'appointements, sentences et arrêts, contrôles, signatures et

---

[3] Loyseau, cité par Pol Gaillard, *Le Mariage de Figaro* (Paris 1965), p.123.

expéditions de leurs clercs, sans parler de tous les présents qu'il leur faudra faire.

Mais la forme a aussi un autre aspect: la robe du magistrat. Pour provoquer la réplique de Brid'oison sur l'importance de la robe, Beaumarchais met dans la bouche du Comte une question qui souligne l'invraisemblance de l'appareil judiciaire déployé à la scène quinze (*Mariage*, III.xiv, p.316):

LE COMTE. En robe ici, Seigneur Brid'oison! ce n'est qu'une affaire domestique. L'habit de ville était trop bon.
BRID'OISON. C'e-est vous qui l'êtes, Monsieur le Comte. Mais je ne vais jamais sans-ans elle; parce que la forme, voyez-vous, la forme! Tel qui rit d'un Juge en habit court qui-i tremble au seul aspect d'un Procureur en robe. La forme, la-a forme!

Cette tirade de Brid'oison à la louange de 'la forme' n'est pas sans nous rappeler Pascal:

Nos magistrats ont bien connu ce mystère. Leurs robes rouges, leurs hermines, dont ils s'emmaillotent en chats fourrés, les palais où ils jugent, les fleurs de lys, tout cet appareil auguste était fort nécessaire [. . .] S'ils avaient la véritable justice [. . .] ils n'auraient que faire de bonnets carrés; la majesté de ces sciences serait assez vénérable d'elle même. Mais n'ayant que des sciences imaginaires, il faut qu'ils prennent ces vains instruments qui frappent l'imagination [. . .][4]

La critique de l'appareil judiciaire n'est pas chose nouvelle. Beaumarchais savait qu'en abordant ce sujet, il trouverait, à coup sûr, écho dans son public. La critique de la justice est éternelle et universelle. Dans *Le Mariage de Figaro* pourtant, cette critique revêt un caractère particulier, et il y a derrière les propos des personnages, des allusions à une réalité précise qu'aucun des spectateurs n'ignorait et que tous considéraient comme scandaleuse. Le renvoi et le rappel des parlements, la réforme Maupeou et surtout l'affaire Goezman, tous ces faits se profilent derrière le juge Don Guzman Brid'oison, brave homme aux capacités intellectuelles réduites, et que Beaumarchais présente comme absolument incapable de dominer, ni même comprendre les cas qui lui sont soumis, en dépit de sa bonne volonté incontestable.

---

[4] *Pensées*, 104 (*Œuvres complètes*, éd. J. Chevalier (Paris 1954), p.1118).

Notons en outre que ce procès bouffon, dans lequel Figaro est entraîné contre son gré et qu'il est stupéfait de perdre, est introduit dans la comédie d'une façon sinon maladroite, du moins parfaitement artificielle. Mais cette fois encore, le génie de Beaumarchais est tel que cette scène de procès n'est pas moins que l'un des sommets du théâtre comique français, tout en étant également l'une des charges les plus violentes qui aient jamais été écrites contre un régime politique.

Le thème de la justice, ou plus exactement du procès, est introduit en effet de la manière suivante: à la fin du deuxième acte, le Comte cherche désespérément un prétexte pour empêcher le mariage de Suzanne et de Figaro, de qui il se sent la dupe (*Mariage*, ii.xxi-xxii, pp.301-302):

LE COMTE [. . .] *(A part)*. C'est ce Figaro qui les mène, et je ne m'en vengerais pas! *(Il veut sortir avec dépit.)*

FIGARO, *l'arrêtant*. Vous sortez sans ordonner mon mariage? [. . .]

MARCELINE, *au Comte*. Ne l'ordonnez pas, Monseigneur! [. . .] Il a des engagements avec moi. [. . .]

LE COMTE. De quoi s'agit-il, Marceline?

MARCELINE. D'un obligation de mariage.

FIGARO. Un billet, voilà tout, pour de l'argent prêté.

MARCELINE, *au Comte*. Sous condition de m'épouser. Vous êtes un grand Seigneur, le premier Juge de la Province . . .

LE COMTE. Présentez-vous au Tribunal; j'y rendrai justice à tout le monde [. . .] Marceline, on suspendra tout jusqu'à l'examen de vos titres, qui se fera publiquement dans la grande salle d'audience.

Tout le monde quitte la scène sur ces entrefaites, non sans que la Comtesse n'ait eu soudain l'idée de se rendre elle-même au rendez-vous que le Comte a fixé avec Suzanne. Le rideau tombe sur la fin de l'acte deux. Quand il se relève pour l'acte trois, nous dit Beaumarchais: 'Le Théâtre représente une salle du château, appelée salle du Trône, et servant de salle d'audience, ayant sur le côté une impériale en dais et, dessous, le portrait du Roi (*Mariage*, iii, p.306). C'est dans ce décor que se déroulera le procès, à partir de la scène quinze (p.317), devant une audience nombreuse et un tribunal des plus imposants (la fo-orme):

Scène XV. Les Acteurs précédents [Bartholo, Marceline, le Comte, Brid'oison, Figaro, un huissier], Antonio, les Valets du château, les Paysans et Paysannes, en habits de fête; Le Comte s'assied sur le grand fauteuil, Brid'oison [en robe de juge espagnol, une grosse perruque, une gonille ou rabat espagnol au cou][5] sur une chaise à côté; Le Greffier sur le tabouret derrière sa table; Les Juges, les Avocats sur les banquettes; Marceline à côté de Bartholo; Figaro sur l'autre banquette; Les Paysans et les Valets debout derrière.

Le prétexte à cet imposant étalage de puissance est dérisoire: l'arrivée inopinée de Marceline à la scène vingt-deux du deuxième acte a permis au Comte de trouver, in extremis, le moyen de ne pas ordonner un mariage qu'il désirait annuler. Ce prétexte s'enfle d'un acte à l'autre et devient, dans les heures qui suivent, un procès auquel participent juge, greffier, avocats, alguazils, etc . . .

La raison de ce procès ne justifie en rien ce déploiement. Pourtant, si Beaumarchais place exactement au centre de sa comédie un spectacle aussi imposant de ce qui se passe dans les cours de justice, c'est qu'il a des raisons. Mais ces raisons ne sont pas logiques. Elles procèdent d'un autre ordre et sont à la fois politiques et dramaturgiques. Politiques, parce qu'il importe au plus haut point à Beaumarchais d'inclure dans sa comédie une satire très violente de la justice et ses institutions; et dramaturgiques parce que l'efficacité de cette satire politique dépend, avant tout, dans ce cas particulier de la comédie, de l'art avec lequel cette satire aura été présentée au public. A ce compte, la vraisemblance et la logique importent beaucoup moins que le mouvement imprimé par l'auteur au spectacle qu'il nous propose, et que l'effet produit par cette scène, considérée comme essentielle, sur son public.

On ne saurait donc sous-estimer la place et l'importance de cette critique des institutions judiciaries dans *Le Mariage de Figaro*. Loin d'être une plaisanterie banale, ou la simple reprise d'une tradition littéraire, c'est pour Beaumarchais un acte politique conscient, et il nous semble que Jacques Scherer (p.101) n'accorde pas à cette scène l'importance qu'elle mérite: 'Il critique la justice: c'était une tradition. Il présente Brid'oison ridicule, il fait dans la scène du *Mariage* des allusions non déguisées à l'affaire Goezman: tout cela ne porte pas très loin'. Certes, la critique de la justice était une tradition, mais il se trouve que le procès Goezman, auquel Beaumarchais fait des 'allusions non déguisées', selon l'expression même de m. Scherer, est loin d'être un procès banal, et que dans ce procès, Beaumarchais a été tout autre chose qu'un plaideur au sens habituel du terme. Très rapidement, le différend entre Beaumarchais et Goezman a pris, aux yeux de l'opinion publique, des dimensions jamais atteintes jusque là. 'Quinze Louis contre Louis xv'.

[5] 'Caractères et habillements', p.257.

C'est ainsi que les gazetiers nommaient cette affaire qui était rapidement devenue le prétexte à la remise en cause du régime, entraînant la chute du système judiciaire qui venait d'être instauré par Louis xv au prix de difficultés immenses. En faisant sur scène des allusions non voilées à ce procès Goezman qui lui avait assuré la célébrité, Beaumarchais, à coup sûr, faisait de la politique.

Si Beaumarchais place au centre quasi géométrique de sa comédie une grande scène de procès, c'est que l'institution judiciaire et sa mauvaise organisation sont au centre de ses préoccupations et de celles de son public. C'est aussi parce que l'affaire Goezman, en 1773, a changé le cours de sa vie. C'est donc très volontairement que Beaumarchais fait crier par un laquais (III.vi), le nom de Don *Guzman* Brid'oison: le juge *Goezman*, que tout le monde connaissait, se trouve ainsi associé au Juge Bridoie qui chez Rabelais, jouait chacune de ses sentences aux dés. Il y a là en outre une petite 'plaisanteries pour initiés': le nom de Brid'oison a déjà été utilisé par Beaumarchais dans une de ses parades *Les Bottes de sept lieues*. Ici aussi, la parenté n'est guère flatteuse pour le grave magistrat (p.553):

GILLES. [. . .] et de cette manière vous êtes donc le fils de la mère Bridoie?
ARLEQUIN. Tout juste, et c'est ce qui fait que je m'appelle Brid'oison.

Comme si tout cela ne suffisait pas, Beaumarchais fait bégayer son juge d'une façon solennelle autant pour faire rire ses spectateurs que pour leur rappeler l'accent alsacien très lent et très lourd de Goezman; et pour finir (*Mariage*, III.xiii, p.315), il met dans la bouche de Figaro des plaisanteries aussi inutiles que de mauvais goût parce qu'il tient à faire allusion, d'une manière ou d'une autre, à madame Goezman à laquelle il avait été confronté, au cours d'interrogatoires interminables, tout au long de l'été 1774 (et dont il avait campé, dans ses *Mémoires*, un portrait inoubliable):

BRID'OISON. J'ai vu ce ga-arçon-là quelque part?
FIGARO. Chez Madame votre femme, à Séville, pour la servir, Monsieur le Conseiller.
BRID'OISON. Dans-ans quel temps?
FIGARO. Un peu moins d'un an avant la naissance de Monsieur votre fils, le cadet, qui est un bien joli enfant, je m'en vante.
BRID'OISON. Oui, c'est le plus jo-oli de tous [. . .]

L'affaire Goezman marque un tournant dans la vie mouvementée de

Beaumarchais. Elle fut également une des raisons principales de l'échec de la réforme Maupeou, réforme judiciaire entreprise en 1770 par Louis xv qui, chassant les anciens parlements, avait créé de nouveaux corps de magistrature. C'est ainsi que les problèmes judiciaires personnels de notre auteur vont s'insérer dans un mouvement beaucoup plus vaste, national, si l'on peut dire.

Pour bien comprendre le rapport entre notre scène de comédie et le procès qui défraya la chronique en 1774 et rendit Beaumarchais célèbre dans toute l'Europe, nous devons raconter cette fameuse affaire Goezman.

Homme d'affaires et auteur de théâtre à ses moments perdus, Pierre-Augustin Caron de Beaumarchais n'était en 1770 qu'un riche particulier qui aimait à faire parler de lui. Lorsque son drame *Les Deux amis* fut représenté, Grimm nota l'événement dans sa *Correspondance littéraire*, en février 1770, (viii.453) de la manière suivante:

On a fait sur la pièce des *Deux amis* le quatrain suivant:
> J'ai vu de Beaumarchais le drame ridicule,
> Et je vais en un mot vous dire ce que c'est;
> C'est un change où l'argent circule
> Sans produire aucun intérêt.

Il faut que M. de Beaumarchais ait beaucoup de torts, car il n'a point d'amis; un homme mit sur l'affiche, le jour de la première représentation des *Deux amis* 'par un auteur qui n'en a aucun'. Son père, Caron, était horloger de réputation, qui a laissé une fortune honnête. Lui-même était déjà habile dans le même art, et l'on prétend qu'il trouva, à l'âge de dix-huit ans, le secret de l'échappement de Graham, qui contribua beaucoup à enrichir son père. Il valait bien mieux faire de bonnes montres qu'acheter une charge à la cour, faire le fendant et composer de mauvaises pièces pour Paris.

Cet homme d'affaires ami des lettres eut le chagrin de perdre son épouse le 20 novembre 1770. Son fils unique et adoré mourut également, à l'âge de quatre ans, le 17 octobre 1772.

A coup sûr, la vitalité de Beaumarchais est déconcertante: en ces années 1770-1773, où les malheurs s'acharnent sur lui, et où son adversaire La Blache répand des calomnies l'accusant d'avoir empoisonné sa femme, il se console et surmonte ses chagrins, en écrivant une comédie: ce sera *Le Barbier de Séville*, dont l'épitaphe curieuse nous renseigne sur les vertus curatives de l'art dramatique (p.149): 'Et j'étais père, et je ne pus mourir! *Zaïre*, acte II'.

Quel rapport sinon chronologique y-a-t'il entre cette épitaphe et la comédie *Le Barbier de Séville ou la précaution inutile*, qui fut reçue à la Comédie-française le 3 janvier 1773, c'est-à-dire moins de trois mois après la mort du petit Augustin, fils unique de Beaumarchais?

Dans les mois qui suivirent, le 'paisible citoyen' se trouva entraîné dans un procès. Pour le gagner, il fit appel à l'opinion publique qu'il passionna par ses *Mémoires*. Le terme ne doit pas prêter à confusion: il s'agit ici du substantif masculin, que le dictionnaire Robert définit ainsi: '(Dr.) écrit destiné à soutenir la prétention d'un plaideur (V. factum)' et à factum, nous trouvons les explications suivantes, qui s'appliquent exactement à notre propos: 'Mémoire dépassant l'exposé du procès et dans lequel l'une ou l'autre des parties mêle attaques et justifications. Ex: Je conseille à Beaumarchais de faire jouer ses Factums, si son *Barbier* ne réussit pas; (Voltaire)'.

Effectivement, dans les *Mémoires* de Beaumarchais, il n'est question que de détails de procédure fort rébarbatifs, et pourtant, c'est avec cela que Beaumarchais passionna l'opinion (Grendel, p.169):

[. . .] ces textes étonnants, [. . .] qui rendirent célèbre Beaumarchais du jour au lendemain dans l'Europe entière, et dont Sainte-Beuve disait à juste titre qu'ils pouvaient 'être mis en regard des plus mémorables endroits qu'on cite dans les dernières *Provinciales* de Pascal', n'ont plus aujourd'hui que leur renommée, étant introuvables en librairie depuis des décennies.

Cette curieuse lacune de l'édition explique peut-être pourquoi on n'a pas accordé à ce procès, et aux *Mémoires* qui l'ont suivi la place qui leur revient dans la genèse du *Mariage de Figaro*.

L'année 1773 marque un tournant très net dans la vie de Beaumarchais. Mais elle est si chargée d'événements qu'il nous paraît indispensable de commencer par en présenter un résumé chronologique avant de l'exposer en détails (d'après Grendel, pp.27-8):

1773

3 janvier	*Le Barbier de Séville* est reçu à la Comédie-française.
11 janvier	Violente altercation et échange de coups avec le duc de Chaulnes.
	Le même soir, première lecture du *Barbier de Séville*.
19 février	Beaumarchais est reconnu innocent, Chaulnes est arrêté.

1773

26 février	Beaumarchais est emprisonné à For-Lévêque. La représentation du *Barbier* est interdite.
5 mars	La Blache profite de l'internement (arbitraire) de Beaumarchais pour obtenir du parlement que leur procès en appel soit avancé au 6 avril.
23 mars	Beaumarchais est autorisé à sortir de prison quelques heures pour organiser sa défense.
Ier avril	Beaumarchais demande audience au juge Goezman, son rapporteur.
3 avril	Ayant versé à mme Goezman 100 louis, plus 15 louis pour le secrétaire, plus une montre enrichie de diamants, Beaumarchais obtient enfin son audience chez le juge.
6 avril	Procès en appel contre La Blache; Beaumarchais est condamné pour faux.
21 avril	Lettre de Beaumarchais à mme Goezman, pour réclamer les 15 louis qu'elle ne lui a pas rendus.
8 mai	Beaumarchais sort de prison; ses biens ont été saisis.
21 juin	Plainte du juge Goezman contre Beaumarchais pour tentative de corruption.
5 septembre	Premier *mémoire*.
18 novembre	Deuxième *mémoire: supplément à consulter*.
3 décembre	Troisième *mémoire: addition au supplément*.

1774

10 février	Quatrième *mémoire*.
26 février	Un jugement condamne Beaumarchais et mme Goezman au blâme, c'est-à-dire à la perte de tous les droits civiques.
Fin février	Départ de Beaumarchais pour l'Angleterre.

Ce tableau n'illustre que trop bien les réflexions de Suzanne! 'SUZANNE. On peut s'en fier à lui pour mener une intrigue. FIGARO. Deux, trois, quatre à la fois [. . .] qui se croisent [. . .]' (*Mariage*, ii.ii, p.281). C'est peu dire qu'en 1773, les intrigues se sont croisées: elles étaient enchevêtrées. Mais reprenons notre récit en détails.

Le duc de La Blache, légataire universel de Pâris-Duverney, mort en 1770, avait attaqué Beaumarchais en justice en l'accusant de faux: à la mort du vieux financier, certains comptes entre lui et Beaumarchais étant restés pendants, la somme de 15,000 livres était encore due à notre auteur. Comme la succession était de plusieurs millions, il ne semble pas que La Blache ait vraiment eu besoin de la somme relativement minime que Beaumarchais réclamait, mais il se vantait de 'haïr Beaumarchais comme on aime une maîtresse'.[6] Il lui fit donc un procès, le perdit, et fit appel.

La deuxième intrigue nous fait faire la connaissance du duc de Chaulnes, personnage particulièrement original: descendant des Luynes, et homme fort cultivé. Cela ne l'empêchait pas d'être extrêmement violent. Comme c'était un géant d'une force physique peu commune, il pouvait être dangereux. Lui et Beaumarchais avaient la même maîtresse. Or, mlle Ménard (c'est son nom), manifesta de la préférence pour Beaumarchais, car Chaulnes la battait. Quand le duc apprit la chose, il prit très mal l'affaire, et poursuivit son rival à travers Paris en cette mémorable journée du 11 février 1773, jurant partout qu'il 'allait lui déchirer le cœur et boire son sang, dont il avait soif'.[7]

Le duc de La Vrillière, intendant de la maison du roi, suggéra alors à Beaumarchais de se mettre à l'abri des fureurs de Chaulnes en demeurant aux arrêts dans sa propre maison, rue de Condé, ce qu'il fit.

Mais ce duc de La Vrillière, comte de Saint-Florentin, né Louis Phélypeaux et ministre du roi, était lié au duc de La Blache. Comme il s'occupait surtout des lettres de cachet, il se servit de l'altercation survenue entre Chaulnes et Beaumarchais pour rendre service à son ami La Blache. Le résultat ne se fit pas attendre, et Beaumarchais se retrouva en prison:

26 février 1773
En vertu d'une lettre sans cachet, appelée lettre de cachet, signée Louis, plus bas Phélippeaux,[8] recommandée Sartines, exécutée Buchot et subie Beaumarchais, je suis logé, mon ami, depuis ce matin, au For-l'Evêque, dans une chambre non tapissée, à 2160 livres de loyer, où l'on me fait espérer que

---

[6] Beaumarchais aurait conseillé à Pâris-Duverney de léguer son héritage à un autre de ses neveux, Pâris de Meysieu, et non pas à La Blache: d'où la haine de ce dernier (cf. Castries, pp.148-50).

[7] menace à laquelle Beaumarchais répliqua: 'Ah! ce n'est que cela! Permettez, Monsieur le Duc, que les affaires aillent avant les plaisirs' (cf. le compte-rendu envoyé au lieutenant de police, dans la *Correspondance*, ii.4).

[8] c'est donc le duc de La Vrillière.

hors le nécessaire, je ne manquerai de rien. Est-ce la famille du duc, à qui j'ai sauvé un procès criminel, la vie et la liberté? Est-ce le ministre, dont j'ai constamment suivi ou prévenu les ordres? Est-ce les ducs et pairs, avec qui je ne puis jamais avoir rien à démêler? Voilà ce que j'ignore. Mais le nom sacré du Roi est une si belle chose qu'on ne saurait trop le multiplier et l'employer à propos. C'est ainsi qu'en tout pays bien policé l'on tourmente par autorité ceux qu'on ne peut inculper avec justice. Qu'y faire? Partout où il y a des hommes, il se passe des choses odieuses et le grand tort d'avoir raison est toujours un crime aux yeux du pouvoir, qui veut sans cesse punir et jamais juger [. . .][9]

Interné arbitrairement à For-Lévêque le 26 février, Beaumarchais ne fut libéré que le 8 mai. Entre temps, La Blache avait fait avancer la date du procès et le jugement fut rendu le 6 avril 1773.

C'est ici qu'apparaît le troisième personnage: le juge Louis-Valentin Goezman. Celui-ci fut nommé officiellement rapporteur le Ier avril, et devait le 5 du même mois déposer son rapport sur le bureau du parlement. L'issue du procès dépendait de ce rapport et Beaumarchais devait absolument parler au juge auparavant. A partir du 23 mars il avait obtenu l'autorisation de sortir de For-Lévêque pour plusieurs heures dans la journée, escorté de l'officier Santerre, afin de s'occuper de ses affaires. Mais il ne parvenait pas à obtenir une audience chez Goezman. Ayant appris que le libraire Lejay avait publié des ouvrages juridiques de Goezman et connaissait la femme de ce dernier, Beaumarchais, sur les conseils de ses amis, fit remettre à mme Goezman, par l'intermédiaire de Lejay, cent louis et une montre enrichie de diamants afin qu'elle lui ménageât une entrevue avec son mari. . . . mme Goezman exigea également ment 15 louis pour le secrétaire. Malgré ces pots-de-vin à mme Goezman, Beaumarchais n'obtint qu'une seule entrevue avec le mari qu'il sentit nettement défavorable. Le 5 avril 1773, Goezman fournit un rapport en faveur du comte de La Blache; le parlement l'adopta le lendemain. Beaumarchais fut condamné à payer 56,000 livres, plus les intérêts de trois ans et les frais du procès (*Correspondance*, ii.28).

C'était la ruine totale, et les lettres que Beaumarchais écrivit à Sartines nous donnent une juste idée de la gravité de sa situation. Bien que lieutenant général de police, Sartines ne pouvait rien contre l'ordre du duc de La Vrillière. Le procès étant terminé, Beaumarchais n'avait

[9] lettre à Gudin de La Brenellerie (*Correspondance*, ii.12).

plus de raison de sortir de prison, ce dont profitèrent ses créanciers, réels ou prétendus: La Blache notamment qui saisit la maison de la rue de Condé et en chassa le père, les deux sœurs, et le beau-frère de Beaumarchais (*Correspondance*, ii.31-2):

Ce matin 6 avril 1773

[. . .] Voilà ce que me coûte l'affreuse affaire de M. le duc de Chaulnes que je n'ai ni cherchée ni pu prévenir. On a tiré parti de tout pour me faire perdre ce procès [. . .] Cet horrible séjour met le comble à ma ruine tant par ce qu'il me coûte que par l'obstacle continuel qu'il met à mes affaires. Je suis perdu, écrasé, sans ressource si l'on s'obstine à me retenir ici.

Le 9 avril, la lettre qu'il adresse à Sartines est celle d'un homme déséspéré (*Correspondance*, ii.32).

Je suis au bout de mon courage. Le bruit public est que je suis entièrement sacrifié; mon crédit est tombé, mes affaires dépérissent; ma famille dont je suis le père et le soutien, est dans la désolation. Monsieur, j'ai fait le bien toute ma vie sans faste, et j'ai toujours été déchiré des méchants [...] Quelque vengeance qu'on veuille prendre de moi pour cette misérable affaire de Chaulnes, n'aura-t-elle donc pas de bornes? Il est bien trouvé que mon emprisonnement me coûte 100.000 francs. Le fonds, la forme, tout fait frémir dans cet inique arrêt, et je ne puis m'en relever tant qu'on me retiendra dans une horrible prison [. . .]

Mais Beaumarchais n'était pas homme à s'abandonner au désespoir. D'urgence, il lui fallait agir, et faire en sorte que cet arrêt inique dont il était victime fût annulé au plus vite. Il venait de constater à ses dépens que la justice rendue par le nouveau parlement était tout aussi vénale que celle de l'ancien. Il devait maintenant le prouver. S'attaquer au juge Goezman, c'était s'attaquer au parlement Maupeou, donc au gouvernment, donc au roi. L'enjeu était énorme, et l'entreprise des plus témeraires.

Avant de raconter comment Beaumarchais sortit vainqueur de cette lutte, il convient de peser l'énormité de l'enjeu et d'admirer le courage de celui qui osa, en toute lucidité, se lancer dans cette aventure.

Le 6 avril 1773, Pierre-Augustin Caron de Beaumarchais était un homme déshonoré et ruiné. Etant encore en prison, il se trouvait dans l'impossibilité totale de parer en aucune manière aux désastres qui continuaient à s'abattre sur lui. Il refusa, cependant, de se laisser aller au désespoir et, de sa prison, il fit tenir à mme Goezman le billet suivant (*Correspondance*, ii.34):

21 avril 1773

Je n'ai point l'honneur, madame, d'être personnellement connu de vous, et
je me garderais de vous importuner, si, après la perte de mon procès, lorsque
vous avez bien voulu me faire remettre mes deux rouleaux de louis, et la
répétition enrichie de diamants qui y était jointe, on m'avait aussi rendu de
votre part quinze louis d'or, que l'ami commun qui a négocié vous a laissés
en surérogation.

J'ai été si horriblement traîté dans le rapport de M. votre époux et mes
défenses ont été tellement foulées aux pieds par celui qui devait, selon vous,
y avoir un légitime égard, qu'il n'est pas juste qu'on ajoute aux pertes
immenses que ce rapport me coûte, celle de quinze louis d'or, qui n'ont pas dû
s'égarer dans vos mains. Si l'injustice doit se payer, ce n'est pas par celui qui
en souffre aussi cruellement. J'espère que vous voudrez bien avoir égard à ma
demande, et que vous ajouterez à la justice de me rendre ces quinze louis,
celle de me croire, avec la respectueuse considération qui vous est due [...]

C'est ainsi que débuta l'affaire que les chroniqueurs allaient bientôt
intituler: 'Quinze louis contre Louis xv.' Beaumarchais plaçait mme
Goezman devant l'alternative suivante: ou rendre les quinze louis ou
nier les avoir reçus. Dans le premier cas, c'était avouer avoir gardé par
devers elle une somme destinée à un secrétaire et donc se déshonorer.
Dans le second cas, c'était mentir en dépit des nombreux témoins qui
pouvaient prouver sa malhonnêteté et son infamie. Dans les deux cas,
le juge Goezman, son époux, était atteint dans sa dignité et son intégrité.

Après avoir tenté d'effrayer Beaumarchais, après avoir intimidé et
fait taire le libraire Lejay, qui était le témoin principal, Goezman dut
user des grands moyens: le 21 juin, il déposa une plainte contre Beaumarchais pour tentative de corruption. On passait du tribunal civil au
criminel et Beaumarchais désormais risquait les galères. Mais déjà, il
avait senti le soutien implicite de l'opinion publique, qui exigerait que
lumière soit faite sur l'accusation portée par un simple particulier
contre un membre du nouveau tribunal: la lettre de cachet était
désormais impuissante à étouffer l'affaire.

L'été se passa en interrogatoires, dont Beaumarchais informa tout
Paris en publiant, le 5 septembre 1773, le premier de ses fameux
Mémoires. Selon Grendel (p.194):

Le talent du polémiste, si grand fût-il, la sincérité, la passion du plaideur, la
gravité de l'enjeu, l'impopularité du parlement Maupeou, conditions nécessaires du succès des *Mémoires*, n'auraient pas cependant suffi à leur donner

97

cette universelle renommée. Le secret de l'extraordinaire réussite de Beaumarchais tient en un mot: la comédie. C'est parce qu'il a eu le génie de traiter ses adversaires comme des personnages, d'écrire des scènes où ils sont en situation, et d'y tenir lui-même son rôle, que Beaumarchais a trouvé un public, son public.

En faisant appel à l'opinion publique, Beaumarchais renversa une situation qui semblait désespérée. Mais ce qui est extraordinaire, c'est qu'il le fit sans s'éloigner de son sujet: il décrivait dans le détail le labyrinthe de la procédure, les ambiguités des réponses des Goezman, l'écheveau qui s'embrouillait et semblait inextricable, et démontrait ainsi, par cette complexité même, combien il avait raison et combien son combat singulier était celui de tous les hommes. En plaidant contre Goezman, c'est à l'oppression, à l'injustice et à la tyrannie qu'il s'attaquait.

'Il n'y a que vous qui osiez rire *en face*' avait dit Conti à Beaumarchais lors de cet entretien auquel nous revenons sans cesse et que nous considérons comme le point de départ du *Mariage*. Bien plus qu'au *Barbier*, c'est aux *Mémoires* que s'applique cette réflexion. Des mois durant, les conseillers poursuivirent à huis clos des interrogatoires invraisemblables, durant lesquels mme Goezman s'enlisait dans les mensonges absurdes, et attendirent la faute, l'erreur de Beaumarchais, puisque c'était lui qu'il fallait condamner: 'LE COMTE. Au tribunal, le Magistrat s'oublie, et ne voit plus que l'ordonnance. FIGARO. Indulgente aux grands, dure aux petits . . .' (*Mariage*, III.v, p.311). La réponse railleuse de Figaro est une critique universelle, mais elle est tout aussi bien le commentaire de ce qui est arrivé à Beaumarchais en 1773, lorsqu'il se trouva interrogé par des magistrats qui, au nom de la bienséance, de la solidarité professionnelle et de la réputation du Parlement, se devaient de la condamner et de laver Goezman de tout soupçon.

Faites vos interpellations, madame, lui dit le conseiller-commissaire. Je suis obligé de vous prévenir qu'après ce moment il ne sera plus temps. — Eh mais sur quoi, Monsieur? Je ne vois pas, moi . . . ah! . . . écrivez qu'en général toutes les réponses de monsieur sont fausses et suggérées.

Je souris. Elle voulait en savoir la raison: 'C'est, madame, qu'à votre exclamation, j'ai bien jugé que vous vous rappeliez subitement une partie de votre leçon, mais vous auriez pu l'appliquer plus heureusement [. . .] Mais n'auriez-vous rien à dire sur la lettre que j'ai eu l'honneur de vous

écrire, et qui m'a procuré l'audience de M. Goezman? Certainement Monsieur,... attendez... écrivez... quant à l'égard de la soi-disante... audience
... de la soi-disante audience'.

Tandis qu'elle cherche ce qu'elle veut dire, j'ai le temps d'observer au lecteur que le tableau de ces confrontations n'est point un vain amusement que je lui présente: il m'est très important qu'on y voie l'embarras de la dame, pour lier à des idées très communes les grands mots de palais dont son conseil a eu la gaucherie de les habiller. 'La soi-disante audience... envers et contre tous... ainsi qu'elle avisera... un commencement de preuve par écrit...' et autres phrases où l'on sent la présence du dieu qui inspire la prêtresse, et lui fait rendre ses oracles en une langue étrangère qu'elle-même n'entend point.

Enfin madame Goezman fut si longtemps à chercher, répétant toujours *la soi-disante audience*... le greffier la plume en l'air, et nos six yeux fixés sur elle, que M. de Chazal, commissaire, lui dit avec douceur: 'Eh bien! madame, qu'entendez-vous par *la soi-disante audience*? Laissez les mots: assurez vos idées: expliquez-vous, et je rédigerai fidèlement votre interpellation.' — Je veux dire, monsieur, que je ne me mêle point des affaires ni des audiences de mon mari, mais seulement de mon ménage; et que si monsieur a remis une lettre à mon laquais, ce n'a été que par excès de méchanceté: ce que je soutiendrai envers et contre tous.' Le greffier écrivait.[10]

Cette confrontation de Beaumarchais avec madame Goezman fut accueillie par les lecteurs pour ce qu'elle était: une excellente scène de comédie, et elle fut jouée sur de nombreuses scènes privées notamment à Versailles, par la dauphine Marie-Antoinette dans le rôle de madame Goezman, et l'acteur Préville (qui allait interpréter Figaro dans le *Barbier*), dans le rôle de Beaumarchais.

Quand Beaumarchais sortit vainqueur de ce procès, son ami, le prince de Conti, l'honora du titre de 'grand citoyen'. Le prudent Sartines ajoutait, pour sa part: 'Il ne suffit pas d'être blâmé, il faut aussi être modeste', tout Paris se réjouissait de l'échec de l'impopulaire parlement Maupeou en la personne de Goezman, et fêtait le triomphe de Beaumarchais.

Quelques années plus tard, quand Beaumarchais reprit le personnage de Figaro, il le plaça dans une situation comparable à celle qui avait été la sienne en 1773, l'obligeant à se défendre dans un procès auquel il ne s'attendait nullement.

[10] 'Confrontation de moi à madame Goezman', *Supplément au mémoire à consulter* (*Mémoires*, pp.61-2).

En ce qui concerne la scène du procès, nous pouvons dire qu'il y a analogie, identité même entre la situation où s'est trouvé l'auteur et celle dans laquelle il place son personnage. Cette analogie va même très loin: en 1773, aucun avocat n'osa aider Beaumarchais dans son affaire et il dut se défendre seul. Or, Figaro, de son côté, procède de la même manière: il n'a pas d'avocat et plaide pour lui-même (*Mariage*, iii.xv, p.318):

> FIGARO. [. . .] le client un peu instruit sait toujours mieux sa cause que certains Avocats qui, suant à froid, criant à tue-tête, et connaissant tout, hors le fait, s'embarrassent aussi peu de ruiner le plaideur que d'ennuyer l'auditoire, et d'endormir Messieurs: plus boursouflés après que s'ils eussent composé l'*Oratio pro Murena* [. . .]

Cependant, malgré cette ressemblance apparente, une différence subsiste, fondamentale: placé dans une situation analogue, et se défendant avec autant de verve, Figaro échoue là où Beaumarchais avait réussi. Comment expliquer ce fait curieux sinon par le rapport que nous avons déjà établi entre Beaumarchais et le personnage qu'il a mis sur scène? Figaro est pour Beaumarchais un moyen d'exorciser ses démons. Sur le plan économique et social déjà, nous avons noté que Figaro échoue et Beaumarchais réussit; il en est exactement de même devant la justice, et dans un cas comme dans l'autre, l'échec ou la réussite ne sont en aucune façon la conséquence de la raison, de l'intelligence, de la verve ou de n'importe laquelle des qualités intellectuelles ou morales du personnage: ils sont l'effet du hasard le plus pur: Beaumarchais a 'réussi' et est 'arrivé'. Son succès est tout aussi illogique que l'échec de Figaro, ce n'est qu'une absurdité de plus.

En 1773, comme aucun avocat n'osait entreprendre la défense de Beaumarchais, il dut se défendre tout seul. Certes Beaumarchais n'était pas le premier à s'être servi de sa plume pour attaquer ou se défendre, mais jusqu'à lui les pamphlets, les écrits publiés sous le manteau, les mémoires étaient destinés à un public limité, n'étaient tirés qu'à un nombre réduit d'exemplaires qui restaient d'ailleurs le plus souvent chez l'imprimeur. Beaumarchais, lui, inventa une notion nouvelle, l'opinion publique: le premier *Mémoire* et le *Supplément* qui suivit furent en quelques jours tirés à des dizaines de milliers d'exemplaires:

> Ce mémoire qu'on sait être rédigé et composé tout entier par le sieur Beaumarchais est supérieurement fait. Quoiqu'il ne roule que sur une narration

minutieuse, en apparence, de petites circonstances peu intéressantes, il y a mis tant d'art, tant de précision, un sarcasme si fin et si bien ménagé qu'on le lit avec la plus grande avidité.[11]

Est-ce la chance, la conjoncture favorable ou est-ce le génie de Beaumarchais? Toujours est-il que ses *Mémoires* eurent un succès comme on n'en avait jamais vu:

Il y a longtemps que tous les papiers publics sont remplis du nom de M. de Beaumarchais [. . .] Ce que nous osons dire en confiance, c'est que les trois *Mémoires* que M. de Beaumarchais a publiés pour sa défense sont écrits avec tout l'esprit imaginable [. . .] On ne peut s'empêcher d'admirer la constance, la gaieté, l'audace même qu'il conserve dans la situation du monde la plus critique et la plus douloureuse. Coupable ou non, il excite presque également l'étonnement et l'admiration de ceux même qui ne prennent aucun intérêt particulier à son sort.[12]

Figaro est loin de susciter le même intérêt dans l'esprit de ses auditeurs. Lorsqu'il veut répondre à l'accusation portée contre lui, que vient de lire le greffier Double-Main, il est sèchement rabroué par ce dernier, qui le fait taire au moyen d'un détail de procédure: 'FIGARO. [. . .] moi je dirai le fait en peu de mots, Messieurs . . . DOUBLE-MAIN. En voilà beaucoup d'inutiles, car vous n'êtes pas demandeur, et n'avez que la défense [. . .] (*Mariage*, III.xv, p.318). Et, comme nous l'avons dit, il a beau se défendre, il perd son procès. N'oublions pas cependant que si l'affaire Goezman fut la plus célèbre de toutes celles auxquelles Beaumarchais fut mêlé, elle est loin d'être la seule. Elle découle, avons-nous dit, du procès qui était en cours entre Beaumarchais et le duc de La Blache, légataire universel de Pâris-Duverney, et qui attaquait Beaumarchais pour faux et usage de faux. Le seul compte restant à régler entre Beaumarchais et Pâris-Duverney, à la mort de ce dernier, se présentait ainsi: sur une double feuille de papier 'à la Tellière', Beaumarchais avait rempli de sa main les deux premières pages (recto et verso du folio 1) par le détail très compliqué de son règlement de comptes; il l'avait signé à droite en bas de la seconde page et, en bas de cette même page mais à gauche, Pâris-Duverney avait daté et signé l'approuvé (d'après Castries, pp.145-57).

[11] Bachaumont, *Journal*, cité par Castries, p.202.
[12] *Correspondance littéraire*, x.328: novembre 1773.

La Blache accusa Beaumarchais d'avoir falsifié la signature du vieux financier, et c'est à cette accusation de faussaire qu'il dut faire face de 1771 à 1778, quand il fut enfin réhabilité dans ses droits par le parlement d'Aix en Provence. Entre temps, on avait beaucoup chicané sur la validité de l'unique pièce à conviction: la double feuille de papier 'à la Tellière', écrite par Beaumarchais et signée par Pâris-Duverney (*Mariage*, III.xv, p.318):

LE COMTE. Avant d'aller plus loin, Avocat . . . convient-on de la validité du titre?

BRID'OISON. Qu'oppo . . . qu'oppo-osez-vous à cette lecture?

FIGARO. Qu'il y a, Messieurs, malice, erreur ou distraction dans la manière dont on a lu la pièce [. . .]

Au cours du procès Goezman aussi, Beaumarchais avait démontré son bon droit en chicanant sur . . . une faute d'orthographe! Le développement bouffon sur le *et* et le *ou* dans la scène du procès n'est pas sans rappeler aux spectateurs les pages des *Mémoires*, dans lesquelles Beaumarchais raconte comment, poussé dans ses derniers retranchements, Goezman dicta au libraire Lejay une fausse déclaration, que Beaumarchais reproduisit dans son *Supplément au mémoire à consulter*, et qui se terminait de la manière suivante (*Mémoires*, pp.108-9):

Et si Beaumarchais osait dire qu'on a soustrait quelque chose des rouleaux pour des secrétaires ou autrement, je lui soutiendrais qu'il est un menteur et un calomniateur, et que les rouleaux étaient bien entiers; ce que le sieur Bertrand lui soutiendra comme moi, etc, etc, sans date. Siné: le-Jay.

Le gain et la perte d'un procès tiennent souvent à des détails de forme des plus infimes: la signature en bas à droite ou à gauche, sur l'arrêt des comptes entre Pâris-Duverney et Beaumarchais, un mot superflu et mal écrit: *siné*, au bas de la déclaration de Lejay, pourquoi ces détails seraient-ils davantage pris au sérieux que le *et*, le *ou*, ou le 'pâté' figurant à l'endroit le plus crucial de la reconnaissance de dette que Figaro a autrefois signée à Marceline? Tous ces détails, dont peuvent dépendre des vies humaines, sont autant d'absurdités.

'De toutes les choses sérieuses, le mariage étant la plus bouffonne', disait Bazile en tentant de corrompre Suzanne (*Mariage*, I.ix, p.270), et cette définition conviendrait tout aussi bien à la justice.

Ayant gagné tous ses procès, fait annuler le 'blâme', et étant devenu objet de l'adulation des Parisiens, Beaumarchais pouvait enfin, en

1778, plaisanter de ses anciens malheurs et faire de gros clins d'œil à un public très informé: 'MARCELINE. On a corrompu le grand Juge, il corrompt l'autre, et je perds mon procès' (*Mariage*, III.xv, p.320). Tout le monde a reconnu en passant l'écho de l'affaire Goezman, et le juge qu'on avait corrompu par l'intermédiaire de sa femme. 'DOUBLE-MAIN, *à Marceline*. Ah, c'est trop fort! je vous dénonce,[13] et, pour l'honneur du Tribunal, je demande qu'avant faire droit sur l'autre affaire, il soit prononcé sur celle-ci.' (*Mariage*, III.xv, p.320). Et les spectateurs reconnaissent une autre des pratiques judiciaires les plus répandues, à la faveur de laquelle les juges, chicanant une fois de plus sur un point secondaire, en profitent pour renvoyer la véritable affaire à plus tard et faire recommencer ainsi le fastidieux processus d'audiences, d'épices etc etc. La chicane sur *et* et *ou* bouffonne, bien sûr, mais pour les contemporains, les allusions en étaient transparentes.

Une des accusations les plus graves que Beaumarchais avait portées contre Goezman avait été d'avoir falsifié la première déposition de Lejay:

Voici le sens, suivant la première leçon: 'Madame Goezman m'a dit que mes propositions rejetées étaient propres à *lui* attirer la disgrâce de son mari, s'il en apprenait quelque chose, etc.' Et voilà le sens, suivant la seconde: 'Madame Goezman m'a dit que mes propositions rejetées étaient propres à *m*'attirer la disgrâce de son mari, s'il en apprenait quelque chose.' *Ce qui est bien différent.*[14]

Le raisonnement que tient Figaro dans la comédie ressemble à celui de Beaumarchais jusque dans le choix des mots: 'FIGARO. [. . .] il n'est pas dit dans l'écrit: "laquelle somme je lui rendrai, *et* je l'épouserai"; mais: "laquelle somme je lui rendrai, *ou* je l'épouserai; *ce qui est bien différent*' (*Mariage*, III.xv, p.318). Quant au pâté, dont Brid'oison dit qu'il 'sait ce que c'est', il y en a eu dans les documents relatifs au procès La Blache: 'on a posé quelques petits *pâtés* d'encre sur les premiers mots du billet, pour lui donner au moins un air louche à la première inspection'.[15]

Reconnaissons cependant que le duel oratoire entre Figaro et Bartholo ne doit plus grand'chose au procès Goezman: 'lorsque mon

---

[13] pour outrage à magistrat dans l'exercice de ses fonctions.

[14] *Mémoires*, p.104. Cette première disposition de Lejay n'ayant pas été suffisamment efficace, Goezman en avait dicté à l'infortuné libraire une seconde, qui se terminait par la malheureuse formule 'Siné, Le-Jay'.

[15] *Œuvres complètes* (Paris 1809), ii.334 (rapporté par Ratermanis, p.584).

sujet me saisit, j'évoque tous mes personnages et les mets en situation
[. . .] Puis, quand ils sont bien animés, j'écris sous leur dictée rapide,
sûr qu'ils ne se tromperont pas [. . .] Chacun y parle son langage'
(*Mariage*, 'Préface', p.249). C'est pourquoi les exemples de Bartholo
viennent du domaine de la médecine: 'C'est ainsi qu'on dirait, Messieurs: *vous vous ferez saigner dans ce lit* où *vous resterez chaudement*;
c'est "dans lequel". *Il prendra deux grains de rhubarbe* où *vous mêlerez
un peu de tamarin*: dans lesquels on mêlera' (*Mariage*, III.xv, p.319).
Et Figaro, en homme d'esprit professionnel, réplique: 'ou *la maladie
vous tuera*, ou *ce sera le Médecin*; ou bien *le Médecin*; c'est incontestable.
Autre exemple: ou *vous n'écrirez rien qui plaise*, ou *les sots vous dénigreront*; ou bien *les sots*; le sens est clair [. . .] (*Mariage*, III.xv, p.319).
Ce dialogue est d'un comique irrésistible, ce qui risque de nous
inciter à ne considérer cette scène du procès, comme toute la comédie,
que d'une manière superficielle. Or, ce serait faire un grave contre-sens
que de sous-estimer l'importance de la critique des institutions judiciaires dans le *Mariage*. Beaumarchais nous y présente un procès
bouffon à l'aide duquel il parvient à déconsidérer l'appareil judiciaire:
Brid'oison y est ridicule; il bégaie et se réfugie derrière 'la fo-orme';
son greffier Double-Main 'mange à deux rateliers'; l'huissier ne cesse
de 'glapir' et même le Comte, qui est 'la première instance de sa
province', rend une justice qui est 'indulgente aux grands, dure aux
petits'. (*Mariage*, III.v, p.311).
Tous les représentants de la justice sont peu estimables; et à ce
compte, il n'est pas étonnant que le résultat de leurs interventions dans
la vie des particuliers soit déplorable: 'Elle allait me faire faire une belle
sottise, la justice' conclut Figaro au terme du procès qui a failli l'obliger
à épouser sa propre mère (*Mariage*, III.xvi, p.324).
Se défendant contre Goezman, Beaumarchais a attaqué le parlement
Maupeou, ce qui a entraîné l'échec de la réforme judiciaire du même
nom. Cet échec, à son tour, a mis la royauté elle-même en danger.
Dans les *Mémoires*, Beaumarchais démontra d'une part que l'accusation de La Blache ne reposait sur rien et de l'autre que le juge réputé
intègre avait été corrompu. Liant ces deux faits, Beaumarchais intéressa
à son cas personnel un public déjà à moitié gagné, puisqu'il était hostile
au parlement qui le jugeait. En gagnant sa cause, il déconsidéra le
tribunal Maupeou, de même que le régime dont il était le pouvoir
exécutif, et c'est ainsi qu'il devint, alors même que ce tribunal l'avait

'blâmé', un 'grand citoyen' aux yeux de l'opinion publique. Un fait
politique récent peut nous aider à comprendre le rôle joué par les
quinze louis de mme Goezman: l'affaire Watergate, où un détail
matériel d'importance secondaire – la découverte des micros – a mis
en branle un engrenage au terme duquel un régime politique a été remis
en question et finalement balayé.

Les *Mémoires* que Beaumarchais a écrits pour se défendre lors du
procès Goezman ont fait de lui un homme célèbre. Désormais, tout
ce qu'il dira ou fera sera repris et commenté à l'infini par un public
assoiffé de distractions et de scandales. A partir de 1773, le nom de
Beaumarchais apparait dans la *Correspondance littéraire* de Grimm, par
exemple, pratiquement tous les mois et en relation avec les sujets les
plus divers: tout ce qui le concerne interesse le public.

Pensons maintenant à la fameuse tirade de la calomnie. Bazile,
exalté par son sujet, devenait lyrique: 'La calomnie, Monsieur? Vous
ne savez guère ce que vous dédaignez; j'ai vu les plus honnêtes gens
près d'en être accablés [...]' (*Barbier*, ii.viii, p.190). Sortant de l'ombre
où il s'était caché Figaro remarquait ensuite avec mépris: 'Il faut un
état, une famille, un nom, un rang, de la consistance enfin, pour faire
sensation dans le monde en calomniant' (ii.ix, p.192).

Après le procès Goezman, Beaumarchais a 'de la consistance'. Rien
de ce qu'il dit ne passe inaperçu. En outre, il a parfaitement conscience
de son pouvoir sur l'opinion publique qu'il manipule avec une maîtrise
déconcertante. Le roi s'opposait à ce que le *Mariage* fût joué; Beaumarchais mobilisa l'opinion publique et finit par avoir raison de
l'opposition royale. Faut-il un meilleur exemple pour nous montrer la
force de ce que dit Beaumarchais? C'est dans cet état d'esprit que
nous devons examiner cette énorme scène de procès, placée au centre
d'une comédie à l'intrigue de laquelle elle se rattache de la manière la
plus artificielle qui soit. Ce n'est pas une simple scène de comédie, c'est
une critique politique. Et elle est loin d'être anodine. Bien au contraire,
elle est percutante parce que c'est de Beaumarchais qu'elle vient et non
pas d'un autre. Tout comme la calomnie dont parlait Bazile, la critique
n'a de force que sous certaines plumes. Or, en 1784, celle de Beaumarchais est puissante parce qu'il est l'auteur des *Mémoires*, précisément, et que tout ce qu'il dit concernant la justice a immédiatement des
répercussions dans tous les esprits. En démystifiant la justice dans la
scène du procès dans le *Mariage*, Beaumarchais poursuit l'ouvrage

commencé dans les *Mémoires*, quelques années plus tôt, et tout comme alors, c'est à l'opinion publique qu'il fait appel pour l'aider dans cette entreprise.

Don Guzman Brid'oison rappelle le juge Goezman, bien entendu, mais il le dépasse, car Beaumarchais insiste sur 'l'opposition de la gravité de son état au ridicule de son caractère'.[16] N'oublions pas, en outre, que le nom de *Brid'oison* se lie, dans l'esprit des spectateurs tant soit peu cultivés, au juge *Bridoie*, auquel Rabelais n'a pas consacré moins de cinq chapitres dans son *Tiers-livre*. Ce juge, qui jouait ses sentences aux dés, avait érigé en système cette manière de procéder. C'est une véritable philosophie de la justice qu'il expose et qui amène Pantagruel à 'l'excuser'. Si Beaumarchais avait considéré son juge comme autre chose qu'un monument de stupidité obtuse (certains critiques trouvent qu'il est une préfiguration du père Ubu), ce n'est pas au juge Bridoie qu'il l'aurait apparenté, mais à un autre représentant de la justice apparaissant chez Rabelais (un de ses auteurs préférés, ne l'oublions pas), beaucoup plus inquiétant et dangereux: Raminagrobis.

Le nom du juge, ainsi que la référence littéraire que nous y décelons, nous explique la valeur que Beaumarchais donne à son personnage: il n'est pas dangereux, il n'est que ridicule.

Oui, mais en ces temps là, parfois, le ridicule tuait. . . .

Aussi absurdes l'un que l'autre, le procès que Figaro doit soutenir est tout aussi inattendu que l'était l'affaire Goezman. Nous avons vu également que le contrat signé entre Marceline et Figaro fait penser à celui que Beaumarchais signa, au nom du roi, avec 'la chevalière Eon', contrat secret que l'indiscrétion de cette dernière avait rendu public.

Par ailleurs, au moment du procès, le différend qui oppose Figaro et Marceline n'apparaît qu'après un certain nombre de cas juridiques, où le Comte est amené à prononcer des sentences, qui sont autant de plaisanteries et de critiques de la justice et du régime dont elle est l'émanation.

En outre, nous avons déjà noté que l'aspect revendicateur, et même 'révolutionnaire' du *Mariage* se manifeste surtout dans les scènes de *foule*. Or, dans la scène du procès, la foule se manifeste à plusieurs reprises: la salle d'audience est remplie de 'valets du château, de paysans et de paysannes en habits de fête', qui suivent le déroulement du procès avec beaucoup d'attention, et réagissent avec bruit plus d'une

---

[16] 'Caractères et habillements', p.257.

fois. 'Silence' crient le greffier et l'huissier à sept reprises successives.

De plus, Figaro plaide avec une éloquence qui n'est pas sans rappeler le goût grandissant de l'époque pour l'éloquence judiciaire et politique, goût qui allait culminer dans la décennie révolutionnaire.

Malgré tout cela, nous nous trouvons devant une scène de comédie des plus alertes: huit personnages échangent soixante-dix répliques réparties sur cent cinquante lignes de texte environ, et devant une figuration nombreuse et agissante.

Malgré l'artifice du rapport entre cette scène et l'ensemble de l'intrigue, malgré la multiplication des allusions à des faits d'actualité aujourd'hui incompréhensibles pour nous, nous avons là une des scènes les plus divertissantes, une de celles qui faisaient dire à Victor Hugo que les 'trois génies caractéristiques de notre scène sont Corneille, Racine et Beaumarchais'.[17]

Mais ce qui retient notre attention c'est l'attitude de l'auteur tout comme celle du personnage, vis-à-vis d'un absurde coup du sort dont dépend leur avenir:

Beaucoup de gens graves, en s'expliquant sur mes écrits, ont trouvé que dans une affaire où il allait du bonheur ou du malheur de ma vie, le sang-froid de ma conduite, la sérénité de mon âme, et la gaieté de mon ton, annonçaient un défaut de sensibilité, peu propre à leur en inspirer pour mes malheurs [. . .] Pourquoi mettre sur le compte de l'insensibilité ce qui peut être en moi le résultat d'une philosophie [. . .][18]

Ce développement n'est pas sans rappeler la fameuse réponse de Figaro à la question d'Almaviva qui, dans *Le Barbier de Séville*, s'étonnait de sa 'philosophie aussi gaie': 'Je me presse de rire de tout, de peur d'être obligé d'en pleurer' (*Barbier*, I.ii, pp.175-6). Souligner l'absurdité de l'existence par des éclats de rire est déconcertant pour le spectateur. Le problème est généralement résolu par le refus de voir l'angoisse cachée derrière la façade de gaieté.

Force est de constater que le goût pour les larmes faciles qui prévalait déjà à l'époque de Beaumarchais a causé un préjudice certain au stoïcisme souriant et même rieur de Figaro: 'Forcé de parcourir la route où je suis entré sans le savoir, comme j'en sortirai sans le vouloir,

---

[17] préface de *Cromwell*.
[18] *Quatrième mémoire à consulter*
(*Mémoires*, p.270).

je l'ai jonchée d'autant de fleurs que ma gaieté me l'a permis [. . .] (*Mariage*, v.v, p.347).

Ces 'fleurs', qui ne devraient pas nous cacher la virulence des propos, ni l'effet qu'elles produisent sur le public de l'époque, sont pourtant demeurées ce que nous retenons de cette scène, comme de la comédie tout entière. N'oublions pas cependant que, si *Le Mariage de Figaro* eut le succès que l'on sait, c'est bien parce que Beaumarchais, écho sonore de son époque, permettait dans cette comédie à tout une géneration de prendre conscience de sa force en lui fournissant les mots et les formules de ses revendications.[19]

[19] à propos de la place des parlements dans la France du dix-huitième siècle, on lira avec profit l'étude de Jean Egret, *Louis XV et l'opposition parlementaire* (*1715-1774*) (Paris 1970).

II

Le gouvernement, la politique et Figaro

Dans la page qu'il consacre au *Mariage de Figaro* et que nous avons citée plus haut, Michelet écrit que la pièce 'devint fort âcre, quand Beaumarchais, pour l'affaire d'Amérique, ne put trouver justice ni ici, ni là-bas. Il s'aigrit, menaça, prédit un cataclysme et sembla le vouloir'.[20] Ceci mérite réflexion: établissant une relation de cause à effet entre l'activité politique de Beaumarchais et le ton du *Mariage*, Michelet constate un rapport entre l'expérience de Beaumarchais en matière de politique étrangère et ce qu'il fait dire à Figaro.

Autrement dit, l'expérience de Beaumarchais dans le domaine politique se retrouve dans la comédie, comme s'y retrouvait son expérience en matière judiciaire.

Dans un cas comme dans l'autre, Beaumarchais arrive à la conclusion que le système est tellement pourri qu'il faut le transformer, car continuer à collaborer avec lui est désormais devenu impossible. Tel est le message de Figaro, et là se situe l'écart entre l'auteur et son personnage. Beaumarchais, en tant que citoyen, a opté pour le compromis, et continue à collaborer loyalement avec le régime dans lequel il vit. Mais son personnage, plus logique et plus entier, traduit la conviction profonde de l'auteur que cette manière d'agir aboutit à une impasse.

Le terme de 'politique' prête facilement à confusion. On l'emploie pour désigner des notions aussi distinctes que le goût pour l'intrigue, l'activité diplomatique concernant les relations entre états et les décisions que prend le gouvernement dans les problèmes relatifs à la direction d'un pays. C'est de tous les aspects de ce terme qu'il sera question dans ce chapitre: confrontant son personnage aux différents visages de la 'politique', Beaumarchais démontre que doit être balayé le monde délicieux et désuet dans lequel gravitent les personnages. Le domaine enchanté d'Aguas-Frescas n'est qu'une illusion maintenue par la force d'inertie de ses habitants.

[20] Michelet, *Histoire de France*, v.492-3.

Ce point de vue peut sembler trop catégorique, trop excessif. Il est facile de faire de l'histoire a posteriori et chercher dans des textes antérieurs à la Révolution des signes prémonitoires de sa venue prochaine. Là n'est pas notre propos.

Notre but est à la fois plus modeste et plus précis: dans ce chapitre nous chercherons à voir quelle est l'influence de l'expérience diplomatique et politique de Beaumarchais sur sa comédie, comment elle s'y reflète et en quoi elle contribue à donner à l'ouvrage son ton si particulier.

Dans le chapitre précédent, nous avions centré notre étude sur les scènes du procès, constatant que la manière dont Beaumarchais avait présenté ce thème correspondait en fait à une critique du système judiciaire qui procédait de l'affaire Goezman. L'aventure judiciaire de Beaumarchais, dépassant son cas individuel, était devenue exemplaire.

Ce diable d'homme ne s'était pourtant pas arrêté là. En 1774, alors qu'il était blâmé, il entama une carrière diplomatique qui le mena rapidement au rang "d'eminence grise" du régime. Il l'était en 1778-1779, alors qu'il composait le *Mariage*. Arrivé au faîte de la popularité et de la réussite, Beaumarchais pouvait alors, à juste titre, estimer que les premiers postes lui étaient dus. Il avait fait ses preuves à plusieurs reprises et dans plusieurs domaines: il avait réussi dans tout ce qu'il avait entrepris: l'horlogerie, la finance et les affaires, le théâtre . . . Impliqué sans le vouloir dans un procès qu'il n'avait pas voulu, il s'était dressé seul contre l'autorité royale (par l'intermédiaire de ses institutions judiciaires), avait gagné la partie et c'était encore lui qui, en 1778, dictait la politique de son pays. Or, en dépit de ses talents incontestables et des services qu'il avait rendus et rendait encore, il n'était encore et toujours que le 'fils Caron', le petit horloger, l'amuseur, le valet, le factotum.

'Figaro est très sombre', remarque Michelet . . . Il est hanté par l'échec, par l'absurdité de la fatalité qui s'oppose à lui et à ses entreprises. Il cache cette hantise sous un voile de gaieté qui se déchire soudain au moment du monologue. La réflexion métaphysique par laquelle il conclut cette introspection est l'aboutissement inévitable de toute méditation sur la destinée individuelle, mais cette métaphysique est loin d'être la partie la plus importante de ce long monologue: elle est précédée d'un très long développement sur l'impossibilité pour un non-privilégié de vivre dignement dans la société telle qu'elle est. Le monologue est un texte explosif, c'est une prise de position révolutionnaire, une contestation, une mise en cause de la société existante. Mais pour en arriver là, il a fallu que l'homme d'action qu'est Beaumarchais, cet optimiste invétéré, subisse des revers dans des domaines où il avait investi le meilleur de lui-même, à savoir la justice et la politique étrangère.

Pour ce qui est de la politique, le problème est plus complexe que pour la justice: le rapport entre la carrière propre de Beaumarchais et les propos de Figaro est moins évident. Pourtant, c'est bien de son expérience individuelle que part Beaumarchais lorsqu'il fait dire à Figaro ce que lui-même pense de la politique.

Les généralités que nous venons d'avancer doivent être étayées par des faits: nous commencerons donc par résumer la carrière diplomatique de Beaumarchais, pour voir ensuite comment elle se reflète dans le *Mariage*, et quelle est la portée de la critique qui s'en dégage.

Comme dans le chapitre précédent, nous commencerons par un tableau chronologique des faits, qui seront expliqués en détail ensuite.

Cet exposé nous permettra de nous faire une idée précise de l'importance de la carrière diplomatique et politique de Beaumarchais et de voir comment cette somme d'expériences peu banales se reflète dans les paroles insolentes de Figaro et leur donne une dimension nouvelle, ou du moins, mal connue.

1774

26 février	Un jugement condamne au *blâme* mme Goezman et Beaumarchais (c'est-à-dire à la perte de tous leurs droits civiques). Il fait la connaissance de mlle de Willermaulaz et quitte Paris.
5 mars	A peine arrivé à Londres, il est convoqué par Louis xv, revient à Versailles, et repart pour Londres, chargé d'une mission secrète.
mars-avril	Allers-retours entre Paris et Londres.
début mai	Ayant réussi sa mission de racheter et détruire les libelles de Thévenau de Morande et infamant pour mme Du Barry, il se rend à Paris mais arrive trop tard.
10 mai	Mort de Louis xv. Le travail de Beaumarchais n'intéresse plus personne. Tout est à recommencer.
juin-juillet	Nouvelle mission. Trouver et détruire des libelles infamants pour Marie-Antoinette.

1774

août	Poursuite de l'auteur supposé des libelles (Angellucci) en Hollande et Allemagne. Attaqué par des brigands en cours de route.
20 août	Arrive blessé à Vienne. Demande une entrevue avec l'impératrice.
22 août	L'audience lui est accordée; mais Marie-Thérèse le prend pour un aventurier et le fait mettre aux arrêts.
octobre	Retour à Paris. Ecrit un mémoire destiné à favoriser la suppression des parlements Maupeou: *Idées élémentaires sur le rappel des parlements*.

1775

février	Représentation et triomphe du *Barbier de Séville*.
8 avril	Départ pour Londres.
mai	Rencontre le chevalier d'Eon.
juillet	Envoie au roi un long rapport sur *la politique anglaise*.
septembre	Lettre à Louis XVI, suggérant au roi d'intervenir dans les affaires d'Amérique.

1776

janvier	*Au roi seul: mémoire sur les affaires d'Amérique.*
avril-mai	à Londres, activités diplomatiques multiples.
10 juin	à Paris, fonde la société Roderigue Hortalez et Cie (partiellement financé en secret par le gouvernement français).
juin-juillet	Achète, arme et frète une flotte de dix vaisseaux.
4 juillet	Déclaration d'indépendance des Etats-Unis.
10-15 août	Beaumarchais constitue un corps expéditionnaire pour l'Amérique.
18 août	Première lettre de Beaumarchais au congrès américain.
6 septembre	Le blâme est annulé; l'arrêt de réhabilitation est prononcé par le parlement d'Aix.

1777

Au cours de l'année, le passif de la maison Roderigue Hortalez et Cie atteint dix millions.

1777

L'escadre de Beaumarchais part pour l'Amérique.

26 octobre   *Mémoire particulier pour les ministres du roi et manifeste pour l'état.*

1778

Au cours de l'année, écrit *Le Mariage de Figaro.*

6 février   Signature du traité d'alliance entre la France et les Etats-Unis.[21]

Ce résumé chronologique met en évidence l'importance et la multiplicité des activités diplomatiques de Beaumarchais entre 1774 et 1778. Blâmé, donc privé de ses droits civiques, il quitte Paris où son excès de popularité risque de lui causer préjudice auprès des autorités dont il sollicite la faveur et l'annulation du blâme. Mais cette fuite est une 'couverture': il a proposé des services au roi qui les a acceptés, entreprenant d'utiliser Beaumarchais dans des missions secrètes assez sordides. Ce n'est que s'il les remplit avec succès qu'il pourra espérer être réhabilité et recouvrer ses droits civiques.

Malheureusement, le roi meurt la veille du jour où Beaumarchais revient à Paris lui rendre compte du succès de sa mission. L'honneur de mme du Barry n'intéresse plus personne et tout est à recommencer:

J'admire la bizarrerie du sort qui me poursuit. Si le roi eût vécu en santé huit jours de plus, j'étais rendu à mon état, que l'iniquité m'a ravi. J'en avais sa parole royale, et, l'animadversion injuste qu'on lui avait inspirée contre moi était changée en une bienveillance même de prédilection. [. . .] Tout est fondu; et de sept cent quatre vingt lieues faites en six semaines pour son service, il ne me reste que les jambes enflées et la bourse aplatie. Un autre s'en pendrait; mais comme cette ressource ne me manquera pas, je la garde pour la fin; et, en attendant que je dise mon dernier mot là-dessus, je m'occupe à voir lequel, du diable ou de moi, mettra le plus d'obstination, lui à me faire choir, et moi à me ramasser: c'est à quoi j'emploie ma tête carrée.[22]

Et l'obstination qu'il y met est vraiment digne d'admiration. Dans cette même lettre, il annonce à son correspondant inconnu (nommé

[21] d'après Castries, pp.507-15, et Grendel, pp.10-45.
[22] lettre datée du 26 juin 1774 (*Correspondance*, ii.53).

curieusement 'cœur pointu') qu'il est à nouveau sur les routes. Il poursuit maintenant un mystérieux Angellucci, auteur de libelles infamants sur Marie-Antoinette. L'ayant cherché à Londres, puis dans les Provinces-Unies, le voilà maintenant en Allemagne, car il a appris que le drôle a l'intention de réimprimer le libelle à Nuremberg. Mais puisqu'il s'occupe de l'honneur de Marie-Antoinette, son plan est de se faire valoir également auprès de la mère de celle-ci: Marie Thérèse, impératrice d'Autriche.

Attaqué en route par des brigands, il arrive enfin à Vienne. Bien que fiévreux et blessé, il sollicite immédiatement une audience auprès de l'impératrice: 'Du fond occidental de l'Europe j'ai couru jour et nuit pour venir communiquer à Votre Majesté des choses qui intéressent votre bonheur, votre repos et qui, j'ose le dire, vous touchent jusqu'au fond du cœur, Madame [. . .]' (*Correspondance*, ii.88).

Après l'avoir écouté avec la plus grande attention, l'impératrice fit mettre m. de Ronac, alias Caron de Beaumarchais, aux arrêts. A la suite des renseignements qui lui avaient été communiqués, elle avait déduit que l'auteur du vénimeux libelle *Avis à la branche espagnole sur les droits à la couronne de France, à défaut d'héritiers*, n'était autre que Beaumarchais lui-même. Il venait de lui en montrer un exemplaire en se vantant d'avoir détruit tous ceux qui avaient été édités à Nuremberg, évitant ainsi de 'grands maux' à Marie-Antoinette, qui, précisait-il, ignorait absolument tout de cette sordide histoire.

Echec donc de la diplomatie de Beaumarchais à Vienne. Il ne fut libéré qu'après un mois, on lui fit des excuses et il rentra à Paris furieux d'avoir été ainsi traité.[23]

D'octobre 1774 à avril 1775 (où il repartira à Londres) Beaumarchais mène à Paris une foule d'activités parallèles.

Comme il est devenu une sorte de spécialiste en la matière, c'est à lui que s'adressent les ministres du jeune roi Louis XVI pour le prier de rédiger un mémoire sur les parlements. C'est donc Beaumarchais l'incivique, l'infâme, le blâmé qui fut officiellement chargé d'écrire un 'mémoire court, élementaire où ses principes, exposés sans enflure et sans ornements, fussent bons à frapper tout bon esprit qui manquerait d'instruction'.[24] Il rédigea donc *Les Idées élémentaires sur le rappel des*

---

[23] Talleyrand avait coutume, paraît-il, de recommander à ses émissaires: 'Surtout, pas de zèle!' C'est bien de son excès de zèle que Beaumarchais fut victime à Vienne.

[24] cité par Grendel, p.269. Ce mémoire se trouve dans les *Œuvres complètes* (Paris 1809), iv.463.

parlements. Il trouvait cela très bouffon, et composait des refrains de parades sur le même sujet (cité par Grendel, p.268):

> L'hiver dernier, j'eus un maudit procès
> Qui m'donna bien d'la tablature.
> J'm'en vas vous l'dire; ils m'avions mis exprès
> Sous c'te nouvelle magistrature [. . .]

Ayant lu ce mémoire, le roi se persuada de la nécessité de rappeler les anciens parlements, ce qu'il fit le 12 novembre 1774. Ce fait en dit long sur l'estime dans laquelle Beaumarchais était tenu dans l'entourage du jeune Louis XVI. Il était encore blâmé pourtant, par ce même parlement qui venait d'être annulé: 'J'espère que vous n'avez pas envie que je reste le blâmé de ce vilain Parlement que vous venez d'enterrer sous les décombres de son déshonneur' écrit-il à son ami, le ministre Sartines, le 14 novembre 1774 (*Correspondance*, ii.118). Mais le texte du mémoire rédigé pour solliciter la cassation de l'arrêt (que le parlement avait prononcé le 6 avril 1773 à la suite du rapport de Goezman) était si insolent qu'aucun avocat au conseil d'état n'accepta de le contresigner. Ceci entraîna la décision du roi supprimant la demande d'annulation de blâme en janvier 1775.

Pour se consoler de ce rejet, Beaumarchais préparait la première représentation (enfin!) du *Barbier de Séville*. 'La difficulté de réussir ne fait qu'ajouter à la nécessité d'entreprendre' dira Figaro au Comte Almaviva (*Barbier*, I.vi, p.181). Et, le 26 février 1775, le triomphe fut complet. Beaumarchais devenait le successeur de Molière.

Ses amis disaient qu'il 's'était mis en quatre' pour que sa pièce plaise au public et ses ennemis 'qu'il eût mieux fait de mettre ses quatre actes en pièces'. Beaumarchais pour sa part terminait le tout par une chanson (cité par Castries, p.250):

> D'abord il a fallu la faire
> Souvent ensuite la défaire
> Au gré des censeurs la refaire
> Et, en parlant, n'oser surfaire
> Presque toujours se contrefaire
> Et n'obtenir pour tout salaire
> Que les brouhahas du parterre
> Et la critique du monde entier
> Souvent pour coup de pied dernier

II. LES THEMES A LA MODE

La ruade folliculaire.

> Ah! quel triste, quel sot métier
> J'aime mieux être un bon barbier
> bon barbier
> barbier
> bier
> bier

En dépit des apparences, l'activité dramatique de Beaumarchais ne nous éloigne aucunement de nos réflexions sur les allusions à la politique dans *Le Mariage de Figaro*. Notons d'abord que les échecs successifs qu'il a essuyés dans des domaines divers (justice, diplomatie et théâtre), lui ont appris la circonspection: malgré les apparences et une popularité dont jouissaient peu de ses contemporains, Beaumarchais est devenu méfiant. Le Figaro du *Mariage* s'en ressentira, étant devenu plus amer et moins sûr de lui que celui du *Barbier de Séville*.

Mais ce qui nous intéresse surtout, c'est qu'en 1775, dans cette comédie de Beaumarchais, pour la première fois, *je* entre en scène; le créateur fait irruption au milieu de ses créatures. Ce n'est l'affaire que d'un seul monologue, et Figaro reprendra ensuite son rôle de Scapin supérieur, mais entre temps, il s'est passé quelque chose, et l'actualité de Paris a fait irruption dans la Séville de fantaisie (*Barbier*, i.ii, p.175):

Le Comte. [. . .] Mais tu ne me dis pas ce qui t'a fait quitter Madrid.

Figaro. C'est mon bon ange, Excellence, puisque je suis assez heureux pour retrouver mon ancien Maître. Voyant à Madrid que la république des Lettres était celle des loups, toujours armés les uns contre les autres, et que, livrés au mépris où ce risible acharnement les conduit, tous les insectes, les Moustiques, les Cousins, les Critiques, les Maringouins, les Envieux, les Feuillistes, les Libraires, les Censeurs, et tout ce qui s'attache à la peau des malheureux Gens de Lettres, achevait de déchiqueter et sucer le peu de substance qui leur restait; fatigué d'écrire, ennuyé de moi, dégoûté des autres, abîmé de dettes et léger d'argent; à la fin, convaincu que l'utile revenu du rasoir est préférable aux vains honneurs de la plume, j'ai quitté Madrid, et, mon bagage en sautoir, parcourant philosophiquement les deux Castilles, la Manche, l'Estramadure, la Sierra-Morena, l'Andalousie; accueilli dans une ville, emprisonné dans l'autre, et partout supérieur aux événements; loué par ceux-ci, blâmé par ceux-là; aidant au bon temps, supportant le mauvais; me moquant des sots, bravant les méchants; riant de ma misère et faisant la barbe à tout le monde; vous me voyez enfin établi dans Séville et prêt à servir de nouveau Votre Excellence en tout ce qu'il lui plaira d'ordonner.

Ce valet est bien singulier. Passe encore qu'il soit barbier; mais il se déclare également écrivain et, parmi les insectes qui le dévorent, il nomme les 'maringouins' (tout le monde a reconnu Marin), et les censeurs (c'est Bertrand d'Airolles) et les libraires (c'est Lejay). Figaro se déclare ensuite 'abîmé de dettes' . . . Les spectateurs de 1775 comprennent qu'ils sont en train d'écouter Beaumarchais et non pas Figaro: 'accueilli dans une ville, emprisonné dans l'autre et partout supérieur aux événements'; le public suit le voyageur de Londres à Vienne, d'autant qu'il ajoute: 'loué par ceux-ci, *blâmé* par ceux-là . . .'.

Blâmé, il l'est encore, malgré ses efforts, lorsque de retour à Séville (c'est-à-dire à Paris), il se déclare 'prêt à servir Votre Excellence en tout ce qu'il lui plaira d'ordonner'.

Son excellence le Comte Almaviva/Louis XVI reçut l'offre de service le plus gracieusement du monde et, le 8 avril 1775, Beaumarchais était reparti pour Londres, chargé d'une nouvelle mission aussi secrète que délicate: les transactions avec le chevalier Eon.[25]

Mais au cours de ce nouveau séjour à Londres, Beaumarchais passera de la petite à la grande histoire, de l'intrigue à la politique qui, bien que 'germaines', n'en poursuivent pas moins des buts très différents. Pourtant, l'une n'allait pas sans l'autre au dix-huitième siècle, et il régnait toujours une certaine confusion entre les affaires privées du prince et celles de l'état: l'énergie dépensée, le temps perdu par des hommes de l'envergure de Choiseul ou de Vergennes pour résoudre des problèmes d'alcôve nous paraissent invraisemblables.[26] Ce point de vue moderne nous empêche également d'estimer à leur juste valeur les services rendus par Beaumarchais en réduisant au silence les libellistes qui se répandaient en écrits relatifs à la vie intime de Louis XV d'abord, et ensuite de Louis XVI et Marie-Antoinette. Ayant accompli ces tâches avec succès, continuant à négocier avec Eon, adversaire bien plus dangereux que les Campagnol ou Vignoles auxquels il venait d'avoir

---

[25] cette affaire a été étudiée en détail dans le chapitre traitant de Marceline: voir ci-dessus, pp.51-63.

[26] cf. *Mariage*, III.v, p.311: 'LE COMTE. Eh! c'est l'intrigue que tu définis! FIGARO. La politique, l'intrigue, volontiers; mais comme je les crois un peu germaines [...]'.

affaire, Beaumarchais commençait à explorer un champ nouveau: la grande politique, l'Angleterre et la crise américaine:

Après avoir pris des mesures pour détruire, sans me compromettre, ce nœud de vipères, je me suis livré à une étude plus noble et à des recherches plus satisfaisantes, et mon nom seul m'ayant fait accueillir par des gens de partis différents, j'ai pu m'instruire aux bonnes sources de tout ce qui a rapport au gouvernement et à la situation actuelle de l'Angleterre. Je suis en état de mettre sous les yeux de Votre Majesté des tableaux instructifs, très fidèles, fort étendus ou succincts des hommes et des choses.

Je puis donner les notions les plus saines sur l'action de la métropole, sur ces colonies et la réaction du désordre de celles-ci en Angleterre; ce qui doit en résulter pour les uns et pour les autres; l'importance extrême dont tous ces événements sont pour l'intérêt de la France; ce que nous pouvons espérer ou craindre pour nos îles à sucre; ce qui peut nous laisser la paix ou nécessiter la guerre [. . .][27]

Dans les mois et les années qui suivirent, tout en terminant sa négociation avec Eon, Beaumarchais remplissait effectivement la promesse faite au roi. Ses rapports se multipliaient, et allaient tous dans le même sens: la situation de l'Angleterre se détériorant dans ses colonies américaines, l'intérêt immédiat de la France était d'aider les Américains dans leur lutte pour l'indépendance. Dès septembre 1775, Beaumarchais rédigea pour Louis XVI un mémoire d'une rare perspicacité (*Correspondance*, ii.139-42), dans lequel il disait notamment:

Sire, l'Angleterre est dans une telle crise, un tel désordre au dehors et au dedans qu'elle toucherait presque à sa ruine, si ses voisins et rivaux étaient eux-mêmes en état de s'en occuper sérieusement [. . .] Les Américains, résolus de tout souffrir plutôt que de plier, sont pleins de cet enthousiasme de liberté qui a si souvent rendu la petite nation des Corses redoutable aux Génois [. . .] Je dis Sire, qu'une telle nation doit être invincible [. . .] Tous les gens sensés sont convaincus donc en Angleterre que les colonies anglaises sont perdues pour la métropole et c'est aussi mon avis.

Comme le roi et son ministre Vergennes hésitaient encore à se lancer dans l'aventure, Beaumarchais fit parvenir au roi, par l'intermédiaire de son ministre, une lettre dans laquelle, ni plus ni moins, il lui faisait la morale (*Correspondance*, ii.150-5):

[27] avril 1775. Ce texte, cité par les biographes de Beaumarchais Castries, pp.252-3, et Grendel, p.300 (qui ne donnent pas leurs sources), ne figure ni dans la *Correspondance*, publiée par Morton, ni dans l'ouvrage de Loménie, *Beaumarchais et son temps* (Paris 1865).

Summum jus, summa injuria. Remis *sous cachet volant* à M. le Comte de
Vergennes, le 7 décembre 1775. Adresse très importante au roi seul. Au Roi.

Sire.
Quand Votre Majesté désapprouve un plan, c'est en général une loi d'y
renoncer à tous ceux qui s'en occupent.

Mais il est des projets d'une nature et d'une importance si majeures pour
le bien de Votre royaume, qu'un serviteur zélé peut se croire en droit de vous
le présenter plus d'une fois, dans la crainte qu'ils n'aient pas d'abord été
saisis sous leur plus heureux point de vue.

Le projet que je ne désigne pas ici, mais que Votre Majesté connaît par M.
de Vergennes, est de ce nombre [. . .]

Mais, Sire, il n'est point de la politique des Etats comme de la morale des
citoyens.

[. . .] Si les hommes étaient des anges, sans doute, il faudrait mépriser,
détester même la politique. Mais si les hommes étaient des anges, ils n'auraient pas besoin non plus de religion pour les éclairer, de lois pour les
régir [. . .] D'où il suit que quoique la politique soit fondée sur des principes
très imparfaits, elle est fondée, et que le roi qui voudrait seul être exactement
juste au milieu des méchants et rester bon au milieu des loups, s'en verrait
bientôt dévoré, lui et son troupeau [. . .]

Puisse l'ange gardien de cet état tourner favorablement le cœur et l'esprit
de Votre Majesté, s'il nous donne ce premier succès, tout le reste ira seul et
sans peine.
J'EN REPONDS.

Apparemment envoyé à Londres pour négocier avec mlle d'Eon,
Beaumarchais multipliait les rapports et les mémoires sur la situation
politique de l'Angleterre.

Le 29 février 1776 le roi reçut un mémoire intitulé *La Paix ou la
guerre*; ce texte (*Correspondance*, ii.171-6) est d'une importance capitale
puisqu'il persuada Louis XVI d'intervenir en Amérique du nord:

Remis au Roi le 29 février 1776. Au Roi seul.

Sire,
La fameuse querelle entre l'Amérique et l'Angleterre, qui va bientôt
diviser le monde et changer le système de l'Europe, impose à chaque puissance la nécessité de bien examiner par où l'événement de cette séparation
peut influer sur elle et la servir ou lui nuire.

Mais la plus intéressée de toutes est certainement la France [. . .] Aujour-
d'hui, que l'instant d'une crise violente avance à grand pas, je suis obligé

de prévenir Votre Majesté que la conservation de nos possessions d'Amérique et la paix qu'elle paraît tant désirer dépendent uniquement de cette seule proposition: il faut secourir les Américains. C'est ce que je vais démontrer.

Et il le démontra si bien qu'il recut le 26 avril suivant la réponse suivante du ministre des affaires étrangères (*Correspondance*, ii.187):

Recevez mes compliments, monsieur. Après vous avoir assuré de l'approbation du Roi, la mienne ne doit pas vous paraître fort intéressante; cependant je ne puis m'empêcher d'applaudir à la sagesse et à la fermeté de votre conduite et de vous renouveler toute mon estime [. . .]
Je n'ai point négligé votre commission pour Aix, M. le Garde des Sceaux m'a assuré que tout demeurait en suspens jusqu' à votre retour.[28] N'avez-vous point de nouvelles de votre amazone?[29] Il serait surprenant qu'elle vous sût en Angleterre et qu'elle ne vous fît rien dire.
Je suis très parfaitement, M. V.

C'est ainsi que se termine la carrière de Beaumarchais dans la diplomatie secrète (celle dont nous retrouvons la trace dans le *Mariage*). Etant parvenu à ses fins, il remonte en quelque sorte à la surface et, s'il continue à servir la France, c'est sous un autre masque, celui d'armateur contrebandier, en fondant la maison Hortalez et Cie.

Après de longs pourparlers avec Arthur Lee, représentant à Paris du congrès américain, Beaumarchais se fixa un chiffre de cinq millions pour commencer la fourniture d'armes, avec l'intention de n'en mettre que trois en jeu au départ.

Le 10 juin 1776, Vergennes accepta le principe de lui faire l'avance d'un million, le complément de deux millions devant être fourni par l'Espagne, et par Beaumarchais et ses associés . . . (n'oublions pas qu'il s'agit malgré tout d'une entreprise commerciale).

Sans obtenir la mission diplomatique quasi officielle qu'il avait sollicitée, Beaumarchais était autorisé à se lancer dans l'aventure. Il devenait le fournisseur occulte d'armes, de munitions et d'approvisionnements aux Américains révoltés.

En 1776, Hortalez et Cie avait reçu une subvention de deux millions

[28] il s'agit, encore et toujours, de l'éternel procès La Blache. Alors qu'il fait la leçon au roi, reçoit les félicitations de son ministre et infléchit le cours de l'histoire, Beaumarchais est encore 'blâmé'. Comme ses missions diplomatiques secrètes l'empêchent de s'occuper de sa propre réhabilitation, il charge le ministre des affaires étrangères d'en toucher un mot au garde des sceaux.
[29] c'est 'la chère cavalière' d'Eon.

de francs. Or, le matériel fourni à l'Amérique par Beaumarchais dans les six premiers mois de 1777 lui avait coûté plus de cinq millions! Les activités financières de Beaumarchais étaient donc loin d'être fructueuses. Les Américains faisant semblant de croire que ce que leur vendait Beaumarchais était un cadeau du gouvernement français (ce qui n'était d'ailleurs pas tout à fait faux), ils refusaient de répondre à ses demandes de paiement et le considéraient comme un escroc: il est vrai que le congrès américain n'avait pas à savoir que le citoyen Beaumarchais faisait les frais des cadeaux gracieusement offerts par le gouvernment français.

N'ayant rien pu obtenir de Franklin, Beaumarchais écrivait au congrès, en décembre 1777: 'Je suis épuisé d'argent et de crédit, comptant sur des retours tant de fois promis, j'ai de beaucoup outrepassé mes fonds, et ceux de mes amis, j'ai même épuisé d'autres secours puissants que je m'étais d'abord procurés sous ma promesse expresse de rendre avant peu' (cité par Grendel, p.367).

Cet appel, comme les autres, resta sans réponse. La jeune république était pauvre; mais surtout, on s'était installé dans l'équivoque. La France finançait-elle ou ne finançait-elle pas la guerre des Américains? Entre les avis partagés, Franklin refusait de trancher: les armes étaient-elles vendues par Beaumarchais aux insurgés comme l'assurait Deane, ou s'agissait-il d'un cadeau du gouvernement français, comme le prétendait Lee? Comme la France était tenue d'ignorer cette discussion, Franklin avait la partie facile, et refusant de décider, gagnait du temps. Pourtant si Beaumarchais avait tiré les conséquences logiques qui s'imposaient de cette situation, il aurait cessé son activité. Tout donc dépendait de lui, et de sa compagnie. Pour l'engager à poursuivre sa tâche, Vergennes lui versa quand même un nouveau million, en 1777, mais à ce moment-là, le passif de la maison Hortalez avait atteint dix millions (d'après Grendel, pp.367-82).

Cette valse de millions nous étourdit un peu et nous a entraînés fort loin de notre sujet: l'intrigue, la politique et Figaro. Mais est-ce vraiment si loin?[30] En 1777, Beaumarchais arme des navires et décide de la politique de la France. Le 26 octobre 1777, il rédige un texte intitulé *Mémoire particulier pour les ministres du roi et manifeste pour*

---

[30] 'LE COMTE. Il ne faudrait qu'étudier un peu sous moi la politique. FIGARO. Je la sais' (*Mariage*, III.v, p.310).

l'état, dans lequel il expose sa politique et répond aux objections de chaque ministre en particulier. Dans ce texte étonnant (*Correspondance,* iii.208-16), nous pouvons lire les propos suivants:

> [...] à l'instant où je déclarerais l'indépendance [de l'Amérique] je commencerais par garnir les côtes de l'Océan de soixante à quatre-vingt mille hommes, et je ferais prendre à ma marine l'air et le ton le plus formidable, afin que les Anglais ne pussent douter que c'est tout de bon que j'ai pris mon parti [...]
>
> Enfin, si pour conserver l'air du respect des traités je ne faisais pas rétablir Dunkerque [...] je ferais commencer au moins un port sur l'Océan, tel et si près des Anglais, qu'ils pussent regarder le projet de les contenir comme un dessein irrévocablement arrêté.
>
> Je cimenterais sous toutes les formes ma liaison avec l'Amérique [...] comme les intérêts de ce peuple ne peuvent jamais croiser les nôtres, je ferais autant de fond sur les engagements que je me méfierais de tout engagement de l'Angleterre [...]

Le 17 décembre, Louis XVI fit informer Franklin qu'il était prêt à signer avec les Etats-Unis un traité de commerce et d'amitié. L'acte secret fut rédigé et paraphé le 6 février 1778. Louis XVI partit ensuite visiter Cherbourg pour y installer un port sur l'océan et chargea Dumouriez de construire cette nouvelle base navale. Le 13 mars 1778, le gouvernement français déclara à Londres qu'il tenait les Américains pour indépendants.

Autrement dit, tout ce que Beaumarchais avait indiqué dans son mémoire du 26 octobre se trouvait exécuté dans les mois suivants. Il y a plus ici qu'une simple coïncidence: pendant les années 1777-1778, Beaumarchais fut effectivement mêlé de très près à tout ce qui avait trait à la politique étrangère de la France. A l'époque où il composait *La Mariage de Figaro,* Beaumarchais était véritablement 'l'éminence grise' du régime. Maurepas, Vergennes, Sartines, Miromesnil, les plus importants des ministres étaient ses amis et le consultaient souvent. Beaumarchais rêvait d'être ministre, et il le serait probablement devenu si 'le sort bizarre' ne l'avait fait vivre à une époque de réaction nobiliaire particulièrement violente. Sous Louis XIV, sous Louis XV, les commis et les ministres étaient souvent d'origine modeste: c'était pour leur efficacité au service du roi qu'ils étaient choisis et non point pour leurs ancêtres. Or, cela avait changé en 1775, à l'avènement de Louis XVI. La réaction nobiliaire sévissait, visant à ressusciter une situation politique datant du quinzième siècle, où le roi n'était que le premier parmi les grands seigneurs. L'immobilisme en matière de politique étrangère s'était instauré, et la seule initiative de la France en ce domaine, durant tout le règne de Louis XVI fut précisément celle de Beaumarchais: l'aide aux Américains.

Ouvrons maintenant notre comédie à la scène trois du cinquième acte c'est-à-dire à ce fameux monologue dont l'audace plongea tous les spectateurs dans la stupéfaction (*Mariage*, v.iii, p.345). Nous y lisons ceci:

Parce que vous êtes un grand Seigneur, vous vous croyez un grand génie! ... noblesse, fortune, un rang, des places; tout cela rend si fier. Qu'avez-vous fait pour tant de biens? vous vous êtes donné la peine de naître, et rien de plus. Du reste, homme assez ordinaire! tandis que moi, morbleu! perdu dans la foule obscure, il m'a fallu déployer plus de science et de calculs pour subsister seulement, qu'on n'en a mis depuis cent ans à gouverner toutes les Espagnes.

Gouverner toutes les Espagnes: voilà un domaine où Beaumarchais, en 1778, estime avoir quelque chose à dire. Il en est empêché par tous les Almavivas qui ne se sont donné que la peine de naître et, en dépit de ses talents, il ne peut s'élever au rang qu'il estime être capable d'atteindre. Que Beaumarchais fût capable ou pas de remplir un poste de ministre nous intéresse moins que le sentiment qu'il avait de ses capacités, et la frustration qu'il ressentait d'en être empêché pour des raisons de naissance.

La politique étrangère était un domaine où Beaumarchais, capable de jouer un rôle de premier plan, avait dû se contenter d'un emploi subalterne. Dans l'affaire d'Amérique, c'est lui qui avait fait tout le travail, mais il n'avait récolté que dettes et vexations. Il était considéré comme un escroc alors qu'il agissait par idéalisme et générosité, et tous les honneurs de cette opération politique revenaient à messieurs les comtes de Maurepas et de Vergennes.

Les propos hardis de Figaro rejoignent bien les sentiments intimes du public auquel il s'adresse du haut de cette scène de théâtre, convertie en tribune politique pour les besoins du moment, mais ils trahissent également l'exaspération de l'homme d'action dont les mérites ne sont pas reconnus. A la scène cinq du troisième acte, Figaro parlait de *renoncer* à l'action, ici, il se prépare à tout renverser. Ce sont les deux attitudes possibles de l'homme d'action déçu par la minceur des résultats obtenus.

'Depuis longtemps Beaumarchais était en possession d'occuper quelques cercles de Paris [. . .] son admission dans l'intimité de M. de Maurepas lui procura de l'influence sur des affaires importantes' note madame Campan,[31] que nous ne pouvons certes pas soupçonner d'avoir la moindre sympathie pour Beaumarchais. Son témoignage n'en est que plus significatif, bien qu'elle ne nous explique pas comment ce 'blâmé', cet auteur dramatique (ce qui est loin d'être un grand honneur à l'époque, ne l'oublions pas), cet homme à scandale (l'affaire Goezman), bref comment ce parvenu a été admis dans 'l'intimité' du premier ministre, et quelles sont ces 'affaires importantes' qui ont donné à Beaumarchais l'idée d'augmenter son 'influence' au moyen d'une comédie: 'Dans cette position assez brillante, il ambitionna de donner *une impulsion générale aux esprits de la capitale*, par une espèce de drame où les mœurs et les usages les plus respectés étaient livrés à la dérision populaire et philosophique'.[32] Aucune équivoque dans ce que raconte la lectrice de Marie-Antoinette: pour elle la relation est évidente entre la place de Beaumarchais dans la constellation politique du moment et la comédie qu'il avait achevée en 1778, et qui fut interdite jusqu'en 1784, par ordre exprès du roi.

A l'acte cinq, alors qu'il promène sa peine sous les grands marronniers, Figaro préfigure 'sur le mode badin', les grands tribuns révolutionnaires. Mais il n'est pas arrivé à cet état d'exaspération sans un long processus de mûrissement. L'opposition actuelle entre Figaro et son maître à propos du 'droit du seigneur' n'est que le dernier maillon d'une longue et lourde chaîne qu'il refuse désormais de continuer à porter. Un autre des maillons de cette chaîne apparaît à la scène cinq du troisième acte, curieuse scène de dupes, au cours de laquelle Figaro et le Comte cherchent à se sonder mutuellement (p.308):

LE COMTE. [. . .] J'avais . . . oui, j'avais quelque envie de t'emmener à Londres, courrier de dépêches . . . mais toutes réflexions faites [. . .] Premièrement, tu ne sais pas l'anglais.

FIGARO. Je sais *God-dam* [. . .] Diable! c'est une belle langue que l'anglais; et il en faut peu pour aller loin [. . .] et si Monseigneur n'a pas d'autre motif de me laisser en Espagne . . .

Par l'amusante tirade des *God-dam*, Figaro tente de persuader le Comte

---

[31] mme Campan, *La Cour de Marie-Antoinette* (Paris 1971), p.185.
[32] Campan, p.185.

qu'il a les connaissances nécessaires pour assumer sa mission diplomatique en Angleterre ('Jockey diplomatique!' lui lance Bazile au visage au cours d'une de leurs disputes). Or nous savons que Beaumarchais a effectivement assumé en Angleterre des missions diplomatiques délicates et s'en est tiré avec succès. La tirade des *God-dam* est donc une allusion aux épisodes londoniens de la vie de Beaumarchais, qui défrayaient la chronique . . .

Mais l'activité diplomatique ne tente plus Figaro (*Mariage*, III.v, p.310):

> LE COMTE. Cent fois je t'ai vu marcher à la fortune, et jamais aller droit.
> FIGARO. Comment voulez-vous? la foule est là: chacun veut courir, on se presse, on pousse, on coudoie, on renverse, arrive qui peut; le reste est écrasé. Aussi c'est fait; pour moi, j'y renonce.
> LE COMTE. A la fortune? Voici du neuf.

Le Comte a de bonnes raisons d'être surpris, car cette décision de Figaro va effectivement à l'encontre de tout ce qu'on sait de lui. Qu'il préfère rester 'heureux avec [sa] femme au fonde de l'Andalousie' ne lui ressemble guère. 'LE COMTE. Avec du caractère et de l'esprit, tu pourrais un jour t'avancer dans les bureaux' (p.310). Mais ce n'est pas cette petite carrière obscure qu'il ambitionnait. Il s'estimait capable de bien davantage. Dans la réponse de Figaro, c'est Beaumarchais qui, plus que jamais, parle par l'entremise de son personnage. Ce qu'il dit est la conclusion désabusée d'un homme extraordinairement doué qui ne trouve pas sa place dans la société telle qu'elle est. 'FIGARO. De l'esprit pour s'avancer? Monseigneur se rit du mien. Médiocre et rampant; et l'on arrive à tout' (p.310). Les critiques s'accordent pour dire que cette scène, tout comme celle du procès, est inutile à l'action. Mais elle est pour l'auteur le moyen d'énoncer un certain nombre de vérités sur un sujet qui passionnait ses contemporains et où lui-même avait beaucoup à dire: '[. . .] votre *Figaro* est un soleil tournant, qui brûle, en jaillissant, les manchettes de tout le monde' fait-il dire par un des critiques anonymes dans sa préface (p.245). Ayant brûlé les manchettes et même les doigts des hommes de justice dans la scène centrale de sa comédie, il ne pouvait résister à la tentation de faire des allusions à un autre champ d'expérience qu'il venait d'explorer avec succès: la politique étrangère.

En 1778, alors qu'il occupait ses rares moments de loisir à écrire une comédie gaie, Beaumarchais était plongé dans des affaires autrement plus importantes. Servant de prête-nom au gouvernement français qui n'osait pas se lancer dans l'aventure, il créa une compagnie financière au capital de trois millions de francs-or, arma des navires, créa une flotte et, sous couvert de vente de denrées commerciales, entreprit de livrer des armes aux Américains révoltés contre l'Angleterre. On parle toujours du marquis de La Fayette qui partit aider les 'insurgents' américains dans leur lutte, mais c'est notre aimable auteur qui équipa La Fayette et ses hommes, leur fournit les moyens de transport et couvrit tous leurs frais. Beaumarchais aurait même payé toutes les dettes de La Fayette, rendant ainsi son départ possible. C'est du moins ce que nous permet de croire la correspondance entre Beaumarchais et Francy, son homme de confiance en Amérique.

Mais l'ennui, dans l'activité diplomatique, c'est qu'elle exige de la discrétion. Or, Beaumarchais brûlait de faire connaître ses prouesses au monde entier. Nul n'est moins discret que lui. Cette scène cinq de l'acte trois lui permet de satisfaire tant soit peu son besoin dévorant de publicité: dans une tirade des plus brillantes, Figaro raconte, à mots couverts, son expérience en matière de diplomatie (*Mariage*, III.v, p.310):

[. . .] feindre d'ignorer ce qu'on sait, de savoir tout ce qu'on ignore; d'entendre ce qu'on ne comprend pas, de ne point ouïr ce qu'on entend; surtout de pouvoir au delà de ses forces; avoir souvent pour grand secret de cacher qu'il n'y en a point; s'enfermer pour tailler des plumes, et paraître profond, quand on n'est, comme on dit, que vide et creux; jouer bien ou mal un personnage; répandre des espions et pensionner des traîtres; amollir des cachets; intercepter des lettres; et tâcher d'ennoblir la pauvreté des moyens, par l'importance des objets: voilà toute la politique, ou je meure!

Morceau de bravoure à la manière d'un grand air d'opéra, la tirade attire incontestablement les applaudissements. Mais de plus, elle couvre une expérience vécue. Quand il parle d'espions que l'on répand et de traîtres que l'on pensionne, Beaumarchais sait de quoi il parle. Il est en effet un des rares hommes de lettres à avoir réellement et concrètement pris part à l'action politique. Ses réflexions, ses généralisations sont le résultat de sa profonde connaissance en la matière. Cette remarque vaut également pour l'assimilation qu'il fait entre la politique et l'intrigue: 'FIGARO. La politique, l'intrigue, volontiers; mais comme je les crois un peu germaines, en fasse qui voudra' (p.311).

Après avoir brillamment réussi en politique (ou en intrigue), Beaumarchais annonce, par l'entremise de Figaro, qu'il y renonce ... S'il s'agissait d'un grand seigneur, on l'aurait noblement comparé à Cincinnatus retournant à sa charrue, mais comme ce n'est que Figaro ... *'j'aime mieux ma mie, ô gué!'*. Beaucoup d'amertume se cache derrière ce ton de plaisanterie, derrière cette façade de gaieté. N'ayant que son esprit pour parer aux attaques du puissant Almaviva, Figaro s'applique tout au long de cette scène à garder la face, à ne dire que sur le ton de la boutade des choses qui lui tiennent à cœur, notamment la décision de renoncer à la lutte, à la politique.

Rappelons qu'au moment où Figaro a fait son apparition sur scène, dans ce monologue du Barbier que nous avons cité plus haut, il annonçait une décision analogue: ayant quitté Madrid et la carrière littéraire, 'fatigué [...] ennuyé [...] et dégoûté [...]', il déclarait ne plus hausser ses ambitions au delà de l'*'utile revenu du rasoir'*. Ici, il déclare: 'Votre Excellence m'a gratifié de la conciergerie du château; c'est un fort joli sort [...]' (p.310).

Dans le *Barbier*, à peine avait-il fait cette déclaration qu'il y proclamait allègrement le contraire: 'Je me rends. Allons Figaro, vole à la fortune, mon fils' (*Barbier*, i.vi, p.183) et ici, il répète longuement, comme s'il s'efforçait de se persuader lui-même, qu'il n'a rien à faire dans cette direction et qu'il doit y renoncer, malgré ses goûts et ses talents.

Les temps ont changé, et il ne suffit plus de vouloir 'voler à la fortune' pour pouvoir le faire. Cette idée se précisera au cours du monologue, quand Figaro racontera que la société dans laquelle il vit est si mal organisée que toutes ses tentatives d'honnêteté se sont soldées par des échecs, jusqu'à le conduire en prison. Ce n'est que lorsqu'il devient voleur qu'il parvient à gagner sa vie et jouir de la considération de ses semblables: 'Il ne me restait plus qu'à voler; je me fais banquier de pharaon: alors, bonnes gens! je soupe en ville, et les personnes dites *comme il faut* m'ouvrent poliment leur maison [...]' (*Mariage*, v.iii, p.346). Devant cet état de choses, deux attitudes possibles: ou bien on renonce, et c'est ce que fait Figaro à la scène cinq de l'acte trois, sur le ton de la plaisanterie, ou alors on décide de tout renverser, et c'est ce qui se passe au cours du monologue:

Au monologue de Figaro, dans lequel il attaque diverses parties d'administration, mais essentiellement à la tirade sur les prisons d'Etat, le roi se leva avec vivacité et dit: 'C'est détestable, cela ne sera jamais joué: il faudrait détruire la Bastille pour que la représentation de cette pièce ne fût pas une inconséquence dangereuse. Cet homme déjoue tout ce qu'il faut respecter dans un gouvernement'. Certes, le roi avait porté le jugement auquel l'expérience a dû ramener tous les enthousiastes de cette bizarre production. 'On ne la jouera donc point? dit la reine. Non, certainement, répondit Louis XVI; vous pouvez en être sûre'.[33]

A vrai dire, il n'y a rien dans ce que dit Figaro qui ne puisse se trouver dans 'vingt contes, romans, libelles, traités etc qui circulaient à peu près librement en France à la même date'.[34] Mais Beaumarchais ne se borne pas à répéter ce que tout le monde disait, il le fait d'une manière nouvelle. Quand son personnage s'avance sur scène et, au mépris de toute vraisemblance dramatique, raconte interminablement ses démêlés avec les institutions d'un régime inique, il déploie des flots d'une éloquence fort proche de celle qui allait s'exercer, moins de dix ans plus tard, sur les tribunes politiques.

Figaro explique en effet à son public que, quels que soient ses talents et ses efforts, la société est ainsi faite qu'il ne pourra plus subsister qu'au prix d'un compromis avec la dignité humaine: ou bien il se fait voleur, ou bien il se fait valet. Mais cette nécessité de compromis est soudain ressentie comme intolérable. De par sa naissance il est condamné à l'humiliation. Il n'est pas seulement l'homme d'esprit et de talent en lutte contre les pouvoirs dans ses tentatives réitérées d'indépendance économique, il est également le fiancé devant arracher sa promise à la convoitise d'un grand qui s'appuie sur un 'droit honteux'. Il est aussi l'ambitieux qui ne pourra espérer, en dépit de ses talents, que 's'avancer dans les bureaux', ou se contenter d'un poste de concierge à Aguas-Frescas. Il est également le malheureux endetté, obligé d'épouser une Marceline. Figaro est enfin le 'fils de personne', l'enfant naturel dénué de droits civiques qu'Antonio empêche de se marier. Ayant retrouvé ses parents, il apprend que sa mère Marceline est la victime exemplaire d'un autre genre d'abus fleurissant dans cette société si mal faite: femme sans appui, elle est la victime des hommes. De quelque côté qu'il se tourne, Figaro se heurte à des abus et les dénonce bruyamment. Dans le *Barbier* déjà, nous avions remarqué que

[33] Campan, p.187.
[34] Daniel Mornet, *Histoire générale de la littérature française* (Paris 1938), p.156.

ce singulier barbier, doué de capacités intellectuelles bien au-dessus de son état, n'était pas très satisfait de sa place dans la société. Or depuis, la situation de Figaro s'est détériorée. D'un bout à l'autre du *Mariage*, il nous présente le portrait d'un homme intimement persuadé de sa supériorité intellectuelle sur tout ce qui l'entoure (le comte, le juge, le docteur, le jardinier, le maître de musique etc), condamné à l'inaction par la mauvaise organisation de la société, et prenant soudain conscience du fait que, le compromis n'étant plus possible, l'affrontement est devenu inévitable (*Mariage*, v.iii, p.345):

Non, Monsieur le Comte, vous ne l'aurez pas . . . vous ne l'aurez pas. Parce que vous êtes un grand Seigneur, vous vous croyez un grand génie! . . . noblesse, fortune, un rang, des places; tout cela rend si fier! Qu'avez-vous fait pour tant de biens? vous vous êtes donné la peine de naître, et rien de plus. Du reste, homme assez ordinaire! *tandis que moi, morbleu!* [. . .] et vous voulez jouter.

Louis xvi, qui avait vu juste, fut le premier à comprendre la valeur explosive d'un texte pareil. Le danger provenait non pas de la nouveauté des idées mais du fait qu'elles étaient exprimées sur scène, devant un public nombreux et houleux qui applaudirait, acclamerait et découvrirait sa force à la faveur du bruit et de l'enthousiasme. Cette différence formelle changeait la portée des idées exprimées. La justice était mise en cause, ainsi que l'ensemble du gouvernement. On en profitait également pour poser des questions embarrassantes sur certaines des plus vénérables des institutions. Par exemple, l'armée . . .

III

L'armée

En dépit de sa banalité apparente, la critique de l'armée n'est pas anodine. La condamnation implicite du régime apparaît déjà dans la manière dont Beaumarchais présente le personnage de Chérubin: que celui-ci soit nommé capitaine à treize ans parce que le Comte Almaviva ne veut plus le voir à Aguas-Frescas, voilà une absurdité de plus parmi celles que signale Beaumarchais dans sa comédie. Mais la virulence de cette critique est voilée par la sympathie que Figaro ressent pour Chérubin: c'est le système qui est mis en cause et non pas l'individu.

Pour comprendre cette mise en cause du système et bien en saisir l'agressivité, nous devons commencer notre étude par un exposé historique, qui mettra en relief la place de la prétention nobiliaire dans la pensée politique de l'époque. Beaumarchais, en effet, attaque les divers aspects d'un problème fondamental unique: le fossé qui va se creusant entre les exigences profondes du pays (ou plus exactement de la bourgeoisie) et les agissements de la classe dirigeante dont l'incompétence, la futilité et le gaspillage n'ont d'égales que ses exigences d'un pouvoir de plus en plus absolu.

Comment en est-on arrivé là? Le règne de Louis xvi ne continue pas le règne de Louis xv, il en est le démenti. Louis xvi avait des idées politiques et une doctrine de la monarchie qui lui avaient été enseignées par les personnes pieuses préposées à son éducation. Elles venaient du duc de Bourgogne, de Fénelon, de Montesquieu, de Boulainvilliers et des théoriciens qui avaient mis en principe la rébellion des états et des parlements.

Selon ces théories, on opposait à la monarchie administrative, réformatrice, progressiste de Louis xiv et de Louis xv, une monarchie traditionnelle, conservatrice, conforme à un archétype lointain et d'ailleurs imaginaire. Selon ces partisans des 'corps intermédiaires', depuis Richelieu, (certains même disaient depuis Louis xi), le cours de l'histoire française avait dévié: la division des ordres, la conservation des privilèges, l'indépendance des 'corps intermédiaires' étaient les lois fondamentales du royaume. Les rois avaient indûment dépouillé leur fidèle noblesse, soutien du trône, du rôle éminent qui était le sien dans l'état: ils avaient porté une main sacrilège sur les parlements, image des assemblées de nobles et de clercs, par lesquelles les premiers Capétiens se faisaient régulièrement assister. Le remède à tous les maux était de ramener la monarchie à son principe altéré par le despotisme des ministres, par l'arbitraire des intendants, par les pratiques égalitaires sournoisement établies par les juristes bourgeois.[35]

Ces principes politiques expliquent qu'un des premiers actes de Louis XVI, en accédant au trône, ait été précisément de rappeler les anciens parlements que Louis XV avait eu tant de mal à dissoudre et qu'il avait d'ailleurs si mal remplacés.

Le règne de Louis XVI est celui d'une minorité:[36] ce sont les privilégiés qui détiennent le pouvoir. L'aristocratie nobiliaire et parlementaire, récupère ce qu'elle a perdu en places, en influence, en privilèges, en autorité et en insolence sous Louis XV. On appelle cela 'rendre à la constitution du royaume la pureté que le temps avait corrompue'. Le règne de Louis XVI est une réaction. L'état est plus aristocratique en 1780 que cent ans auparavant. Sous Louis XIV, tout le monde obéissait et les droits de chacun était garantis. Sous Louis XVI, les nobles n'obéissent plus et se croient tout permis. Sous Louis XIV, les ministres de la guerre étaient d'anciens intendants, d'anciens conseillers d'état; sous Louis XVI, ce sont des comtes et des ducs. Les réformes dont rêvait Saint-Simon se trouvent réalisées: un édit de 1781 exigera des officiers quatre quartiers de noblesse. C'est écarter les bourgeois et les soldats de fortune et préférer Chérubin à Bonaparte. (Napoléon a treize ans, l'âge de Chérubin, en 1783).

Mais tandis que les cours de justice, l'assemblée du clergé, les princes de sang et tous les grands seigneurs conduisent leur fronde archaïque, il existe dans le royaume un autre personnel gouvernemental, avide de saisir les leviers de commande, actif, nombreux, bien groupé, exercé déjà à l'éloquence politique, à la conduite des assemblées et au maniement des portions passives de l'opinion, bref, rompu aux pratiques de la démocratie. Cette portion de la bourgeoisie se reconnaît en Figaro précisément à cause de son art de la parole, et du sens qu'il manifeste pour la formule politique frappante. Le pullulement des sociétés de

[35] voir à ce sujet, Antoine Michel, *Le Conseil du roi sous le règne de Louis XV* (Paris, Genève 1970).

[36] c'est également une minorité en ce sens que le roi, bien qu'adulte, n'a pas atteint la majorité intellectuelle qu'exige cette fonction et demeure le jouet de son entourage.

pensée est en effet un des phénomènes sociaux les plus importants du règne.[37]

Cette opposition entre une noblesse réactionnaire et un personnel avide de la remplacer aux leviers de commande, c'est exactement l'opposition entre Almaviva et Figaro: le Comte est le représentant de la grande noblesse imbue de ses privilèges, tandis que Figaro, incontestablement, représente la nouvelle bourgeoisie française, celle qui lit Voltaire, médite *Le Contrat social* de Rousseau, et considère la monarchie à la manière des physiocrates, des philosophes et des Encyclopédistes, c'est-à-dire égalitaire et contrôlée, sans droit divin, ni classes privilégiées, ni survivances féodales d'aucune sorte.

Un reflet de cet état de choses se retrouve dans le *Mariage*, et se manifeste notamment dans l'attitude des différents personnages vis-à-vis de l'armée. Pour le Comte et la Comtesse, l'armée est une sorte de 'chasse gardée' de la classe privilégiée. Tous deux en parlent à propos de Chérubin et leurs paroles, à tous deux, trahissent une attitude 'noble'. Quand Figaro parle de l'armée, en revanche, le ton est très différent.

Le Comte, en effet, nomme Chérubin capitaine. Il ne le fait certes pas pour récompenser les mérites militaires du gracieux adolescent, mais parce que sa présence le dérange dans ses plaisirs (*Mariage*, I.x, p.275):

LE COMTE, *vivement.* C'est assez, c'est assez, tout le monde exige son pardon, je l'accorde, et j'irai plus loin; je lui donne une Compagnie dans ma Légion.
TOUS ENSEMBLE. Vivat!
LE COMTE. Mais c'est à condition qu'il partira sur-le-champ pour joindre en Catalogne.
FIGARO. Ah! Monseigneur, demain.
LE COMTE, *insiste.* Je le veux.
CHÉRUBIN. J'obéis.

C'est la philosophie du pouvoir de Saint-Simon qui est ressuscitée, et même celle de la Fronde, des Retz, Condé, Beaufort, de la duchesse de Chevreuse et de tous les grands seigneurs qui, sous la minorité de Louis XIV, tentèrent de récupérer leurs privilèges féodaux.

Almaviva se sert donc de l'armée pour se débarrasser de Chérubin avec honneur. Mais pour la Comtesse aussi, la vie militaire a gardé un

[37] d'après Pierre Gaxotte, *Histoire des Français* (Paris 1972), pp.569-75.

grand prestige: au moment où le Comte donne à son filleul 'une compagnie dans sa légion', la Comtesse doit se séparer de lui. Surmontant avec peine ses sentiments, elle lui parle d'honneur à la manière dont les belles âmes du moyen-âge s'adressaient à leurs chevaliers servants partant pour la croisade (*Mariage*, i.x, p.275):

> *(Chérubin met un genou en terre devant la Comtesse, et ne peut parler).*
> LA COMTESSE. [. . .] Un nouvel état vous appelle; allez le remplir dignement. Honorez votre bienfaiteur [. . .] Soyez soumis, honnête et brave; nous prendrons part à vos succès.

Rappelons en passant que la fonction qu'assume Chérubin au château, celle de 'page', est également un vestige d'un mode de vie médiéval et 'noble'.

Face à la conception que se font de l'armée le Comte, la Comtesse et Chérubin, celle de Figaro est exemplaire. C'est celle de Voltaire et de tous ses disciples. Pour lui, la vie des camps se présente sous des aspects très réalistes. L'honneur l'intéresse beaucoup moins que la vie quotidienne de ceux qui ont embrassé 'le plus noble des affreux métiers' (*Mariage*, i.x, p.276):

> FIGARO. [. . .] Adieu, mon petit Chérubin. Tu vas mener un train de vie différent mon enfant [. . .] De bons soldats, morbleu! basanés, mal vêtus; un grand fusil bien lourd; tourne à droite, tourne à gauche, en avant, marche à la gloire; et ne va pas broncher en chemin; à moins qu'un coup de feu . . .

Beaumarchais ne peut nier qu'il répand effectivement 'une lumière décourageante sur l'état pénible du soldat' (p.249). Pourtant, à la différence de Voltaire qui parle conjointement de l'armée et de la guerre, Beaumarchais considère le 'métier de soldat' avant tout comme un 'métier', précisément. La guerre, raison d'être de ce métier, ne semble pas le préoccuper. Ce qui l'intéresse c'est la qualité particulière des relations humaines qui s'établissent dans le cadre de ce métier: à la scène xii de l'acte v, Figaro prononce sur le métier de soldat, une remarque qui a suscité des réactions très vives. Venant de surprendre 'un homme aux pieds de la Comtesse', le Comte ameute tous ses 'vassaux' (et le choix de ce terme non plus n'est pas indifférent). Cet homme, qui n'est autre que Figaro, affecte un ton très calme, et refuse de réagir aux provocations du Comte, ce qui augmentera encore la fureur de celui-ci: 'FIGARO. Sommes-nous des soldats qui tuent et se font tuer, pour des intérêts qu'ils ignorent?' Je veux savoir, moi, pourquoi je me fâche' (*Mariage*, v.xii, p.357). Il est évident qu'une phrase pareille n'avait pas manqué d'être relevée par tous les censeurs et critiques de la comédie, et à juste titre, car la critique faite ici, en passant, du 'noble art de la guerre' est effectivement des plus percutantes.

Dans sa préface donc, Beaumarchais répondit à ses détracteurs, et sa réponse est un chef d'œuvre d'insolence parfaitement digne de Voltaire, dont il se réclame d'ailleurs ouvertement (pp.249-50):

Quelques malveillants [. . .] ont feint d'apercevoir *que je répands une lumière décourageante sur l'état pénible du Soldat, et il y a des choses qu'il ne faut jamais dire* [. . .]

Si, comparant la dureté du service à la modicité de la paye, ou discutant tel autre inconvénient de la guerre et comptant la gloire pour rien, je versais de la défaveur sur ce plus noble des affreux métiers, on me demanderait justement compte d'un mot indiscrètement échappé. Mais, du Soldat au Colonel, au Général inclusivement, quel imbécile homme de guerre a jamais eu la prétention qu'il dût pénétrer les secrets du Cabinet pour lesquels il fait la campagne? C'est de cela seul qu'il s'agit dans la phrase de *Figaro*. Que ce fou-là se montre, s'il existe; nous l'enverrons étudier sous le Philosophe *Babouc*, lequel éclaircit disertement ce point de discipline militaire.

Or la manière dont Babouc éclaircit 'ce point de discipline militaire' n'est équivoque en aucune manière. Dans *Le Monde comme il va, vision de Babouc écrite par lui-même*, Voltaire écrit: 'Il n'y a précisément que nos principaux satrapes qui savent exactement pourquoi on s'égorge'.[38] L'opinion de Voltaire sur tout ce qui concerne l'art militaire n'est un secret pour personne. S'y référer, comme le fait Beaumarchais dans ce passage de sa préface, est bel et bien une prise de position idéologique.

Il faut ajouter que Beaumarchais était allé beaucoup plus loin dans la critique de l'armée et de la discipline militaire, faisant prononcer par Figaro des répliques qu'il jugea préférable ensuite de supprimer (*Mariage*, III.v, Ratermanis, p.232, mss BN et F):

LE COMTE. Au tribunal, le magistrat s'oublie, et ne voit plus que l'ordonnance.

FIGARO. Indulgente aux grands, dure aux petits . . . Voilà toujours ma chanson de soldat qui revient.

[38] *Contes* (Garnier: Paris 1958), p.67.

LE COMTE. Quelle chanson de soldat?

FIGARO. C'est qu'un jour je m'avisai de commenter l'ordonnance d'un général très sévère et tant soit peu pillard, sous les ordres duquel j'avais l'honneur de commander un fusil.

LE COMTE. Et la chanson disait?

FIGARO, *chante. Soldat qui vole un bracelet*
Est pendu sans rémission;
Mais pour la contribution
Qu'un général met dans sa poche,
C'est une noble action.
Il se mit en colère!

LE COMTE, *sèchement.* Il n'en fit pas assez, puisque vous voilà.

FIGARO. Monseigneur se fâche aussi?

LE COMTE. Crois-tu donc que je plaisante?

Ce texte supprimé de la version définitive, souligne l'antimilitarisme de notre auteur qui n'admet ni ne comprend les mystères de 'la grandeur et la servitude militaires'. Dans les deux cas que nous venons de mentionner, les allusions faites par Figaro à la vie de soldat apparaissent pour illustrer l'absurdité, non pas de la guerre, comme c'était le cas chez Voltaire, mais de l'inégalité et du manque de respect humain dont sont victimes les simples soldats de la part de leurs supérieurs. Ce sont cette inégalité et ce manque de respect qui le révoltent . . . comme ils révoltent la bourgeoisie dont les fils, en vertu du décret de 1781, ne pouvaient plus embrasser la carrière militaire si ce n'est dans les grades inférieurs (à cause des fameux quatre quartiers de noblesse) et qui, en outre, n'admettaient pas la discipline 'à-la-prussienne' qui venait d'être instaurée dans l'armée française.

En dépit des explications peu convaincantes qu'il donne dans sa Préface, Beaumarchais ne peut nier qu'il répand effectivement 'une lumière décourageante sur l'état pénible du soldat'. Il le fait même au moyen de formules (on pourrait presque, en risquant l'anachronisme, parler de slogans) que les spectateurs pourront détacher de leur contexte initial et utiliser à leur profit. Cette manière de procéder ne concerne pas la seule critique de l'armée: qu'il s'agisse de justice, de politique ou d'armée, Beaumarchais dénonce toujours la même chose, les *abus.* C'est un terme de fortune récente qui traduit la prise de conscience d'une bourgeoisie frustrée à l'égard d'une noblesse dont la morgue n'a d'égale que l'incompétence, et qui, néanmoins, se maintient aux postes de commande et en interdit l'accès à tous les non-privilégiés ambitieux et doués qui se reconnaissent, à tort ou à raison, dans Figaro.

IV

Le droit du seigneur ou la prétention nobiliaire

La justice, la diplomatie, l'armée . . . Toutes les institutions souffrent d'un même mal. Toutes sont à réformer. Toutes sont basées sur une donnée fondamentale: l'inégalité. C'est-à-dire que la loi n'est pas la même pour tous, car il y a des individus qui, de par leur naissance, sont des 'privilégiés'.

Dans sa comédie, Beaumarchais présente à ses spectateurs une image parfaitement reconnaissable de cette société: il oppose le privilégié par excellence, le Comte Almaviva, à 'l'homme le plus dégourdi de sa nation, le véritable Figaro', qui n'a aucun titre, aucun droit, aucune fortune, si ce n'est des talents et des capacités hors du commun. Mais cette opposition se manifeste à propos d'un *droit*. Or ce droit est, tant par son nom que par son contenu, un défi au bon sens aussi bien qu'à la dignité humaine: c'est *le droit du seigneur*.

Sur le plan dramatique, il s'agit d'un thème particulièrement efficace. Excitant l'intérêt des spectateurs par son contenu scabreux, il les prédispose au sourire par son absurdité.[39] Sur le plan politique, en revanche, c'est un coup de génie, car l'auteur met en relief un *droit*, et ceci à une époque où la réflexion sur les institutions est intense et générale. Les idées qui seront exprimées dans les différentes constitutions révolutionnaires sont alors en gestation et les thèmes égalitaires de la nouvelle constitution de la jeune république américaine nourrissent la réflexion dans tous les clubs et tous les salons.

La réaction nobiliaire, dont nous avons parlé précédemment, a provoqué un mécontentement sourd et profond. Ce malaise encore diffus se précise dans le choix du prétexte de Beaumarchais pour sa comédie: le droit du seigneur. Les deux éléments de l'expression semblent s'opposer, car de plus en plus, pour le public parisien, l'idée prédominante est que là où il y a droit, il n'y a pas de seigneur, et vice versa. Le nom de ce droit compte donc autant que son contenu. Il s'agit d'une entité juridique moyennageuse, qui s'était peut-être maintenue

---

[39] c'est cet aspect du thème qui a intéressé Voltaire dans sa comédie *Le Droit du seigneur*.

d'une manière ou d'une autre dans certaines provinces reculées et qui ressurgit soudain, à la fin du dix-huitième siècle, après des générations d'oubli, pour permettre à un *seigneur* de s'imposer à une *vassale*. Il y a, dans le choix de ces termes, une intention certaine et qui rejoint ce que nous avons appelé ailleurs 'les relations de réciprocité entre l'auteur et son public au niveau de l'écriture'. Le choix est orienté: le 'droit du seigneur' qu'Almaviva avait jadis généreusement aboli est une survivance féodale, une forme de servage. Il tente de la ressusciter afin de s'en servir pour ses plaisirs et ses caprices. Il se servait déjà de l'armée dans le même but. Cette utilisation particulière jette un discrédit sur l'ensemble du système juridique dont ce droit fait partie. L'armée était ridiculisée par l'usage qui en était fait, la justice était discréditée par la stupidité de son représentant Brid'oison. De même, le système féodal, nobiliaire et non égalitaire est discrédité par la manière dont il est présenté: il est illustré, symbolisé même par la plus ridicule de ses composantes, et qui se trouve avoir le nom le plus pompeux qui soit: le 'droit du seigneur'.

D'où vient ce droit? De la tradition littéraire? Oui et non. Il n'existe pas chez Molière. Dom Juan séduit les paysannes parce qu'il est le plus beau, le plus fort et le plus riche, non pas parce qu'il en a le 'droit'. Pourtant, cette forme de servage devrait bel et bien exister dans l'univers mental d'un noble aussi imbu de lui-même, aussi conscient de sa supériorité que l'est Dom Juan. Or, non seulement, il n'en est pas question, mais il s'avère que pour séduire les paysannes, Dom Juan parle de 'mariage'.[40] Le 'droit du seigneur' ne semble donc pas exister dans l'univers mental d'un 'grand' du dix-septième siècle.

Il réapparaît au dix-huitième siècle, non pas dans les mœurs, mais à propos de la réflexion sur les droits féodaux. Dans son *Essai sur les mœurs*, Voltaire écrit à propos de l'époque des croisades:

Les usages les plus ridicules et les plus barbares étaient alors établis. Les seigneurs avaient imaginé le droit de cuissage, de markette, de prélibation; c'était celui de coucher la première nuit avec les nouvelles mariées leurs vassales roturières. Des évêques, des abbés, eurent ce droit en qualité de hauts barons; et quelques-uns se sont fait payer, au *dernier siècle*, par leurs sujets, la renonciation à ce droit étrange, qui s'étendit en Ecosse, en Lom-

---

[40] Molière, *Dom Juan*, III.iii.

bardie, en Allemagne, et dans toutes les provinces de France. Voilà les mœurs qui régnaient dans le temps des croisades.[41]

En 1760, alors qu'il est seigneur terrien depuis peu, Voltaire envoie à ses amis d'Argental une petite comédie, écrite en quinze jours et intitulée *Le Droit du seigneur*. Comme la censure refusa ce titre scandaleux, c'est sous le titre *L'Ecueil du sage* que la pièce fut jouée à Paris en janvier 1762. L'action y est située en Picardie, au temps de Henri II. Dans sa lettre à d'Argental, Voltaire écrit: 'Voicy une pièce de Jodele ajustée par un petit Hurtaud que je vous envoye [. . .] Vous savez ce que c'était le droit du seigneur. Je ne l'ay pas dans mes terres, et il ne me servirait à rien'.[42] Ces propos de Voltaire nous renseignent sur la manière dont cette étrange coutume est considérée de son temps: d'une part on sait qu'elle a effectivement existé au moyen-âge et d'autre part on en parle, comme d'une plaisanterie, à propos des droits féodaux relatifs aux domaines terriens. Mais précisément, ces droits féodaux étaient sujets à contestation:

A partir de 1750 environ, se dessine une offensive juridique [. . .] Ne se sentant pas en possession de documents irréfutables, les seigneurs ou leurs mandataires entreprennent de faire renouveler, vérifier et compléter leurs 'terriers' par des juristes spécialisés, les *feudistes*. [. . .] La propriété paysanne est grevée d'une sorte d'hypothèque perpétuelle, au profit du seigneur; ce sont les droits féodaux, qui portent toutes sortes de noms et un même droit peut s'appeler selon le lieu et la nature des terres: champart, terrage, agrière, parcière, tasque, tierçage, sixte, cinquain, vingtain, carpot etc [. . .] Grâce aux feudistes, tout cet arsenal archaïque sort de la poussière remis à neuf et menaçant.[43]

Les droits féodaux sur lesquels se basaient les nouveaux acquéreurs de domaines terriens pour augmenter leur revenu reposaient sur des bases très fragiles et très contestables. Il est significatif de rappeler que Babeuf, avant la Révolution, était précisément un feudiste – l'application systématique du 'droit féodal' l'avait révolté au point de lui faire contester totalement le droit à la propriété individuelle: il est l'ancêtre des théoriciens communistes.

La réflexion sur le 'droit' ou sur le 'privilège' est générale. C'est devenu un lieu commun de constater que les privilèges sont des

---

[41] *Essai sur les mœurs*, lii (Moland, xi.428).
[42] 12 avril 1769, Best.D8845.

[43] Pierre Gaxotte, *Histoire des Français*, pp.567-9.

absurdités qui n'ont d'autre raison d'être que la volonté des privilégiés de les maintenir (à l'aide des feudistes, au besoin). C'est dans ce contexte que nous devons comprendre le choix que Beaumarchais fait du prétexte de sa comédie. Certes, Voltaire a déjà écrit dans ce sens, mais sa comédie n'a pas eu grand succès, et d'ailleurs il donnait le beau rôle au seigneur. En outre selon Castries (p.362), la donnée fondamentale, celle du droit du seigneur sur les filles de sa mouvance, n'est pas incompatible avec certaines traditions, et il se peut qu'une survivance de ce droit existât encore, sous forme d'impôt sur les mariages, en certains endroits.

Mais en vérité, là n'est pas la question. Une fois de plus, ce n'est pas dans la littérature que nous devons chercher les sources de Beaumarchais, c'est dans la vie, c'est dans l'actualité. A vrai dire, l'important n'est pas pour nous de savoir si le 'droit du seigneur' (ou de cuissage – nous précise Voltaire[44]), a réellement existé ou pas, au moyen-âge, dans telle province reculée. Ce qui compte, c'est que ce 'droit' est exemplaire. Il est l'illustration de l'absurdité du système dont il fait partie: 'le droit du seigneur' est un des droits féodaux que l'on ridiculise et que l'on déconsidère. Ce qui compte, par conséquent, c'est que Figaro, homme du dix-huitième siècle et conscient de sa valeur, se heurte soudain à un 'abus' dont l'absurdité et l'iniquité le révoltent (*Mariage*, i.i, p.260):

SUZANNE. [. . .] un ancien droit du Seigneur . . . Tu sais s'il était triste!

FIGARO. Je le sais tellement que, si Monsieur le Comte, en se mariant, n'eût pas aboli ce droit honteux, jamais je ne t'eusse épousée dans ses domaines.

SUZANNE. Hé bien! s'il l'a détruit, il s'en repent [. . .]

Comme on le voit, le Comte Almaviva, lui aussi, fait de la réaction nobiliaire; il se 'repent' d'avoir aboli un droit que Figaro qualifie de 'honteux', et dont lui-même avoue qu'il 'faisait de la peine aux filles'.[45]

Ce droit, révoltant dans son principe et ridicule dans l'usage que le Comte veut en tirer, est un exemple caractéristique des 'abus'. Il s'agit d'un principe incontestablement odieux qui suscite la révolte de

---

[44] *Questions sur l'Encyclopédie* (Moland, xviii.299-301).

[45] Voltaire dit, dans l'*Essai sur les mœurs*, que certains se sont fait payer la renonciation à ce droit 'au dernier siècle' (voir plus haut, p.140). Il faudrait voir si cet impôt seigneurial sur le mariage n'avait pas été remis en vigueur par quelque feudiste, suscitant les inévitables plaisanteries ainsi qu'un renouveau de réflexion sur le problème.

Figaro et que le public est unanime à condamner: 'Mais, Monseigneur, il y a de l'abus' (*Mariage*, I.ii, p.262). Le monologue de la scène deux de l'acte premier marque la rupture. C'est la déclaration de guerre de Figaro. Celui-ci, en effet, a servi son maître avec dévouement dans *Le Barbier de Séville*, tout comme Beaumarchais a servi le roi à Londres et à Vienne... Il s'attendait, en retour, au moins à de la reconnaissance. Et voilà qu'il se rend compte soudain que les dés étaient pipés (*Mariage*, I.i, p.260):

> SUZANNE. Tu croyais, bon garçon! que cette dot qu'on me donne était pour les beaux yeux de ton mérite?
> FIGARO. J'avais assez fait pour l'espérer.

C'est surtout cette tromperie qui l'humilie. Il supporte tant bien que mal l'injustice du sort qui l'a fait naître dans cette position subalterne, mais il n'admet pas que le Comte profite de ses avantages de naissance, déjà immenses, pour s'en procurer d'autres encore. L'attitude du Comte et sa désinvolture à l'égard de l'amour-propre de ses sujets lui sont insupportables, plus même que les actes que cette désinvolture provoque. C'est l'humiliation qui entraîne la révolte. Figaro ne veut plus subir les caprices de son maître, il estime devoir être considéré comme un égal. Sa revendication est avant tout une exigence de dignité, celle-ci apparaît avec le terme 'abus', qui en est le point de départ.

Le projet du Comte est de séduire Suzanne (ou de l'acheter). Mais dès les premières scènes, nous savons que ce projet est irréalisable. Suzanne en a informé son fiancé afin qu'il prenne les mesures nécessaires, et celui-ci de son côté prend immédiatement soin de préciser que le trait de caractère essentiel de la jeune fille est qu'elle est 'sage'. Il s'agit donc ici de ce que Jacques Scherer appelle un 'obstacle mou', d'un faux obstacle. Le problème ne porte pas sur le projet du Comte qui est irréalisable, mais sur ses intentions, et surtout sur l'attitude mentale que supposent ces intentions.

En réalité, l'*abus* dont parle Figaro porte moins sur le fait précis de la tentative de séduction du Comte, dont Figaro sait qu'elle se soldera par un échec, que sur tout le système que suppose une telle initiative: système qui valorise Almaviva sans autre raison que celle de sa naissance.

Le château d'Aguas-Frescas est l'image d'un monde idyllique, fermé sur lui-même, champêtre, agreste, très paternaliste et qui n'est pas sans

nous faire penser à Clarens. Dans ce domaine règne un maître débonnaire et aimé de ses sujets. Ceci se manifeste par l'exemple de Pédrille,
qui brûle de se faire connaître et apprécier de son maître, ou par les
insolences matoises d'Antonio, qui dénotent une grande affection.[46]
Les valets, les paysans et les autres habitants du domaine sont des
'vassaux' vêtus de blanc, qui participent de bon cœur aux fêtes organi-
sées au château. C'est une idylle champêtre, voisine de celle du Petit-
Trianon de Marie-Antoinette, bien faite pour bercer la grande noblesse
réactionnaire dans ses illusions, et dans le cadre de laquelle le fameux
'droit du seigneur' s'insère admirablement.

Celui qui, en revanche, ne s'intègre pas dans ce cadre, c'est Figaro.
C'est un citadin qui ne trouve pas sa place dans ce monde hiérarchisé.
Il est 'le fils de personne' et non seulement il ne s'intègre pas dans le
système, mais il risque, par sa présence, de le détruire, car la masse des
'vassaux', amorphe et indifférente au début, manifeste un intérêt crois-
sant pour la lutte qui oppose Figaro à son maître, prenant de plus en
plus ouvertement le parti du valet contre le grand seigneur.

Beaumarchais avait beau prendre soin de ne pas faire de son grand
seigneur un 'méchant'. Il avait beau répéter que son seul but était
'd'amuser nos français', le terrain sur lequel il se situait était autre.
Volontairement, il induisait les lecteurs et les critiques en erreur,
lorsque dans la préface, il posait la question rhétorique, à laquelle il
répondait pour justifier sa pièce (p.233):

En écrivant cette Préface, mon but n'est pas de rechercher oiseusement si
j'ai mis au Théâtre une Pièce bonne ou mauvaise [. . .] j'aurai fait encore un
bon usage de la mienne, si je parviens, en la scrutant, à fixer l'opinion publique sur ce qu'on doit entendre par ces mots: Qu'est-ce que LA DECENCE
THEATRALE?

Mais il s'agissait bien de décence théâtrale . . .! Lorsque, à la faveur
d'une pièce de théâtre, un auteur parvient à donner à un public le
sentiment de sa force face au pouvoir, lorsqu'il lui fournit, à pleines
mains, des formules lapidaires qui cristallisent les revendications
générales dans les domaines de la justice, de la diplomatie, de l'armée

---

[46] *Mariage*, II.xxi, p.299: 'LE COMTE.
Réponds-moi donc, ou je vais te chasser.
ANTONIO. Est-ce que je m'en irais? LE
COMTE. Comment donc? ANTONIO. Si

vous n'avez pas assez de ça pour garder un
bon domestique, je ne suis pas assez bête,
moi, pour renvoyer un si bon Maître'.

et des abus en général, il ne s'agit plus de décence théâtrale. Il ne s'agit plus de théâtre du tout.

Louis XVI, lui ne s'y trompa point: 'Il faudrait détruire la Bastille pour que la représentation de cette pièce ne fût pas une inconséquence dangereuse. Cet homme se joue de tout ce qu'il faut respecter dans un gouvernement' déclara-t-il en 1781, après avoir entendu mme Campan lui lire la comédie (Campan, p.187).

Mais Beaumarchais, de son côté, s'entêtait. Un an plus tard, après une nouvelle interdiction royale, il déclara publiquement: 'Eh bien! Messieurs! Il ne veut pas qu'on la représente ici et je le jure, moi, qu'elle sera jouée, peut-être même dans le chœur de Notre-Dame' (Campan, p.188). Cet entêtement mérite réflexion.

Beaumarchais voulait que sa comédie fût jouée en dépit des interdictions du roi. Il connaissait pourtant les raisons du roi, et il savait exactement ce qui le dérangeait. Donc, si l'intention de Beaumarchais n'avait pas été d'attaquer le système, il aurait coupé ou atténué les passages litigieux. Les variantes du *Mariage* nous révèlent de nombreux éléments particulièrement agressifs que Beaumarchais a préféré ne pas laisser dans son ouvrage définitif. Nous l'avons vu, à la création du *Barbier de Séville*, écouter et suivre, en toute humilité, les conseils des uns et les avertissements des autres. Ici aussi, il ne manqua pas de solliciter les avis sur la forme et la construction de la comédie (et les innombrables lectures en société de *l'opuscule comique*[47] en font foi). Mais il ne transigea pas sur le fond. En écrivant *Le Mariage de Figaro*, Beaumarchais savait ce qu'il faisait. En homme politique qu'il était, il avait eu l'idée de se servir de son talent littéraire pour répandre ses idées.

Il ne songeait pas à renverser la monarchie, personne n'y songeait... Mais, comme beaucoup de ses contemporains, il aurait voulu la réformer, il pensait que le temps était venu d'instaurer en France une monarchie constitutionnelle s'appuyant sur le peuple et de supprimer les privilèges.[48] Dans sa comédie, les privilèges étaient assimilés au 'doit du seigneur'. Comme le théâtre peut être une prodigieuse chambre de résonance, ainsi qu'une tribune idéale, les idées politiques atteignent par son entremise un public immense qui réagit et approuve par ses

---

[47] tel était le titre que l'on pouvait lire sur le gros manuscrit 'orné de faveurs roses' qui servait à Beaumarchais pour ses lectures pendant les cinq années où l'ouvrage resta interdit.

[48] voir à ce sujet Jacques Godechot, *La Pensée révolutionnaire 1780-1799* (Paris 1964), pp.12-21.

cris, ses rires, ses applaudissements. Le ridicule 'droit du seigneur' est justement un des 'voiles comiques' derrière lesquels se cachent des idées fort sérieuses. Mais il n'y avait pas que le 'droit du seigneur' qui s'en prenait au système politique périmé et l'atteignait dans des endroits sensibles; toutes les idées réformatrices se trouvaient concentrées, sous forme de vers rapides, dans le vaudeville final (p.363):

> Par le sort et la naissance,
> L'un est Roi, l'autre est Berger;
> Le hasard fit leur distance;
> L'esprit seul peut tout changer.
> De vingt Rois que l'on encense,
> Le trépas brise l'autel;
> Et Voltaire est immortel . . .

Louis XVI était d'un caractère doux et affable; mais un refrain de ce genre n'était pas fait pour lui plaire. Il fut toute fois un des rares à en mesurer le danger; il interdit donc la représentation de la pièce. Comme Beaumarchais, de son côté, était parfaitement conscient du pouvoir des mots qu'il lançait sur scène et qu'il connaissait l'opposition royale, nous devons considérer le *Mariage* comme un acte politique réfléchi: prenant sciemment tous les risques, Beaumarchais s'acharnait à vaincre l'opposition royale. Il ne s'agit pas de simples clauses de style. Beaumarchais avait déjà subi un jugement inique, et avait déjà été en prison. Il allait se retrouver incarcéré une fois de plus, après la représentation du *Mariage*, malgré toute sa célébrité, à cause du scandale suscité par la comédie. S'il agissait ainsi, c'est que l'arbitraire, les privilèges et toutes les règles de la société le révoltaient comme elles avaient révolté maints écrivains avant lui. Mais Beaumarchais avait, à l'encontre des autres, une expérience politique réelle. L'aventure américaine, dans laquelle il avait joué un rôle important, lui avait appris que les idées les plus nobles pouvaient devenir des réalités. Prenant sa plume comique, il s'en sert donc pour agir. Il est réellement responsable, dans une certaine mesure, de l'esprit de 1789, qui met ses théories en œuvre. Mais on ne peut pas aller plus loin. Les années 1792 et 1793 l'ont surpris et scandalisé, de même que toute la bourgeoisie voltairienne. Il était débordé.

Le Mariage de Figaro est un ouvrage révolutionnaire, dans lequel Beaumarchais le citoyen est débordé par l'auteur du *Mariage*. Le premier est un réformateur, le second est autre chose. Le personnage qu'il met sur scène, qui lui ressemble par de nombreux traits tout en s'en distinguant sensiblement, est un homme qui ne s'intègre pas dans le système existant (alors que Beaumarchais, lui, s'y est admirablement intégré). Figaro ne peut être lui-même qu'en renversant l'ordre établi; ce qui, dans notre comédie se manifeste par le refus de l'application du droit du seigneur.

Refuser le droit du seigneur, c'est nier le principe dont il découle. Pour les spectateurs de 1784, l'identité de Figaro et celle d'Almaviva ne faisait aucun doute: l'actualité de l'œuvre ne pouvait leur échapper. C'est une des raisons, sinon la plus importante, du succès sans précédent de cette comédie. D'après Grendel, p.413:

Jamais au Théâtre-Français, pièce ne fut accueillie avec de telles clameurs d'enthousiasme. La salle fit un sort à la plupart des répliques, applaudissant sans cesse au point que le spectacle dura plus de cinq heures. Triomphe sans précédent, 78 représentations d'affilée, ce qui ne s'était jamais vu. 350.000 livres de recettes, 40.000 de droit d'auteur. Pour la première fois, date historique, une pièce de théâtre enrichissait un écrivain.

A lui seul, ce succès prouve mieux que tout autre argument à quel point la comédie répondait à une attente du public: trouver le moyen de lier le théâtre, la philosophie, et la politique, c'est-à-dire les trois sujets qui intéressaient le public de l'époque, n'était-ce pas le meilleur moyen de le conquérir? Les témoignages sont d'ailleurs innombrables qui soulignent, chacun à sa manière, la place particulière qu'occupe cette comédie dans l'actualité de ces années-là. C'est celui de madame Campan, lectrice de Marie-Antoinette, que nous avons choisi pour illustrer notre propos (Campan, p.185):

La Marine royale avait repris une attitude imposante pendant la guerre pour l'indépendance de l'Amérique; une paix glorieuse avec l'Angleterre avait réparé, pour l'honneur français, les anciens outrages de nos ennemis, le trône était entouré de nombreux héritiers; les finances seules pouvaient donner de l'inquiétude; mais cette inquiétude ne se portait que sur la manière dont elles étaient administrées. Enfin la France avait un sentiment intime de sa force et de sa richesse, lorsque deux événements qui ne semblent dignes de prendre place dans l'histoire [. . .] virent jeter l'esprit de sarcasme et de dédain [. . .] sur les têtes les plus augustes: je veux parler d'une comédie et d'une grande escroquerie.[49]

[49] l'affaire du collier.

II. LES THEMES A LA MODE

Depuis longtemps Beaumarchais était en possession d'occuper quelques cercles à Paris [. . .] Ses mémoires contre M. Goezman avaient amusé Paris, par le ridicule qu'ils versaient sur un parlement mésestimé; et son admission dans l'intimité de M. de Maurepas lui procura de l'influence sur des affaires importantes. *Dans cette position assez brillante, il ambitionna la funeste gloire de donner une impulsion générale aux esprits de la capitale par une espèce de drame,* où les mœurs et les usages les plus respectés étaient livrés à la dérision populaire et philosophique.

Nombreux ont été, de tous temps, les hommes de lettres qui ont voulu se mêler de politique, influencer la pensée et l'action de leurs contemporains. Il en est peu qui l'ont fait aussi bien que Beaumarchais. Par le biais d'une comédie gaie et insolente, qui traitait d'un seigneur et de son droit, la littérature, en 1784, s'inséra dans l'histoire et en accéléra le cours.

V

L'enfant naturel: une victime exemplaire des abus

Tous les thèmes étudiés dans les chapitres précédents étaient liés aux institutions: la justice, le gouvernement, l'armée, le droit . . . L'individu amené à affronter ces entités est dans un bel embarras: c'est le cas de Figaro, sur qui la malchance (ou 'sort bizarre') s'acharne particulièrement: non seulement il doit s'opposer à un grand seigneur dans une lutte des plus inégales, mais il est handicapé par sa naissance, puisqu'il n'est pas seulement non-privilégié, mais également illégitime. En effet, la situation *légale* de Figaro permet à Beaumarchais d'aborder un des aspects essentiels de sa constante revendication de dignité: il s'agit de la place de l'enfant illégitime dans la société.

Ce problème apparaît très souvent dans la littérature du dix-huitième siècle, mais sous des formes voilées dans la plupart des cas. Dans le *Mariage* il est soulevé avec une certaine franchise. Certes c'est Antonio, personnage ridicule et de peu de poids qui l'évoque, ce qui signifie que l'on n'accorde pas beaucoup d'importance à ses objections. Pourtant, il n'en demeure pas moins que Figaro n'a aucune parade contre Antonio lorsque celui-ci refuse de 'donner l'enfant de [sa] sœur à sti qui n'est l'enfant de personne' (*Mariage*, III.xviii, p.326). La loi est du côté du ridicule Antonio, et Figaro, malgré toute son intelligence, voit une fois de plus son mariage compromis.

Figaro est 'anonyme', c'est-à-dire qu'il ignore qui sont ses parents. Cette situation ne comporte d'ailleurs pas que des inconvénients et l'astucieux valet se raccroche à cet argument lorsqu'il cherche une échappatoire au mariage inévitable avec Marceline. Il se déclare alors gentilhomme et proclame qu'il ne pourra l'épouser 'sans l'aveu de [ses] nobles parents'. Mais en général, la situation est inverse, c'est-à-dire que l'ignorance de leur identité gêne les personnages au moment où ils désirent contracter mariage.

Au dix-huitième siècle, l'écart entre la morale officielle et la morale courante a pris des proportions telles que la littérature ne peut plus l'ignorer. Les bâtards existent, fruits de liaisons irrégulières de plus en plus nombreuses; ils apparaissent dans la littérature, où le mystère qui entoure leur naissance est généralement exploité comme un argument romanesque de tout premier ordre. En règle générale, le personnage qu'on soupçonne être un bâtard se révèle être un enfant perdu, et la morale est sauve. Au moment du mariage, le mystère de la naissance se trouve brusquement éclairci à l'aide de certains signes infaillibles: une marque sur le corps, des vêtements somptueux ou un bijou particulier; nous assistons ainsi à des retrouvailles émouvantes entre parents et enfants que la guerre ou les brigands ont séparés. Dans les *Amours du chevalier de Faublas*, de Louvet, par exemple, le brave Lovinski, devenu entre temps (et à Paris) M. du Portail, reconnaît en Sophie sa fille Dorliska, disparue à l'âge de deux ans au cours de guerres russo-polonaises:

LE BARON DE GORLITZ. Dorliska? C'est le nom que j'ai trouvé écrit au bas d'une miniature attachée sur sa poitrine [. . .] Quelles sont les armes de votre maison?

M. DU PORTAIL. Les voilà!

LE BARON DE GORLITZ. C'est cela même; elle les porte gravées sous l'aisselle.[50]

Dorliska a donc grandi dans l'ignorance de sa propre identité. Cette rencontre providentielle, en révélant ses origines, lui permet de réintégrer le cadre de la morale officielle, et rend ainsi possible son mariage avec Faublas.

On trouve le même argument chez Voltaire dans la comédie *Le Droit du seigneur* dont nous avons parlé plus haut: la belle Acanthe, qui devait épouser Mathurin, n'est pas la fille de Dignant, l'ancien domestique de la famille du marquis, mais de la noble dame Laure. Elle est la sœur du chevalier de Gernance. Cette origine noble explique la répulsion qu'éprouve Acanthe envers Mathurin et son affection pour Laure. Elle explique également le sentiment du marquis de Carrage à l'égard de cette paysanne aux allures si peu communes, ainsi que l'engouement du chevalier de Gernance (c'est la voix du sang, nous en reparlerons):

LE MARQUIS

Il est trop vrai: je sais bien que mon père
Fut envers elle autrefois trop sévère . . .
Quel souvenir! . . . Que souvent nous voyons

---

[50] Louvet, *Une année dans la vie de Faublas* dans *Les Amours du chevalier de* *Faublas* (*Les Romanciers de XVIIIème siècle* (Paris 1965), p.718).

D'affreux secrets dans d'illustres maisons!...
Je le savais: le père de Gernance
De Laure, hélas! séduisit l'innocence;
Et mes parents, par un zèle inhumain,
Avaient puni cet hymen clandestin.
Je lis, je tremble. Ah! douleur trop amère!
Mon cher ami, quoi! Gernance est son frère![51]

Beaumarchais lui-même a utilisé ce procédé dans son drame *Les Deux amis*. Là, Pauline se révèle être la fille d'Aurelly. Comme chez Voltaire, la morale est sauve. Aurelly explique longuement à sa 'nièce' qu'il y a eu un mariage secret, puis que la mère est morte et qu'il l'a longtemps pleurée. Tout cela n'est pas très convaincant, mais Pauline peut ainsi épouser Mélac-fils sans qu'il y ait entre eux inégalité de rang.

En fait, le problème de l'illégitimité est étroitement lié à celui de 'rang'. Il est admis que les barrières sociales ne sont pas respectées quand il s'agit de liaisons irrégulières, mais on est beaucoup moins tolérant dès lors qu'il s'agit de mariage. Les noces du prince et de la bergère n'existent que dans les contes de fée. Dans la littérature romanesque et dramatique, on s'arrange toujours pour régler ce problème de 'rang' avant qu'ait lieu la cérémonie de mariage. Dès lors qu'il se proclame gentilhomme, Figaro a donc une raison valable, quoique inattendue, de refuser son mariage avec Marceline.

Figaro 'anonyme' se prétend donc gentilhomme et refuse d'épouser Marceline 'sans l'aveu de [ses] nobles parents'. Cette déclaration effrontée provoque des remous dans l'assistance et il est invité immédiatement à fournir les preuves de ce qu'il avance. Voilà donc notre héros obligé de donner des précisions qui, selon tous les critères romanesques, sont autant d'arguments irréfutables. 'Monseigneur, quand les langes à dentelles, tapis brodés et joyaux d'or trouvés sur moi par les brigands n'indiqueraient pas ma haute naissance, la précaution qu'on avait prise de me faire des marques distinctives témoignerait assez combien j'étais un fils précieux' (*Mariage*, III.xvi, p.322).

Figaro a toutes les raisons du monde de s'attribuer des parents nobles; il a une marque sur le bras, comme Dorliska en a une sous l'aisselle. Ses preuves sont même plus convaincantes que celles de la Marianne de Marivaux chez qui seuls les vêtements témoignent de la

---

[51] Voltaire, *Le Droit du seigneur*, III.v (Moland, v.59).

noble origine: 'j'étais vêtue d'une manière trop distinguée pour n'être que la fille d'une femme de chambre'.[52]

Une marque distinctive sur le corps, des vêtements précieux, et une aventure particulière annonçant infailliblement l'existence de parents nobles, Figaro affirme avec aplomb: 'Si le Ciel l'eût voulu, je serais le fils d'un Prince' (*Mariage*, III.xv, p.317). Apparemment, le ciel ne le veut pas, puisqu'il est obligé d'ajouter 'qu'il y a quinze ans [qu'il] les cherche'. Cependant Marceline et Bartholo sont vivement émus et semblent reconnaître les signes. La scène de reconnaissance se déroule alors selon toutes les règles, et l'exaltation de Figaro ne connait plus de bornes (*Mariage*, III.xvi, p.322):

FIGARO. [. . .] et cet hiéroglyphe à mon bras . . .
MARCELINE. Une stapule à ton bras droit?
FIGARO. D'où savez-vous que je dois l'avoir? [. . .]
BARTHOLO. Tu fus enlevé par des Bohémiens?
FIGARO, *exalté*. Tout près d'un château. Bon Docteur, si vous me rendez à ma noble famille, mettez un prix à ce service; des monceaux d'or n'arrêteront pas mes illustres parents.

Pauvre Figaro! Tous les signes sont là pour lui prouver l'existence d'une 'noble famille', et 'd'illustres parents'. Pourquoi n'y croirait-il pas puisque c'est ainsi que les choses se passent dans tous les romans qui se respectent, et que le dix-huitième siècle, 'friand de ces rencontres providentielles, y croit et y pleure avec délices' (Scherer, p.267). Figaro, donc, s'étant exalté à énumérer les preuves de sa noble naissance, va tomber de très haut (*Mariage*, III.xvi, p.322):

BARTHOLO, *montrant Marceline*. Voilà ta mère.
FIGARO. . . . . Nourrice?
BARTHOLO. Ta propre mère.
LE COMTE. Sa mère!
FIGARO. Expliquez-vous.
MARCELINE, *montrant Bartholo*. Voilà ton père.
FIGARO, *désolé*. O o oh! aye de moi!

Il faut ajouter que ces retrouvailles, fréquentes dans la litterature romanesque de l'époque, sont rendues possibles grâce à l'existence d'un élément aussi impératif que mystérieux, et qui se manifeste tou-

---

[52] Marivaux, *La Vie de Marianne* (Paris 1957), p.11.

jours dans ces circonstances critiques: 'la voix du sang'.[53] C'est cette voix du sang qui permet aux parents de retrouver leurs enfants, et cela, dans les circonstances les plus dramatiques. Ainsi, c'est bien cette voix du sang qui permet la reconnaissance de M. du Portail et de sa fille, de Gernance et de sa sœur, c'est une voix dont la réalité ne fait aucun doute pour le public sensible de l'époque. Que devient cette 'voix du sang' dans notre comédie?

Alors que Figaro est encore sous le choc de la désolante nouvelle (il est le fils de ce Bartholo qu'il a ridiculisé tant qu'il le pouvait), voilà sa mère Marceline, tout attendrie, qui lui demande: 'Est-ce que la nature ne te l'a pas dit mille fois?'. Figaro a alors un cri du cœur – 'Jamais.'

Dans le cas de Figaro, donc, la voix du sang ne s'est pas fait entendre. Cela n'empêche pas la sentimentale Marceline de reprendre cet argument pour expliquer la nouvelle situation à Suzanne médusée: '[. . .] mon cœur entraîné vers lui ne se trompait que de motif; c'était le sang qui me parlait'. Et Figaro d'expliquer ses répugnances passées à l'aide d'un calembour plus spirituel que sincère: 'Et moi le bon sens, ma mère, qui me servait d'instinct quand je vous refusais (*Mariage*, III.xviii, p.325).

L'esprit ne lui suffit plus d'ailleurs pour échapper au flot de sensibilité qui jaillit de Marceline; le voilà qui se met à pleurer lui aussi; tout le monde a d'ailleurs tiré son mouchoir; la comédie gaie menace de devenir larmoyante. Heureusement pour nous, Antonio est là qui veille aux intérêts de sa nièce: reconnaissance ne signifie pas régularisation; les parents doivent se marier, Bartholo est encore à persuader, et l'action repart.

Certes, Beaumarchais est bien de son temps et le thème 'sensible' est loin de lui être indifférent. Mais comme il a par ailleurs le sens du ridicule, il s'amuse en parodiant ce thème littéraire rebattu. L'attendrissement provoqué habituellement par ce genre de reconnaissance se mue ici en une exclamation 'désolée' de Figaro. Lui voilà des parents qu'il aurait préféré ne pas connaître. Il est contaminé par la sensibilité débordante de Marceline et se met à verser 'des larmes de joie', mais il trouve cela très sot, et finit par prendre son parti 'avec philosophie'.

[53] c'est un thème de tragédie à l'origine. Voir à ce sujet Jacques Morel, *Jean Rotrou, dramaturge de l'ambiguïté* (Paris 1968), p.27.

Bien sûr, il regrette que ses parents ne soient pas aussi 'galonnés qu'[il se les était] imaginés', mais c'est surtout son amour-propre qui est affecté. Ce qui compte, c'est que la situation est encore loin d'être réglée. Figaro a retrouvé ses parents, mais il n'en demeure pas moins un enfant illégitime, ce qui risque de le priver d'un droit humain élémentaire: la possibilité de se marier. Antonio soulève la question, Bartholo refuse de se soumettre, et le mariage est, encore une fois, compromis: 'ANTONIO. Irai-je donner l'enfant de not' sœur à sti qui n'est l'enfant de personne?' et il conclut, malgré les objections de Brid'oison: 'Tarare!... Il ne l'aura jamais (*Mariage*, III.xviii, p.326). Voilà donc l'indépendant Figaro soumis au bon vouloir d'un monsieur avec lequel ses relations ont été, jusqu'alors, plutôt orageuses, et qui est loin d'éprouver pour lui l'affection que suppose la fameuse 'voix du sang'. Pressé d'honorer la promesse faite à Marceline jadis, Bartholo proclame: 'Ma main! puisse-t-elle se déssécher et tomber, si jamais je la donne à la mère d'un tel drôle!' (*Mariage*, III.xviii, p.326).

Très judicieusement, Beaumarchais nous a fait remarquer dans sa préface qu'il pouvait, avec le même sujet traité différemment, faire 'de ce sujet moral une tragédie bien sanguinaire'. S'il ne l'a pas fait, c'est que son but était 'd'amuser nos Français et non de faire ruisseler les larmes de leurs épouses'. C'est la raison pour laquelle les obstacles au mariage provoqués par l'entêtement d'Antonio et de Bartholo s'avèrent être ce que Jacques Scherer appelle des 'obstacles mous'. Bartholo se laisse rapidement persuader, et permet ainsi de régulariser la situation légale du fils qu'il vient de se découvrir. Il n'empêche que le problème nous donne matière à réfléchir: naissance et mariage sont des actes sociaux sanctionnés par la loi, ce qui signifie que l'irrégularité de l'un entraîne l'impossibilité de l'autre. Ce n'est que grâce au mariage tardif de ses parents que Figaro devient un membre à part entière de la société dans laquelle il vit. Il est donc victime d'un abus: que Bartholo s'entête, et voilà Figaro privé du droit de fonder une famille. Voilà donc un abus de plus que Beaumarchais dénonce par l'entremise de son personnage.

Certes Figaro est assez entreprenant et énergique pour résoudre le problème et obliger Bartholo à respecter sa promesse, mais il n'est pas le seul enfant illégitime qui ait préoccupé Beaumarchais. Une brève revue de ses écrits nous permet en effet de constater que ce thème réapparaît chez lui constamment: dans *Eugénie*, son premier drame, le problème central est posé par la naissance imminente d'un enfant illégitime et il est si grave qu'il pourrait entraîner, s'il n'était résolu à temps, la mort de l'héroïne.

Le problème est également évoqué dans *Les Deux amis*; Pauline est en réalité la fille d'Aurelly et non sa nièce (*Deux amis*, III.v, p.119):

AURELLY. [...] Je fus jeune et sensible autrefois. La fille d'un Gentilhomme (peu riche à la vérité) m'avait permis de l'obtenir de ses parents: ma demande fut rejetée avec dédain. Dans le désespoir où ce refus nous mit, nous n'écoutâmes que la passion. Un mariage secret nous unit. Mais la famille hautaine, loin de le confirmer, renferma cette malheureuse victime, et l'accabla de tant de mauvais traitements, qu'elle perdit la vie en la donnant à une fille ... que les cruels dérobèrent à tous les yeux.

Cette révélation entraîne une déclaration véhémente de la part de Mélac fils, qui ignore encore que la fille et la nièce d'Aurelly ne sont qu'une et même personne. 'MÉLAC FILS. [...] je le jure à vos pieds, Pauline [...] la fille sans nom, sans état, et désavouée de ses parents, ne m'appartiendra jamais' (*Deux amis*, IV.x, p.131). Un grand acte est ensuite nécessaire à Pauline pour pardonner l'affront qui vient de lui être fait.

Dans le *Mariage*, nous avons vu que le problème de la naissance de Figaro préoccupe les personnages pendant un long moment et qu'il est assez important pour mettre en question le mariage lui-même.

C'est encore ce problème que nous retrouvons au centre des préoccupations des personnages de *La Mère coupable*. Le secret de la naissance de Léon pèse sur lui comme une fatalité, qu'il subit sans la comprendre et contre laquelle il est totalement démuni. A la manière d'un héros de tragédie, il subit un sort injuste contre lequel il n'a d'autre ressource que les lamentations.

Mais c'est dans les *Mémoires contre Goezman* que Beaumarchais traite ce problème de la manière la plus intéressante ... Il s'agit pour lui de démontrer que le juge Goezman n'est pas l'homme intègre que laisserait supposer sa fonction. Il accuse Goezman d'avoir commis un faux à la signature d'un acte de baptême, considérant que ce délit 'est un des plus graves qui puissent se commettre contre la société'. Il faut avouer qu'en cette circonstance Beaumarchais avait été servi par un hasard des plus heureux.

Dans le *Quatrième mémoire* contre Goezman, nous lisons en effet le développement suivant:[54] 'Forcé de prouver à mon tour les faux de ses déclarations, ou de succomber, je montre que tel est son usage'. Et ici vient le récit du faux dont Goezman s'est rendu coupable en signant l'acte de baptême de l'enfant, illégitime bien sûr, qu'il a eu d'une demoiselle Capelle.

Eh! comment l'aurait-il négligé [de signer un faux] pour perdre un ennemi, lui qui n'a pas craint de commettre un faux au premier chef, contre un malheureux enfant dont il s'était rendu le protecteur déclaré [. . .] montrons aux citoyens [. . .] que le faux du baptême est un des plus graves qui puissent se commettre contre la société.

Beaumarchais ne s'intéresse qu'à l'aspect légal du problème, mais il démontre que tous les autres aspects vont en découler:

[. . .] le délit de M. Goezman n'attaquant point le salut de l'enfant, mais son état civil, c'est ce dernier point seulement que je me permettrai de discuter.

Pour rendre le baptême aussi utile à l'homme qu'il est indispensable au chrétien, la politique a joint à l'acte religieux le plus nécessaire au salut de tous, l'acte civil le plus important à l'existence de chacun: le point de législation, qui a confié au dépôt public le nom, l'âge et l'état des citoyens, est si utile et si grand, qu'il eût sans doute mérité d'appartenir au christianisme [. . .] la politique et la religion gagnèrent à réunir [le procès verbal au sacrement], l'une de la sûreté pour les citoyens, l'autre de la considération pour ses ministres [. . .]

Si donc l'utilité fait tout le mérite des hommes et des choses, qu'on juge de quelle majesté devint le baptême, lorsque les deux points fondamentaux de tout bonheur furent rassemblés en un seul et même acte; sans le baptême, on resta nul en ce monde, et l'on fût perdu pour jamais dans l'autre; et c'est de cet acte si saint, si grand, si révéré, si nécessaire, que M. Goezman, homme éclairé, jurisconsulte, criminaliste, conseiller de grand'chambre du premier parlement de la nation, fait un badinage perfide et sacrilège; il s'avance au temple de Dieu pour présenter au christianisme un nouveau-né, à la société un nouveau citoyen; il s'agit pour ce magistrat, de constater légalement qu'un tel est fils d'un tel; le père ne sait pas écrire, il ne peut rien pour assurer l'état civil de son enfant; la marraine est fille mineure, sa signature est sans force aux yeux de la loi; reste pour unique ressource au malheureux

[54] *Mémoires*, p.289-95. La longueur des citations est due au fait regrettable que les *Mémoires* de Beaumarchais sont difficilement accessibles: l'édition utilisée ici date de 1908.

enfant, l'attestation de son parrain; lui seul peut donner la sanction à son état; et ce faux protecteur ne rougit pas d'y signer un faux nom; au double faux d'un faux domicile, il joint le triple faux d'un faux état; et par cet acte également barbare et peu sensé, celui qui devait assurer l'existence d'un citoyen, se fait un jeu de la compromettre. Dans l'état où il met les choses, si cet enfant veut un jour appartenir à quelqu'un, il faut qu'un arrêt de la cour, invoquant la notoriété, le réhabilite dans ses droits: sans cela, comment héritera-t-il? comment contractera-t-il? comment signera-t-il en sûreté 'un tel, fils d'un tel?' puisque, grâce à l'honnêteté de Louis-Valentin Goezman, conseiller au parlement, quai Saint-Paul, 'Louis du Gravier', bourgeois de Paris, rue des Lions, n'est qu'un être idéal et fantastique, qui ne peut constater l'état civil d'aucun être existant et réel?

C'est précisément dans cette situation que se trouve Figaro au moment de contracter mariage avec Suzanne: il n'a pas d'état-civil. Antonio, en tant qu'oncle et tuteur de la jeune fille, est légitimement tenu de faire en sorte que ce contrat ne présente pas de vices de formes. Refuser son autorisation est en fait, dans la situation où sont les choses, l'unique possibilité pour Antonio.

Mais quel intérêt ce magistrat avait-il à commettre un pareil délit? Qui a pu le pousser à cet acte insensé? Faut-il l'avouer, messieurs? sottise et défaut d'âme, deux vices également opposés à la dignité d'un magistrat. [. . .] il pouvait dire à cette petite fille *Capelle*, qu'il entretenait à huit louis par mois: Tu conçois bien, mon enfant, qu'il ne convient pas à un grave magistrat qui, pour te plaire, *a mis un mur de séparation entre sa femme et lui*, mais dont la liaison avec toi doit être ignorée, d'aller courir le risque de voir publier un pareil compérage à la fin de 1772; fais tenir cet enfant par qui tu voudras; j'en serai, pour t'obliger, le parrain honoraire [. . .] Au lieu de cela (voici la *sottise*), mon rapporteur ne sait autre chose que d'aller *in fiocchi*, habit noir boutonné, cheveux longs bien poudrés, gants blancs et bouquet à la main, menant sur le poing sa commère à l'église, et là, pour accorder la décence et le plaisir (voici le *défaut d'âme*), mon rapporteur signe un faux nom, prend un faux état, donne un faux domicile, ôte l'existence à son filleul, et s'en revient gaiement bourrer de bonbons sa commère, s'attabler au souper de famille, et faire à l'accouchée des promesses pour l'enfant, dont il est bien sûr d'éluder l'effet à son gré quand sa *fringale* amoureuse sera passée [. . .]

Si nous remplaçons le juge Goezman par le docteur Bartholo, la fille Capelle par la gouvernante Marceline, nous trouvons dans les variantes du *Mariage* un récit de la naissance de Figaro (ou plutôt Emmanuel, puisque tel semble être son nom véritable), qui offre des analogies assez frappantes avec celle de ce malheureux enfant du juge Goezman dont Beaumarchais a retrouvé l'acte de baptême (Ratermanis, pp.288-90):

MARCELINE, *péniblement*. J'étais fille en condition chez un gros chanoine andalou; lui, jeune frater et major chez un chirurgien bayonnais; je tombai malade, il me saigna; cela me rendit faible, il en abusa: je pleurai longtemps, il me consola. Tu vis le jour dans la maison; le prébendier me mit à la porte: on allait arrêter ton père, il te fit cette marque et se sauva. Ce qui m'avait perdue servit à me consoler; tu me restais mon fils! On te vola. Je courus en pleurs chez le juge; épris de ma figure, il m'emprisonna. Longtemps à l'école du malheur, mon esprit enfin se forma. Depuis ton père est devenu riche; il m'a fait sa servante et me voilà.

Cet amusant monologue sert de lien entre la situation intolérable de l'enfant de Goezman et celle de Figaro. Tous deux, par la faute de leur père qui a refusé de les reconnaître, se trouvent au regard de la loi dans une situation absurde: ils n'ont pas d'existence légale. Ils ne peuvent 'ni contracter, ni signer en sûreté: un tel, fils d'un tel'. L'entêtement de Bartholo à nier l'évidence, en refusant d'épouser 'la mère d'un tel drôle', rejoint la 'sottise et le défaut d'âme' du juge Goezman. Comme nous le voyons, Beaumarchais est loin de prendre les devoirs du père de famille à la légère, et c'est une des constantes de sa pensée que l'importance capitale de la responsabilité du père. Comment expliquer dès lors qu'il ait attendu neuf ans avant d'épouser la mère de sa fille Eugénie, mlle de Willermaulaz avec laquelle il vivait depuis 1775? La seule explication possible serait peut-être de considérer que la chose ne comportait aucun caractère d'urgence, puisque l'enfant avait été reconnue dès sa naissance. Le mariage tardif était ainsi une manière de mettre de l'ordre dans les affaires. Quoiqu'il en soit, l'explication n'est guère convaincante; il ne nous reste qu'à constater que Beaumarchais n'accorde pas toujours ses actes et ses pensées, ce qui est une conduite assez courante en fin de compte.

Une dernière remarque enfin à propos de ce problème de l'enfant naturel: Beaumarchais, avons-nous dit, ne s'intéresse pas à l'aspect moral du problème, mais uniquement à son aspect *légal*.

Que Figaro ne connaisse pas ses parents ne le dérange en rien, sauf que cette lacune dans son état-civil peut permettre à Antonio de lui

interdire le mariage. L'argument soulevé par le Jardinier est juridique-
ment irréfutable, et le problème ne trouvera de solution heureuse que
lorsque Bartholo succombera sous l'offensive de charme: 'BARTHOLO,
attendri. Papa! bon papa! petit papa! voilà que je suis plus bête encore
que Monsieur, moi. (*Montrant Brid'oison*.) Je me laisse aller comme un
enfant (*Marceline et Suzanne l'embrassent*.) Oh! non, je n'ai pas dit
oui [. . .] (*Mariage*, III.xix, p.327). Cette situation à la fois absurde,
ridicule et intolérable n'est pas sans rappeler celle de Beaumarchais lui-
même entre le 26 février 1774 et le 6 septembre 1778; c'est-à-dire la
situation juridique qui fut la sienne depuis le moment où le 'blâme' fut
prononcé jusqu'au moment où il fut annulé.

Pendant quatre ans, privé de ses droits civiques, Beaumarchais ne
pouvait 'contracter', ce qui signifie essentiellement qu'il ne pouvait
contracter mariage: ceci explique qu'il n'ait pas épousé Thérèse au
moment de la naissance d'Eugénie. Il ne pouvait pas le faire . . .
Beaumarchais-le-blâmé devient donc sur scène Figaro-anonyme.

Au fond, ce n'est pas la morale qui intéresse Beaumarchais. Il ne
s'émeut pas de l'existence des enfants illégitimes mais il s'en prend à
l'hypocrisie institutionnalisée de la société qui refuse de résoudre un
problème qu'elle-même a soulevé, et place ses victimes dans une
situation impossible.

Telle est la situation de Figaro, l'enfant naturel de Marceline. Telle
est également la situation de cette dernière, victime malheureuse de
la société qui l'exploite, l'humilie et la méprise tout à la fois.

VI

La condition de la femme

Le personnage de Marceline est indissolublement lié dans notre esprit, aux revendications féministes qu'elle prononce à l'acte trois. A la suite de Philaminte, elle se situe ainsi dans la longue lignée des femmes qui se révoltant contre leur état, sont présentées comme ridicules à cause de cette révolte même.[55]

Ce féminisme prend, à la fin du dix-huitième siècle, une nuance particulière, bien sensible dans le personnage de Marceline, et qui fera l'objet de ce chapitre.

Au dix-huitième siècle, en effet, l'institution du mariage a été très ébranlée par les mœurs. Le système est patriarcal et, par l'intermédiaire des lois, exige qu'aucune entorse ne soit faite à l'institution du mariage. La fidélité des époux est sanctionnée par le principe de l'héritage. L'héritage du père doit être transmis à ses fils, et ce principe d'ordre économique est assez fortement ancré dans tous les esprits pour l'emporter sur toutes les idées qui pourraient le combattre. Cependant, les mœurs sont telles que le mariage a de plus en plus de mal à faire respecter son intégrité. Les liaisons irrégulières sont fréquentes et ne sont pas objet de scandale, pas plus que les enfants illégitimes.

Cette situation de fait est réprouvée par la morale, bien sûr, mais de plus, elle a des conséquences sur le plan pratique. En général, on trouve des accommodements et des compromis: fréquemment, le mari et la femme se séparent après avoir assuré leur descendance et réglé ainsi le problème de l'héritage. Les exemples ne manquent pas: depuis le couple Voltaire-mme Du Châtelet (l'existence du complaisant monsieur Du Châtelet et de son fils ne cesse d'étonner des générations d'étudiants en lettres), et jusqu'au roi Louis xv qui, entre la reine, son épouse légitime, la marquise de Pompadour, sa maîtresse en titre, et ses multiples caprices, menait une vie de famille extrêmement compliquée.

Cependant, vers la fin du siècle, cet état de choses ne va plus de soi. La famille bourgeoise est réhabilitée, et l'exemple en est donné par

---

[55] voir Pierre Fauchery, *La Destinée féminine dans le roman européen du 18ème siècle* (Paris 1972).

Louis xvi et Marie-Antoinette. Désormais, il sera de bon ton d'être fidèle, moral et vertueux. La réaction de Rousseau en faveur de la vie simple, son insistance sur l'importance des lois sacrées du mariage, la place grandissante donnée au personnage du 'père de famille' dans la littérature, tout cela trahit le désarroi de la société devant l'impasse où l'avait entraînée la licence des mœurs.

La situation pouvait en effet devenir fort embarrassante: que survienne un contre-temps quelconque, que l'héritier indispensable tarde à apparaître ou qu'il meure avant d'avoir fondé sa propre famille, et voilà le frêle équilibre rompu. C'est ce qui arrive dans *La Mère coupable* de Beaumarchais, où le fils aîné ayant été tué en duel, le Comte, poussé par Bégearss, médite de déshériter son second fils Léon, en réalité fils de la Comtesse et de Chérubin, au profit de sa pupille Florestine, qui est sa propre fille illégitime. Les considérations morales et sentimentales par lesquelles le Comte justifie son acte à ses propres yeux traduisent bien son désarroi, cette impossibilité où il est de concilier la morale et les mœurs (*Mère coupable*, ii.ii, p.478):

Les misérables femmes, en se laissant séduire, ne savent guère les maux qu'elles apprêtent! [. . .] Nos désordres, à nous, ne leur enlèvent presque rien; ne peuvent, du moins, leur ravir la certitude d'être mères, ce bien inestimable de la maternité! tandis que leur moindre caprice, un goût, une étourderie légère, détruit dans l'homme le bonheur . . . le bonheur de toute sa vie, la sécurité d'être père.

Dans l'esprit d'Almaviva, ce n'est donc pas la liaison qui est condamnable, mais son fruit, et cela du côté de l'épouse seulement. Seule, la fidélité absolue de l'épouse permet au père de famille d'être sûr de transmettre son héritage à sa descendance propre, la *sécurité* d'être père. L'apparition du fils illégitime remet en question le système patriarcal dans lequel Almaviva est le maître incontesté. C'est pourquoi il suppose une morale différente pour les hommes et pour les femmes, car c'est effectivement le seul moyen de maintenir ses privilèges. Il souffre beaucoup lorsqu'il constate que sa femme a agi comme lui, car elle a remis en question les bases mêmes de sa conception du monde. Mais il ne lui vient pas à l'idée qu'il est aussi responsable qu'elle, car après tout Florestine n'est pas moins illégitime que Léon.

Cet immoralisme sûr de soi était déjà le sien à l'époque du *Mariage*. Avec son assurance et son sentiment de supériorité, il y apparaissait comme le porte-parole de tous les hommes, et sa morale, entièrement tournée vers la course au bonheur, était celle de ses contemporains. S'adressant à sa femme, qu'il prend pour Suzanne, le Comte expose sa profession de foi (*Mariage*, v.vii, p.351):

LE COMTE. En vérité, Suzon, j'ai pensé mille fois que si nous poursuivons ailleurs ce plaisir qui nous fuit chez [nos épouses], c'est qu'elles n'étudient pas assez l'art de soutenir notre goût, de se renouveler à l'amour, de ranimer, pour ainsi dire, le charme de leur possession par celui de la variété.
LA COMTESSE, *piquée*. Donc, elles doivent tout? . . .
LE COMTE, *riant*. Et l'homme rien? Changerons-nous la marche de la nature? notre tâche à nous fut de les obtenir: la leur . . .
LA COMTESSE. La leur? . . .
LE COMTE. Est de nous retenir; on l'oublie trop.

Le Comte n'est cependant pas un personnage odieux. Il n'y a absolument rien de commun entre lui et le Bégearss de *La Mère coupable*, traître de mélodrame que rien ne rachète.

A propos d'Almaviva, Beaumarchais a pris soin de donner les précisions suivantes: 'Le Comte Almaviva doit être joué très noblement, mais avec grâce et liberté. La corruption du cœur ne doit rien ôter au *bon ton* de ses manières. Dans les mœurs *de ce temps-là*, les Grands traitaient en badinant toute entreprise sur les femmes' (souligné par l'auteur).[56]

Or, c'est précisément contre *ce ton badin* que s'organise, en face du Comte, la coalition des femmes et des serviteurs. Il s'agit pour eux de l'humilier, de le forcer à reconnaître ses torts, de lui ôter ce sentiment de supériorité. La revendication à la dignité est commune à la Comtesse et à Figaro, et la rancune disparaît dès que la dignité est reconnue (*Mariage*, v.xix, p.360):

LE COMTE, *d'un ton suppliant*. Il n'y a qu'un pardon bien généreux . . .
LA COMTESSE, *en riant*. Vous diriez, *non, non*, à ma place; et moi, pour la troisième fois aujourd'hui, je l'accorde sans condition.

Figaro est traditionnellement considéré comme le porte-parole du tiers-état, comme le personnage littéraire qui, plus que tout autre, cristallise et exprime les revendications égalitaires d'une classe frustrée de ses droits. Cependant, Beaumarchais ne s'intéresse seulement aux hommes d'esprit dont la valeur n'est pas reconnue par les grands. Le

---

[56] 'Caractères et habillements', p.255.

problème de l'inégalité de la femme et de sa dépendance vis-à-vis de l'homme a également suscité son intérêt. Cette préoccupation se retrouve, d'une manière ou d'une autre, tout au long de son œuvre. A chaque fois, c'est l'aspect social du problème qui l'intéresse: il s'agit toujours d'une opposition oppresseur-opprimé et Beaumarchais se place, bien entendu, dans le camp des opprimés, c'est-à-dire du côté des femmes avec, en face, le chef de famille qui abuse de ses droits. Dans *Le Barbier de Séville*, c'est Bartholo qui abuse de ses droits de tuteur pour obliger Rosine à l'épouser contre son gré et s'emparer ainsi de sa fortune (IV.viii, p.229):

BAZILE. [. . .] Ne pouvant avoir la femme, calculez, Docteur, que l'argent vous reste, et . . .

BARTHOLO. [. . .] Je me soucie bien de l'argent, moi! A la bonne heure, je le garde; mais croyez-vous que ce soit le motif qui me détermine? [Il signe l'acte de mariage de Rosine et du Comte]

FIGARO, riant. Ah, ah, ah, Monseigneur; ils sont de la même famille.

Dans *Le Mariage de Figaro*, c'est le Comte Almaviva qui est devenu l'oppresseur. Tout en usant de son pouvoir pour exiger de Suzanne l'obéissance au droit du seigneur, il maintient la Comtesse, son épouse, dans un état de dépendance humiliante, il menace de la séquestrer lorsqu'il la soupçonne de quelque infidélité: 'LE COMTE. Et vous vouliez garder votre chambre! Indigne épouse! ah! vous la garderez . . . longtemps' (*Mariage*, II.xvi, p.293). Une scène de fureur maritale se retrouve, étrangement ressemblante, dans un autre siècle, un autre pays, un autre contexte théatral. Dans *La Maison de poupées* d'Ibsen, Nora subit la colère de son époux qui, affolé par la crainte de perdre sa 'réputation' (nous reverrons ce mot bientôt), entreprend tout d'abord de punir sa femme et lui interdit d'approcher désormais ses enfants. L'alarme s'avérant fausse, l'époux demande tout naturellement à être pardonné. C'est bien ce que fait notre Comtesse, trois fois dans la même journée (v.xix, p.360), et telle est effectivement la règle du jeu. Face à la toute-puissance de l'homme et à l'abus qu'il fait de ce pouvoir, la femme ne possède que le pardon 'bien généreux'. Le refus de Nora de jouer le jeu selon ces règles-là est précisément ce qui constitue le scandale.

Cette soumission absolue de la femme au pouvoir de l'homme, qui pourra mieux l'illustrer que Désdémone? Considérée par son époux

Othello soit comme un ange, soit comme une bête lubrique, elle n'est jamais à ses yeux un être humain égal à lui-même, c'est-à-dire avec lequel il entamerait un véritable dialogue. C'est le manque de communication, de dialogue, entre ces deux êtres qui s'aiment qui conduit à l'issue fatale.

Chez ces trois personnages féminins, pris un peu au hasard dans la littérature européenne, la dépendance absolue de l'épouse est une servitude que l'on ressent, que l'on subit, plus ou moins douloureusement selon les époques et les sociétés, mais elle s'accompagne toujours de la non-reconnaissance de l'épouse en tant qu'être humain à part entière.

Les relations entre la Comtesse et son époux dans le *Mariage* sont par conséquent l'illustration d'une situation assez commune. Ce problème de la dépendance de la femme à l'égard de son mari, et de l'homme en général, préoccupe Beaumarchais tout au long de ses écrits. Il y revient souvent, comme nous le verrons, et se plait à l'aborder sous des aspects très divers.

Dans *La Mère coupable*, c'est encore Almaviva qui, poussé par l'infâme Bégearss, abuse de ses droits de père de famille pour faire le malheur de sa femme et de ses enfants. Il veut enfermer la Comtesse dans un couvent, obliger Léon à se faire chevalier de Malte contre son gré, et marier Florentine à Bégearss. Figaro n'aura pas trop de toute son astuce pour déjouer cette machination.

Notons cependant que Beaumarchais ne conteste pas les droits du tuteur, de l'époux, ou du père de famille. Mais il s'élève contre l'*abus* qu'ils font de ce pouvoir. Il y a injustice, en revanche, dans l'opprobre dont est accablée Eugénie, dans le drame du même nom. Lorsque les conséquences de la conduite désinvolte des puissants apparaissent, le ton change: 'Il y a de l'abus . . .' dit Figaro lorsqu'il apprend ce que le Comte exige de Suzanne. Et Lord Clarendon, le séducteur d'Eugénie, est prèsenté comme un perfide et dangereux Lovelace, qui a abusé de l'innocence de sa victime de la manière la plus indigne. 'Le sujet de mon Drame', explique Beaumarchais, 'est le désespoir où l'imprudence et la *méchanceté d'autrui* peuvent conduire une jeune personne innocente et vertueuse, dans l'acte le plus important de la vie humaine'.[57]

Eugénie, en effet, attend déjà un enfant lorsqu'elle apprend que son mariage (secret) avec Lord Clarendon n'était qu'une mascarade dont

---

[57] *Essai sur le genre dramatique sérieux*, p.17.

le but était de l'induire en erreur. En plus du désespoir que lui donne la révélation de la conduite de l'homme qu'elle aime, elle doit alors subir la colère de son père: 'LE BARON. [. . .] Sexe perfide! Femme, à jamais le trouble et le déshonneur des familles!' (*Eugénie*, III.viii, p.57). Ce qui arrive à sa fille étant pour le baron inhérent à sa nature de femme, c'est sur l'ensemble des femmes qu'il jette l'anathème: 'Avez-vous cru violer impunément le plus saint des devoirs? Avez-vous cru vous soustraire à mon obéissance? Tu l'as osé; toutes tes démarches se sont trouvées faussées, tu as été séduite, trompée, déshonorée, et le Ciel *t'en* punit par l'abandon de ton père et sa malédiction (*Eugénie*, III.viii, p.57).

Remarquons en passant l'aisance avec laquelle le Baron met le ciel de son côté. En cela, il ne fait que suivre la morale commune, selon laquelle Eugénie est effectivement punie *parce* qu'elle a été séduite, trompée et déshonorée. A la honte et aux remords s'ajoutent l'abandon du père (aspect économique) et sa malédiction (aspect moral). La seule issue pour la malheureuse est désormais la mort.

L'excès même des malheurs d'Eugénie ne peut que provoquer chez le spectateur pitié et attendrissement. Cet excès ira peut-être jusqu'à susciter en lui des réflexions peu orthodoxes concernant le bien-fondé des reproches faits à l'héroïne. En effet, Eugénie subit un déshonneur auquel elle n'a contribué en rien puisqu'elle se croyait, en tout bonne foi, mariée. C'est Clarendon qui devrait être blâmé; or, ses actes condamnables reçoivent l'approbation amusée de tous les hommes, même de ceux qui ne le connaissent pas personnellement. Sa conduite est considérée comme normale et convenant à un jeune homme de son rang (*Eugénie*, II.xii, pp.47-8):

MME MURER. [. . .] je sais [. . .] que le Comte a d'autres engagements.
LE CAPITAINE. Ah! oui. Quelque illustre infortunée dont il aura ajouté la conquête à la liste nombreuse de ses bonnes fortunes [. . .]
LE BARON, *riant.* Quelque jeune innocente à qui il aura fait faire des découvertes, et dont il s'est amusé apparemment?
LE CAPITAINE. Voilà tout.

C'est d'Eugénie, sa propre fille, que le Baron parle en riant, et son attitude ne change que lorsqu'il apprend qu'il est personnellement concerné.

La situation d'Eugénie est tragique, car elle n'a aucun moyen d'agir sur son propre destin. Son père et sa tante vont essayer de faire pression sur Clarendon, et son frère va le provoquer en duel. Mais seul Clarendon peut la sauver, elle est entièrement dépendante de son bon vouloir, et le drame ne se dénouera heureusement que lorsque Clarendon, pris de remords, décidera de l'épouser. Seul le mariage peut restituer à Eugénie ce que lui enlevait sa malencontreuse grossesse, la considération sociale, autrement dit, la réputation.

Ce problème essentiel du poids de la réputation dans la vie d'une femme revient à plusieurs reprises dans l'œuvre de Beaumarchais. Marceline, par exemple, qui a beaucoup d'expérience et qui a beaucoup souffert, a trouvé une parade contre un état de choses auquel elle ne peut rien changer. Elle cherche dans le mariage la considération qui lui manque: 'la femme la plus aventurée sent en elle une voix qui lui dit: Sois belle si tu peux, sage si tu veux; mais sois considérée, il le faut' (*Mariage*, I.iv, p.265) et elle ira derechef poursuivre Figaro de ses assiduités.

Dans *La Mère coupable* aussi, il est question de réputation: la Comtesse est terrorisée à l'idée de voir sa réputation ternie par la révélation d'une faute vieille de vingt ans. Elle se prête à toutes les machinations de Bégearss pour ne pas en arriver là.

On a reproché à Beaumarchais de défendre les 'femmes de mauvaises mœurs' par la manière dont il présente Marceline. Il s'explique dans la préface du *Mariage*, où il prend parti avec chaleur en faveur d'une révision de l'opinion publique en ce qui concerne ce sujet délicat (p.245):

Certains censeurs du beau monde [...] me reprochaient [...] de les intéresser pour une femme de mauvaises mœurs: — Non, Messieurs, je n'en parle pas pour excuser ses mœurs, mais pour vous faire rougir des vôtres sur le point le plus destructeur de toute honnêteté publique: *la corruption des jeunes personnes*.

C'est Marceline que Beaumarchais charge de développer ce thème, et elle le fait avec beaucoup de véhémence: 'Hommes plus qu'ingrats, qui flétrissez par le mépris les jouets de vos passions, vos victimes! c'est vous qu'il faut punir des erreurs de notre jeunesse' (*Mariage*, III.xvi, p.323).

Les griefs de Marceline sont précis et le personnage mérite qu'on s'y attarde. Beaumarchais est bien conscient de sa complexité lorsqu'il recommande à l'actrice tenant le rôle de s'élever 'avec une fierté bien placée à la hauteur très morale qui suit la reconnaissance du troisième Acte'.[58]

C'est un personnage de comédie traditionnel, une duègne, à qui sa prise de conscience féministe donne une dimension nouvelle, presque tragique. L'auteur tient à souligner l'importance de cet aspect de Marceline, qui risque d'être mal compris. Elle est une 'femme d'esprit, née un peu vive, mais dont les fautes et l'expérience ont réformé le caractère'.[59] Elle n'a pas choisi d'être ce qu'elle est, elle est consciente de sa déchéance et en souffre. Les efforts qu'elle fait pour rétablir sa réputation perdue ne sont ridicules que parce que les obstacles auxquels elle se heurte sont sans commune mesure avec la faiblesse de ses moyens. Elle est enfermée dans un système dont toutes les issues lui sont bouchées: 'J'étais née, moi, pour être sage, et je le suis devenue sitôt qu'on m'a permis d'user de ma raison' (*Mariage*, III.xvi, p.326).

Elle revendique le droit à la 'raison', qui lui a été dénié par son éducation, ainsi que par les circonstances économiques dans lesquelles elle s'est trouvée: 'pendant que la misère nous poignarde, que peut opposer une enfant à tant d'ennemis rassemblés?' (p.326).

Marceline est donc la victime d'un système inique et lorsqu'elle parle de 'servitude', ce mot-clé de toute revendication sociale se trouve immédiatement étayé d'un développement sur la situation économique de la femme, soumise par la loi à une entreprise d'exploitation systématique dont elle n'a pas conscience la plupart du temps, et dont elle ne peut, en tout cas, jamais se dégager. Par delà les différences de classes, c'est l'oppression masculine que dénonce Marceline: 'Dans les rangs même plus élevés, les femmes n'obtiennent [. . .] qu'une considération dérisoire; leurrées de respects apparents, dans une servitude réelle; traitées en mineures pour nos biens' (p.326).

Cette dépendance économique se retrouve à tous les échelons de la société. Si, dans les rangs élevés, la femme ne peut disposer de ses biens, elle ne peut pas davantage obtenir d'indépendance économique dans les catégories moins favorisées de la nation: 'vos magistrats [. . .] nous laissent enlever [. . .] tout honnête moyen de subsister. Est-il un seul état pour les malheureuses filles? Elles avaient un droit nature]

---

[58] 'Caractères et habillements', p.256.
[59] 'Caractères et habillements', p.256.

à toute la parure des femmes: on y laisse former mille ouvriers de l'autre sexe'.

Cette prise de conscience de la dépendance économique de la femme dans la société s'accompagne chez Marceline d'une sorte de conscience de classe qui se manifeste par un jeu d'oppositions dans lequel *nous*= femmes=victimes, alors que *vous*=hommes=oppresseurs. L'aventure personnelle de Marceline est ainsi transformée en un cas exemplaire, et le *je* devient *nous*: 'Je n'entends pas nier mes fautes' dit-elle au début de sa tirade, et elle explique que loin d'être exceptionnelle, sa chute était inévitable (p.323):

[. . .] les séducteurs *nous* assiègent, pendant que la misère *nous* poignarde [. . .] Hommes plus qu'ingrats, qui flétrissez par le mépris les jouets de *vos* passions, *vos* victimes! c'est *vous* qu'il faut punir des erreurs de *notre* jeunesse; *vous* et *vos* magistrats, si vains du droit de *nous* juger [. . .] *votre* conduite avec *nous* fait horreur, ou pitié!

Marceline dénonce l'*abus* que font les hommes de leur pouvoir, et non pas ce pouvoir lui-même. En cela, elle ressemble beaucoup à son fils Figaro qui dénonce l'abus de pouvoir des grands. Comme Figaro, c'est surtout sa dignité qu'elle revendique. Loin de chercher à transformer la société dans laquelle elle vit, elle s'efforce par tous les moyens de s'y intégrer. C'est ce qui explique sa soif de 'réputation'; sitôt qu'elle sera parvenue à se faire épouser par Bartholo, la 'malheureuse fille' cédera la place à 'la plus bonne des mères'.

Mais chemin faisant, Marceline a dénoncé une situation scandaleuse. Ses interlocuteurs sont bien obligés de lui donner raison, ce qu'ils font de très mauvais gré et du bout des lèvres, car ces prises de conscience n'ont rien d'agréable (*Mariage*, III.xvi, p.323):

FIGARO. Elle a raison!
LE COMTE *(à part)*. Que trop raison!
BRID'OISON. Elle a, mon-on Dieu! raison.

Cette prise de position franchement féministe est un trait de l'époque. Dans *Le Deuxième sexe*, Simone de Beauvoir note en effet que

l'idéal démocratique et individualiste du XVIIIème siècle est favorable aux femmes [. . .] Voltaire dénonce l'injustice de leur sort, Diderot considère que leur infériorité a été en grande partie *faite* par la société. Helvétius montre que c'est l'absurdité de son éducation qui crée l'infériorité chez la femme;

d'Alembert partage cette opinion. Condorcet veut qu'elles accèdent à la vie politique.[60]

La plupart des grands noms de l'époque se retrouvent dans cette rapide énumération, ce qui prouve bien que la réflexion sur l'inégalité de la femme dans la société était devenue un lieu commun à la fin de l'ancien régime. C'est un des multiples abus contre lesquels s'arment les philosophes.

Ici aussi, donc, Beaumarchais ne fait que reprendre une idée à la mode, mais il ajoute à ce thème banal une nuance originale et personnelle.

En effet, on n'est pas sans se souvenir qu'il est le frère unique de cinq sœurs, cultivées, spirituelles et aimantes, qu'il veille constamment à leur bien-être même au prix de multiples difficultés (cf. l'affaire Clavigo). On sait également qu'il a été marié trois fois et que ses liaisons sont multiples. Il aime la société des femmes et ne leur ménage pas une admiration qui va bien plus loin que ne l'exigerait la simple courtoisie.

Dans son *Quatrième mémoire* relatif à l'affaire Goezman, nous trouvons une page qui mérite qu'on s'y arrête (*Mémoires*, pp.270-1):

Les femmes, dont le commerce est si charmant qu'elles semblent n'avoir été destinées qu'à répandre des fleurs sur notre vie, les femmes mêmes nous donnent sans cesse la douce leçon de ce courage d'instinct, de cette philosophie pratique; formées par la nature, moins fortes que les hommes, et souffrant presque sans cesse, elles ont une patience, une douceur, une sérénité dans les maux qui m'a toujours fait rougir de honte, moi créature indocile, irascible, et qui prétends à l'honneur de savoir me vaincre. Moins occupées de se plaindre que de nous plaire, on les voit oublier leurs souffrances pour ne songer qu'à nos plaisirs. Il semble que notre estime et notre amour les dédommagent de tous leurs sacrifices.

Objet de mon culte en tous temps, ce sexe aimable est ici mon modèle.

Dans cette même affaire Goezman, Beaumarchais se trouve être, devant le tribunal, l'adversaire de la jeune et jolie madame Goezman. Son attitude envers elle demeure, d'un bout à l'autre, imperturbablement courtoise. A aucun moment il ne se laisse aller à la pente facile de douter de l'honnêteté de la jeune femme qui l'attaque, et cette attitude est d'autant plus remarquable que ses adversaires sont loin d'être aussi délicats sur le choix des moyens pour le perdre. L'insinua-

[60] Simone de Beauvoir, *Le Deuxième sexe* (Paris 1949), i.182.

tion calomnieuse qui ne présenterait aucune difficulté, est toujours le meilleur moyen de déconsidérer une femme ('la réputation'). Il a d'ailleurs découvert certains faits très propres à déconsidérer le ménage Goezman, notamment l'existence d'un bâtard du juge, dont le magistrat a signé l'acte de baptême, mais en donnant un faux nom.

Ce refus de se laisser entraîner vers l'injure personnelle se maintient tout au long des multiples confrontations. 'Avant d'aller plus loin, j'ai l'honneur d'observer à madame, que je lui tiens fidèlement ma parole de ne me venger de ses injures, qu'en la forçant à se contredire' (*Mémoires*, p.78).

Et c'est ce qu'il fait interminablement, poursuivant l'adversaire dans ses moindres retranchements, soulignant les contradictions, les mensonges, les omissions, agacé de reconnaître le style du 'publiciste allemand' dans la bouche de son épouse, pris de pitié pour ce 'trop faible ennemi poussé dans l'arène par la cruauté de ceux qui n'ont pas le courage de s'y présenter eux-mêmes' (*Mémoires*, p.68). C'est au juge Goezman seul qu'il s'adresse: 'Et c'est, monsieur, sous le manteau de madame que vous vous enveloppez pour nous apprendre de si belles choses!' (*Mémoires*, p.150).

Comme on le voit, le féminisme de Beaumarchais n'est pas démuni de galanterie. Selon lui, la place de mme Goezman n'est pas au tribunal, non pas parce qu'elle n'est pas capable de soutenir ses droits: 'Vous étiez, madame, à ces confrontations, la femme forte, la véritable femme forte' (*Mémoires*, p.285) mais parce que là n'est pas la place d'une jolie femme, elle est trop délicate pour cela: 'Ces greffes, ces confrontations, tous ces débats virils ne sont point faits pour les femmes: on sent qu'elles y sont déplacées; le terrain anguleux et dur de la chicane blesse leurs pieds délicats: appuyées sur la vérité même, elles auraient peine à s'y porter: jugez quand on les force à y soutenir le mensonge' (*Mémoires*, p.68).

En somme, Beaumarchais est, en matière de féminisme comme en matière politique, ce qu'on peut nommer un libéral modéré: une Marceline ne doit pas être empêchée de gagner sa vie honnêtement puisqu'elle n'a d'autre moyen de subsistance, mais cette émancipation économique n'est que le triste sort réservé à celles qui ne peuvent faire mieux, à savoir, être charmantes et 'répandre des fleurs sur notre vie', comme il le dit si joliment.

C'est parce que la société est dominée par les hommes que les femmes sont victimes d'abus de pouvoir. Chez tous les personnages féminins de Beaumarchais, nous retrouvons cette revendication commune à la dignité dans la différence. Cette revendication se retrouve même chez mme Goezman qui poursuit Beaumarchais avec tant d'acharnement, et qu'il ne peut s'empêcher de plaindre, la considérant comme la victime de son mari, car celui-ci n'hésite pas à lui faire assumer devant le tribunal l'entière responsabilité des fautes qu'elle n'a commises que pour lui, et lui faire affronter une situation à laquelle ni son éducation, ni son caractère ne lui permettent de faire face.

Naturellement le fait est plus net dans les personnages littéraires féminins qui sont tous, sauf Suzanne, victimes de l'abus de pouvoir des hommes: Rosine est la victime de Bartholo, qui s'arroge le pouvoir de disposer de sa vie et de ses biens; la Comtesse du *Mariage*, est la victime de son époux qui se permet des excès condamnables, alors qu'elle 'languit' oubliée, après trois ans de mariage; dans *La Mère coupable*, la Comtesse est encore la victime de son mari, qui rejette sur elle seule la responsabilité des fautes qu'ils ont commises tous deux; les cas d'Eugénie et de Marceline sont plus graves encore, la première étant victime de son séducteur qui n'hésite pas à la déshonorer pour satisfaire un caprice passager, et la seconde, victime de tous ceux qui ont exploité sa misère et qui refusent d'assumer la responsabilité des fautes qu'ils lui ont fait faire (*Mariage*, iii.xvi, p.322):

> BRID'OISON. C'est clair, [Figaro] ne l'épousera pas.
> BARTHOLO. Ni moi non plus.
> MARCELINE. Ni vous? et votre fils? vous m'aviez juré . . .
> BARTHOLO. J'étais fou. Si pareils souvenirs engageaient, on serait tenu d'épouser tout le monde.

Seule Suzanne, avons-nous dit, échappe au sort commun. Mais c'est précisément parce que ses relations avec Figaro sont d'égale à égal. Leur amour est fait de confiance, de camaraderie et de respect mutuel. C'est même la crainte de voir se perdre cette qualité rare de leurs relations qui plonge Figaro dans le profond désarroi du célèbre monologue. Bafoué dans son amour, Figaro rattache cette humiliation à toutes celles qu'il a subies dans d'autres domaines.

Comme d'autres auteurs de son temps, Beaumarchais réfléchit au problème de la situation de la femme dans la société. Certes, ce n'est pas le dix-huitième siècle qui a inventé l'aventure galante, mais c'est à cette époque qu'on se met à la considérer sur le plan pratique, constatant sans fausse pudeur les conséquences désastreuses d'un état de choses dont tous sont conscients, mais auquel personne ne veut rien changer. Il s'agit donc pour Beaumarchais d'une réflexion sur un des aspects de l'abus de pouvoir, et cette prise de conscience féministe entre dans le cadre beaucoup plus vaste des revendications générales au respect et à la dignité humaine.

Cependant, si l'on situe ce courant féministe dans l'ensemble des thèmes traités dans la littérature prérévolutionnaire, on est obligé de constater que la place qu'il occupe n'est pas bien grande. La tirade de Marceline, si intéressante qu'elle soit, n'a pas été prononcée sur scène, et le personnage littéraire féminin qui domine l'époque est celui de la douce Julie d'Etanges: placée devant le dilemme du choix entre le grand amour qui l'obligerait à rompre toutes ses attaches avec le milieu dans lequel elle a grandi, et la vie familiale traditionnelle, Julie opte pour la soumission et l'obéissance filiale. Cette résignation provoque l'admiration de toutes les lectrices et fait couler des ruisseaux de larmes. La pauvre Julie a bien quelques sursauts de révolte, mais elle se hâte de les étouffer: 'Enfin, mon père m'a donc vendue? il fait de sa fille une marchandise, une esclave, il s'acquite à mes dépends! il paye sa vie de la mienne! [. . .] père barbare et dénaturé! mérite-t-il . . . . . . quoi, mériter? c'est le meilleur des pères; il veut unir sa fille à son ami, voilà son crime'.[61] Très rares sont les personnages féminins indépendants, c'est-à-dire dégagés de toute soumission matérielle à l'égard d'un homme, père ou époux, qui est le maître. La Marquise de Merteuil des *Liaisons dangereuses* est un tel personnage. Mais ici aussi, l'auteur a du mal à admettre cette indépendance puisqu'il présente sa marquise comme un être diabolique. Une fois de plus, la morale et la loi font cause commune pour condamner une femme qui refuse de se plier aux normes de son état.[62]

Et pourtant, Laclos était un féministe convaincu. Dans une lettre admirable (lettre lxxxi), la marquise de Merteuil expose à Valmont les diverses étapes de son éducation. Elle lui explique comment elle est

[61] J.-J. Rousseau, *La Nouvelle Héloïse*, I.xxviii (*Œuvres complètes* (Paris 1959-), ii.94).

[62] voir à ce sujet John Pappas, 'Le moralisme des *Liaisons dangereuses*', *Dix-huitième siècle* (Paris 1970), ii.265-96.

L'auteur y démontre que Laclos est sincère lorsqu'il prétend faire un 'roman moral'. C'est Madame de Rosemonde qui est chargée de délivrer au lecteur le message moral de l'auteur.

parvenue, grâce à la ruse et au faux-semblant, à être ce qu'elle est: une femme dont la réputation est sans tache (ce qui est primordial, nous le savons), mais qui, derrière ce paravent d'honnêteté, se livre sans frein au plaisir de dominer et de briser des êtres qui se trouvent sur son chemin. Or, dans la manière dont la Marquise de Merteuil présente sa cause, nous trouvons un vocabulaire qui n'est pas sans nous rappeler celui de Figaro: elle parle à Valmont comme il parlait à Almaviva: 'Et qu'avez-vous fait, que je n'aie surpassé mille fois? . . . Quelles difficultés avez-vous eu à vaincre? Quels obstacles à surmonter? Où est le mérite qui soit véritablement à vous? Une belle figure, pur effet du hasard'.[63]

Réagissant comme elle le fait au statut de femme-esclave, la Marquise utilise un vocabulaire revendicateur fort voisin de celui de Figaro. Face aux prérogatives des hommes et à leur orgueil, elle défend les droits de la femme, exactement comme Figaro défend ceux de la bourgeoisie face à la noblesse. Tout comme les nobles, les hommes tirent leurs privilèges de leur naissance, et comme eux, ils profitent d'une situation de fait que la raison ne justifie pas. 'A la merci de son ennemi, [une femme] est sans ressource s'il est sans générosité' (Laclos, p.175). Il n'est donc pas étonnant que la Marquise considère les êtres comme des marionnettes dont elle tire les ficelles en jouant de leurs affections à son gré; elle agit par méchanceté pure (elle est qualifiée de diabolique), mais cette méchanceté peut s'expliquer par un sentiment de frustration assez voisin de celui qui anime la mauvaise humeur de Figaro.

Le pacte entre Valmont et la Merteuil . . . révèle l'aspiration (de cette dernière) pour une relation d'égalité et de sincère confiance entre homme et femme, plutôt que cette guerre sociale qui les pousse à devenir maître et esclave, et contre lequel elle se récrie si souvent à travers le roman.[64]

Son état de femme condamne la Merteuil à la vie oisive et superficielle des salons: mais à la fin du siècle, les salons ont perdu de leur importance, et ne sont plus les centres intellectuels de jadis. Des modes venues d'Outre-Manche ont multiplié les cafés, les clubs, les loges maçonniques et autres lieux de réunion dont les femmes sont exclues. De gré ou de force, elles sont réduites à la vie mondaine et aux intrigues

[63] Laclos, *Les Liaisons dangereuses*, lettre lxxxi (*Œuvres complètes* (Paris 1967), pp.174-5).
[64] Pappas, p.273.

amoureuses: la Marquise de Merteuil porte ces activités à leur point de perfection. Mais, si elle avait pu déployer son intelligence brillante dans d'autres directions, celle des affaires ou de la politique, aurait-elle été aussi diabolique? N'oublions pas que Laclos a lui-même activement participé à la vie politique de l'èpoque révolutionnaire, après avoir rongé son frein pendant des années dans des garnisons de province.

Dans cette même lettre lxxxi, où elle raconte comment elle est devenue ce qu'elle est, la Merteuil donne des précisions sur son éducation, d'où il ressort nettement que nous sommes en présence d'une intelligence supérieure, fourvoyée à cause de sa condition féminine dans la direction du mal (Laclos, p.177):

Entrée dans le monde dans le temps où, fille encore, j'étais vouée par état au silence et à l'inaction, j'ai su en profiter pour observer et réfléchir [. . .]

J'étais bien jeune encore, et presque sans intérêt: mais je n'avais à moi que ma pensée et je m'indignais qu'on pût me la ravir ou la surprendre contre ma volonté.

Je n'avais pas quinze ans, je possédais déjà les talents auxquels la plus grande partie de nos Politiques doivent leur réputation [. . .]

Ces 'talents', cette science de l'observation et de la réflexion sont autant de richesses inutiles chez un être 'voué par état au silence et à l'inaction'.

Beaumarchais n'est donc pas le seul à s'intéresser aux revendications féministes et à faire parler ses personnages dans ce sens. Son contemporain Laclos professe dans ce domaine des idées encore plus radicales. D'autres écrivains encore soutiennent des idées analogues. Louvet, dans *Les Amours du chevalier de Faublas* considère le divorce comme le seul moyen dont dispose une femme de régulariser aux yeux de la loi une situation que les mœurs admettent depuis longtemps.

Même Rousseau, dont l'attitude à l'égard des femmes est loin d'être égalitaire, s'oublie jusqu'à prêter à Julie des propos extrêmement violents, alors même que la totalité du roman dont elle est l'héroïne est un hymne à la gloire de la société patriarcale traditionnelle.

Le féminisme qui se manifeste dans les œuvres littéraires de l'époque s'incarne également dans certains personnages historiques. Nombreuses sont alors les femmes qui ambitionnent de sortir des bornes de leur état: mme Roland et mme de Staël sont parmi les plus marquantes, mais elles ne sont pas les seules.[65] Pendant la deuxième moitié du

---

[65] cf. Pierre Trahard, *La Sensibilité* pp.193-206.
révolutionnaire 1789-1794 (Genève 1968),

dix-huitième siècle, on réfléchit à la situation de la femme dans la société et on trouve des analogies entre sa situation et celle de la bourgeoisie.

La pensée féministe occupe une place importante parmi les idées familières au public bourgeois. Dans l'effervescence intellectuelle qui va s'exaspérant au cours de la décennie prérévolutionnaire, la place de Beaumarchais est prépondérante. Comme nous l'avons dit à plusieurs reprises, rien de ce qu'il dit n'est nouveau ni original, mais il propose à son public des formules. Il donne aux idées confuses une forme claire et lapidaire; il contribue, par sa comédie, à transformer les idées en slogans. C'est en cela que le *Mariage* est 'un signe avant-coureur de la Révolution'; c'est de cette manière que Figaro est 'le représentant du tiers-état'. Mais il n'est pas le seul. Sa mère Marceline, elle aussi, parle au nom d'une catégorie d'opprimés: les femmes. Elle fait entendre leur voix avant que les clameurs de la Révolution et de l'Empire ne viennent la couvrir, la ridiculiser, et la réduire au silence, permettant ainsi aux hommes de rétablir à la faveur des guerres, des privilèges ébranlés au temps de la 'douceur de vivre'.

VII

La promotion sociale

Jusqu'à présent, notre étude a porté sur le reflet, dans notre comédie, de la mauvaise organisation de la société.

Passant en revue les plus importantes des institutions, nous nous sommes efforcés de souligner l'attitude critique de Beaumarchais à leur égard. Il s'agissait de démontrer que cette attitude dépassait le domaine du parti-pris littéraire et trahissait chez l'auteur une volonté d'action politique par le biais de la littérature.

Considérant les institutions, les abus et leurs victimes, nous sommes arrivés à la conclusion que Beaumarchais n'innovait en rien mais que, transformant en formules lapidaires des idées jusque-là éparses et souvent confuses, il répondait à un besoin profond de son public: la bourgeoisie montante qui reconnaissait ses idées dans les paroles de Figaro se retrouvait dans le personnage lui-même. La promotion sociale, l'un des buts les plus nettement affichés des individus de cette classe ascendante, est un thème central de la littérature du dix-huitième et du dix-neuvième siècles. Or, on a coutume de considérer Figaro comme l'un des personnages les plus caractéristiques de la lignée des 'parvenus'.

Il nous semble donc nécessaire de réfléchir à ce thème de la 'promotion sociale', et de chercher à découvrir à son propos la convergence d'intentions entre l'auteur et son public, convergence qui provoque le sentiment d'identification de ce public avec le personnage créé par l'auteur.

Figaro est, avons-nous dit, un des personnages littéraires les plus représentatifs de la lignée des parvenus. Ce personnage apparaît dans la littérature française avec Gil Blas et Turcaret de Lesage, mais il s'épanouit surtout dans le roman du dix-neuvième siècle. Précisons qu'il s'agit surtout d'une création romanesque car la durée est indispensable à son développement. La comédie nous en offre cependant un certain nombre au dix-huitième siècle, comme Turcaret dans la comédie de même nom, ou Frontin, dans *Frontin rival de son maître*, tous deux de Lesage. Mais le plus représentatif de ces valets entreprenants est incontestablement Figaro.[66]

---

[66] le Dubois des *Fausses confidences* de Marivaux n'entre pas vraiment dans la catégorie des 'parvenus'. Il est intelligent et fort entreprenant, mais ne cherche pas tirer un profit *personnel* de son action, et c'est là que se situe la différence.

Que Figaro soit la projection littéraire de Beaumarchais lui-même, voilà un des lieux communs de la littérature qu'il serait bien difficile de contester. Pourtant, lorsqu'on s'avise d'examiner le problème de près, on constate que les choses sont bien plus complexes qu'elles n'apparaissent à première vue, et qu'il y a, entre l'auteur et son personnage, une confusion qui mériterait qu'on s'y attarde. Cette confusion se manifeste surtout dans le domaine de la promotion sociale: car ce n'est pas Figaro qui est le parvenu, c'est Beaumarchais.

En effet, la carrière de Beaumarchais et celle de son personnage subissent des trajectoires diamétralement opposées. La trajectoire sociale de Beaumarchais est constamment ascendante, ce qui n'est pas le fruit du hasard, mais bel et bien le résultat d'un travail acharné. En revanche, celle de Figaro subit une dégradation constante de l'une à l'autre des trois époques de la trilogie.

L'ascension de Beaumarchais a frappé ses contemporains: d'artisan horloger à la finance et l'anoblissement, elle culmine après maintes vicissitudes, dans ses activités d'armateur, de fournisseur d'armes aux colonies américaines en révolte, fournisseur en eau de la ville de Paris, éditeur des œuvres complètes de Voltaire (entreprise plus importante sur le plan financier que l'*Encyclopédie* elle-même, qui fut la grande affaire de l'édition au dix-huitième siècle), etc. Ce petit artisan est devenu l'un des personnages les plus riches et les plus influents du Paris des années 1784-1789.

Or chez Figaro, c'est exactement l'inverse qui se produit. Au moment où il apparaît pour la première fois dans le *Barbier*, la situation sociale de Figaro n'est pas sans présenter des analogies avec celle du jeune Pierre-Augustin Caron: tous deux tiennent boutique, l'un à Séville et l'autre à Paris, rue Saint-Denis. Tous deux sont des artisans fiers de leur profession. Le jeune Caron s'est taillé une célébrité dans l'horlogerie, en inventant un *nouveau* système d'échappement, et Figaro raconte au Comte qu'il est 'établi' dans Séville, et le choix du mot montre bien qu'il considère ce fait comme définitif. Il est fier de sa boutique dont il détaille au Comte la description avec complaisance: 'Ma Boutique à quatre pas d'ici, peinte en bleu, vitrage en plomb, trois palettes en l'air, l'œil dans la main: *Consilio manuque*, Figaro' (*Barbier*, I.vi, p.183).

Mais la ressemblance est plus grande encore; c'est sa valeur professionnelle qui permet à Figaro de s'introduire chez Bartholo, ce qui lui donne la possibilité d'offrir ses services au Comte, de même que c'est grâce à ses talents d'horloger que le jeune Caron a pu se faire connaître à la cour, où il s'est ensuite maintenu grâce à ses dons de musicien.

Pour Figaro, comme pour le jeune Caron, la musique complète utilement l'habileté professionnelle: le premier échelon de l'ascension sociale de Caron est cette place de professeur de harpe des filles de Louis xv, et le premier pas dans l'organisation de l'intrigue de séduction du Comte se fait en musique. Quand Rossini fait chanter à son barbier: 'La belle vie, en vérité, pour un barbier de qualité', il ne fait que développer un aspect essentiel du personnage de la comédie. Le barbier de Rossini est le 'factotum de la ville' comme Caron était celui de mesdames. Disponible et ambitieux, tel est le Figaro que le Comte Almaviva rencontre sous les fenêtres de Rosine. Il se met provisoirement au service du Comte et espère en tirer grand profit: 'FIGARO. Je me rends. Allons, Figaro, vole à la fortune, mon fils' (*Barbier*, i.vi, p.183).

Rien ne nous permet de supposer que cette alliance sera autre que provisoire, et rien ne nous permet à vrai dire de comprendre pourquoi Figaro troque sa situation indépendante contre la place à laquelle on le retrouve au matin de la *Folle journée*.

Ce n'est pas chez Beaumarchais que nous trouvons la réponse à cette question. Elle nous est fournie par un autre ambitieux: Gil Blas, qui appartient à la même famille d'esprit que Figaro, en plus de leur commune origine espagnole. Au début de sa carrière, Gil Blas entend une leçon d'ascension sociale dont Figaro essaie à son tour, de tirer parti.

Le métier de laquais n'a que des charmes pour un garçon d'esprit. Un génie supérieur qui se met en condition ne fait pas son service matériellement comme un nigaud. Il entre dans une maison pour commander plutôt que pour servir. Il commence par étudier son maître, il se prête à ses défauts, gagne sa confiance et le mène ensuite par le nez.[67]

C'est bien ce que fait notre Figaro: ayant étudié le Comte, il s'est prêté non pas à ses défauts mais à son amour, il a gagné sa confiance et espère le mener par le nez. Dans la *Folle journée*, il se vante de savoir le faire: 'pour tirer parti des gens de ce caractère, il ne faut qu'un peu leur

[67] A. R. Lesage, *Les Aventures de Gil Blas de Santillane* (Paris 1962), i.66.

fouetter le sang [. . .] Puis, les tient-on fâchés tout rouge, avec un brin d'intrigue on les mène où l'on veut, par le nez, dans le Guadalquivir' (*Mariage*, ii.ii, p.280).

Mais le projet ne s'avère pas aussi facile que l'escomptait Figaro: Almaviva connaît Lesage et ne se laisse pas faire comme les maîtres successifs que Gil Blas a servis. Espérant 'voler à la fortune', Figaro a allègrement quitté l'état d'indépendance qui était le sien au début du *Barbier*. Mais la fortune se fait encore désirer lorsque nous le retrouvons, trois ans plus tard, concierge au château d'Aguas-Frescas. Elle semble proche pourtant, car le Comte pense emmener Figaro avec lui à son ambassade à Londres et laisse entendre qu'il l'aidera à 's'avancer dans les bureaux' . . . Après avoir fait mine de dédaigner la proposition (iii.v), Figaro prend soin de la rappeler à son maître, au moment de la réconciliation génerale: 'Une petite journée comme celle-ci forme bien un Ambassadeur . . .' (*Mariage*, v.xix, p.360).

La fortune attendue à la fin du *Barbier* se fait encore désirer après la *Folle journée*. Certes, la dette envers Marceline a disparu et les dots ont renfloué la situation financière du jeune ménage, mais les ambitions de Figaro planent beaucoup plus haut. Tout porte à croire que cette fois, le départ est vraiment pris pour 'voler à la fortune'.

Or, quand il réapparaît, il a vingt ans de plus, et sa situation sociale s'est encore dégradée. De concierge de château qu'il était, le voilà maintenant serviteur d'un ménage d'exilés. Par ailleurs, non seulement, il n'a plus toutes ces qualités d'insolence et d'indépendance qui formaient l'originalité de son personnage, et qui permettaient d'augurer au mieux de son avenir, mais il semble bien qu'il ait mené pendant tout ce temps une vie bien bien obscure. Ce Figaro, si avide d'argent, n'a aucune ressource personnelle. Il sacrifie 'une année de gages' pour lutter contre Bégearss. Et il ne demande que de la reconnaissance pour toute preuve de remerciement.

Il y a un autre fait relatif à la promotion sociale qui mérite réflexion, c'est celui de l'épouse que se choisit Figaro. La littérature nous fournit à ce sujet des exemples innombrables, et la leçon qui s'en dégage est toujours la même. En matière de promotion sociale, le choix de l'épouse est très important. Ici aussi, nous remarquons chez Figaro un curieux manque d'ambition. Suzanne est certes une charmante soubrette, mais elle est fort éloignée de la position sociale des veuves Franquet et Lévêque, que Beaumarchais a successivement épousées et qui ont servi de tremplin à son ambition. Figaro est donc très loin de mener une vie comparable à celle de son créateur. Est-ce que cette retraite au château d'Aguas-Frescas, sous la dépendance d'un maître faible, spirituel et débonnaire est le rêve caché de Beaumarchais courant les routes et défrayant la chronique? Nous ne savons rien de Suzanne si ce n'est qu'elle est la nièce d'Antonio et que toute son ambition se borne à servir sa maîtresse avec dévouement. Le Figaro qui apparaît dans *La Mère coupable* correspond donc exactement aux ambitions de sa femme, ce qui est une preuve de plus du manque d'initiative de ce personnage que l'on considère comme un intrigant redoutable.

La trajectoire sociale de Figaro est donc diamétralement opposée à celle de son créateur. Si leur situation sociale est assez comparable au début du *Barbier* ils suivent ensuite des voies exactement opposées.

Ce thème de la promotion sociale chez Beaumarchais est donc à considérer de plus près. La contradiction est troublante entre l'ambition que Figaro affiche constamment, le talent et l'activité qu'il déploie, et la minceur des résultats. La comparaison entre Gil Blas et Figaro s'impose, mais la leçon du premier n'est pas utile au second. Placés dans des circonstances analogues, Figaro échoue là où Gil Blas avait réussi. A deux reprises, au début du *Barbier*, et à la fin du *Mariage*, Figaro raconte comment toutes ses tentatives se sont soldées par des échecs. Mieux encore, au Comte qui cherche à le 'sonder', Figaro déclare qu'il 'renonce à la fortune', et qu'il préfère demeurer 'heureux avec [sa] femme au fond de l'Andalousie' (*Mariage*, III.v, p.310). Cette déclaration surprend le Comte, mais elle n'en demeure pas moins la tendance profonde de Figaro, celle qui finira par l'emporter en dépit des mots mots dont il s'enivre et nous étourdit.

A la fin du monologue, Figaro s'effraie de s'entendre dire qu'il est 'désabusé'. Il se hâte de revenir à la réalité, à Suzon; il n'empêche que cette parole qui vient de lui échapper reprend, sur un mode mélancolique, la célèbre profession de foi du début du *Barbier* (I.ii, p.175):

LE COMTE. Qui t'a donné une philosophie aussi gaie?
FIGARO. L'habitude du malheur. Je me presse de rire de tout, de peur d'être obligé d'en pleurer.

C'est encore la même philosophie désabusée que nous retrouvons dans la pirouette de Figaro, en réponse aux reproches de Bartholo:

vive la joie! Qui sait si le monde durera encore trois semaines?'
(*Barbier*, III.v, p.211).

Vaille que vaille, Figaro maintient l'illusion qui s'est détruite.
L'introspection romantique l'effleure, mais il refuse de toute son âme
de s'engager dans cette voie: 'Puis l'illusion s'est détruite, et, trop
désabusé . . . Désabusé! . . . désabusé! . . .' (*Mariage*, v.iii, p.347).
On croirait entendre Chateaubriand. Mais non, un violent coup de
barre relance Figaro dans la bataille. L'angoisse métaphysique est
chassée, et c'est Suzon qui prend sa place: 'Suzon, Suzon, Suzon! que
tu me donnes de tourments! . . . J'entends marcher . . . on vient. Voici
l'instant de la crise' (*Mariage*, v.iii, p.347). Et la folle ronde reprend
de plus belle, après avoir semblé cesser un moment.

Bien qu'issus de la même tradition picaresque et semblables sur
plusieurs points, Gil Blas et Figaro n'en demeurent pas moins très
différents: parti de sa ville natale, Gil Blas court les routes et s'élève
dans l'échelle sociale. Il a prise sur la réalité: il sait choisir ses maîtres,
il sait provoquer des incidents qui favoriseront son ascension. Son
activité se déploie dans un monde qu'il parvient à dominer et à orienter,
en ce qui concerne sa petite personne, selon ses désirs. A la fin de ses
aventures, il est lui-même devenu le noble propriétaire d'un beau
château et l'heureux époux d'une belle dame. Gil Blas est le héros
qui fait rêver les laquais ambitieux encombrant les antichambres des
fermiers-géneraux. Mais Figaro est différent. Avec lui, il s'avère que
les choses ne sont pas si simples, que la réalité ne se laisse pas modeler
selon le rêve des ambitieux démunis de moyens: toute l'énergie de
Figaro est accaparée par le besoin de maintenir l'*illusion* de succès. Or
l'illusion s'est 'détruite' et l'a laissé 'désabusé'. Il ne lui reste rien . . .
Ses échecs successifs provoquent en lui la très romantique tentation du
néant. Sa 'folle gaieté' devient désormais un voile qu'il jette sur le néant
dans lequel il refuse de sombrer. Ceci se dégage nettement des dernières
lignes du monologue telles qu'elles existent dans une variante et que
Beaumarchais a préféré supprimer (Ratermanis, pp.438-40):

Vais-je enfin être un homme? Un homme! Il descend comme il est monté . . .
se traînant où il a couru . . . , puis les dégoûts, les maladies, . . . une vieille et
débile poupée . . . une froide momie . . . un squelette . . . une vile poussière,
et . . . rien! rien! (*Il laisse tomber sa tête sur sa poitrine . . . Revenant
à lui*) Brrrr! En quel abîme de rêveries suis-je tombé, comme dans un puits
sans fond? J'en suis glacé . . . J'ai froid. (*Il se lève*) Au diable l'animal!

Suzon, Suzon, que tu me donnes de tracas! J'ai, sans mentir, du noir un pied carré dans la poitrine. J'entends marcher . . .

Et en fait, l'échec constant de Figaro est masqué par des succès secondaires auxquels il parvient à donner l'*apparence* d'éclatantes victoires. Comme ce n'est pas la morale qui régit le monde mais l'intérêt et la loi du plus fort, la gaieté de Figaro est la seule arme qu'il puisse opposer à une situation sans issue, et son courage est de refuser de s'abandonner au désespoir.

A la fin de la *Folle journée* avons-nous dit, il semble bien que Figaro soit enfin près de 'marcher vers la fortune'. C'est pourquoi on est surpris de le retrouver, dans *La Mère coupable*, serviteur du Comte, et totalement dépourvu de ces qualités d'indépendance et d'insolence qui formaient l'essentiel de son caractère. Sa position sociale s'est dégradée au cours des trois pièces de la trilogie. Il est passé de l'état de barbier indépendant à celui d'intendant de château, puis de serviteur d'un ménage d'exilés. Nul doute que les circonstances politiques ne sont pas étrangères à cette évolution. L'esprit frondeur de Beaumarchais-Figaro ne peut se manifester que dans le cadre de cette société corrompue contre laquelle il fulmine. Mais lorsqu'elle s'écroule, il essaie pathétiquement d'en sauver les débris. Le Figaro valet moralisateur est en réalité le développement naturel de l'insolent barbier. La vieillesse venue, l'insolence, le bavardage et la hâblerie ont disparu, mais le dévouement aux Almaviva demeure, d'un bout à l'autre de la trilogie. On voit bien à quel point Beaumarchais est le porte-parole de cette société privilégiée de l'ancien régime, de ce public 'charmé de s'amuser au dépens de l'autorité, qui consent elle-même à être bernée sur les planches'.[68] Mais quand l'irrespect de cette autorité passe des planches à la rue, Figaro ne suit plus.

Si nous comparons Figaro à l'un de ses successeurs les plus illustres dans la lignée des parvenus, nous pouvons également aboutir à certaines réflexions intéressantes.

La situation de Figaro chez Almaviva comporte certaines analogies avec celle de Julien Sorel chez le Marquis de Môle. Dans les deux cas, il s'agit d'un homme pauvre, intellectuellement supérieur à sa condition, réduit à servir des privilégiés de naissance à l'égard desquels son sentiment varie entre le mépris, la haine parfois, et une estime très relative.

[68] Sainte-Beuve, *Causeries du lundi* (Paris 1853), vi.232.

L'argent occupe une place très importante dans la pensée et dans la vie de Beaumarchais comme dans celle de Stendhal. Tous deux sont hantés par la nécessité d'avoir beaucoup d'argent pour occuper dans le monde la place qu'ils estiment leur être due, et cette hantise se retrouve dans les personnages qu'ils créent. Figaro et Julien ressentent cruellement leur manque d'argent, mais il s'agit moins de pauvreté à proprement parler que du manque de liberté que provoque l'impécuniosité. Pour les deux, un minimum de fortune est ressenti comme absolument indispensable, comme une sécurité, comme la base indispensable qui permet à l'individu de s'épanouir librement.

Mais il y a mieux: chez tous deux, on entrevoit, une fois acquise la fortune première, l'éventualité d'une carrière analogue: dans la diplomatie, et tous deux en Angleterre! La coïncidence mérite d'être signalée. Figaro espère devenir courrier de dépêches de son excellence l'ambassadeur monsieur le Comte Almaviva, et Julien est l'homme d'affaires que le Marquis de La Môle envoie à Londres et introduit dans la meilleure société d'Outre-Manche. Julien, comme Figaro, atteint le point culminant de sa carrière économique et sociale comme subalterne privilégié chez un grand seigneur. Aux deux, cette position apparaît comme un tremplin, le début tant attendu d'une ascension vertigineuse, alors qu'elle se révèle être une fin de parcours.

La volonté de promotion sociale leur est commune de même que l'impossibilité de réaliser ce but en dépit de données personnelles apparemment favorables. Certes, l'échec de Figaro n'est pas aussi net, aussi dramatique que celui de Julien Sorel, mais il échoue néanmoins et l'on ne comprend pas vraiment pourquoi.

D'autre part, Figaro pose un problème qui ressortit à ce que Robert Escarpit appelle 'la sociologie de la littérature'.[69] Ce personnage dépasse très rapidement les limites de l'ouvrage dans lequel il apparaît pour devenir un symbole, provoquant un sentiment d'identification entre lui et le public. Cette identification du public et du personnage provient de la convergence de pensée entre le public et ce que l'auteur lui propose. Or cette convergence, ce contact entre le public et l'auteur dramatique repose sur un malentendu: lorsque nous étudions le personnage de Figaro de près, nous constatons qu'il n'a aucune des caractéris-

[69] Robert Escarpit, *La Sociologie de la littérature* (Paris 1968).

tiques qui font de lui le symbole en qui la bourgeoisie ascendante de la période pré-révolutionnaire se reconnaît.

Entre Gil Blas et Julien Sorel, Figaro occupe une place à part dans la lignée des parvenus. Tout d'abord, notons qu'étant un personnage dramatique et non pas romanesque, il acquiert sa dimension temporelle par sa réapparition dans trois ouvrages dramatiques successifs, très différents l'un de l'autre et reflétant trois époques successives, trois âges. Ce n'est pas Beaumarchais qui a donné à Figaro sa dimension temporelle, c'est l'histoire:

Il s'est passé quelque chose, il s'est passé que *Le Barbier* était de 1775 et *Le Mariage* de 1784 et que *La Mère Coupable* fut représentée pour la première fois en 1792. . . . .
Entre 1784 et 1792, il s'était en effet passé quelque chose, dit l'histoire. On en parle . . .
La Mère Coupable [. . .] est une pièce fort curieuse . . . et surtout admirablement mise au goût du temps. Les autres aussi, les deux premières avaient été dans leur temps mises au goût du temps; ou enfin elles s'étaient naturellement trouvées au goût du temps.[70]

S'étant trouvé 'au goût du temps', le Figaro du *Mariage* devient le porte-parole de sa génération. Le public de la décennie pré-révolutionnaire adopte les propos agressifs et même hargneux du valet insolent. Ils sont l'expression de ses propres préoccupations, parmi lesquelles le thème de la promotion sociale occupe une place de tout premier plan. Il se produit donc un phénomène curieux: le public projette dans un personnage des thèmes qui ne lui appartiennent pas vraiment, et fait d'un déclassé bavard le symbole de l'individu nouveau. Dans l'esprit populaire, ainsi que dans les multiples suites que le *Mariage* a eues, il y a confusion entre la biographie de l'auteur, son ascension sociale vertigineuse, sa célébrité et le bruit de scandale qui l'entourait d'une part, et le personnage qu'il avait créé de l'autre. Figaro et Beaumarchais ne font-ils qu'un? La réponse à cette question est double: l'auteur lui-même s'efforce de créer un personnage distinct de lui-même, mais pour le public le doute n'existe pas: Figaro *est* Beaumarchais, et à tel point que lorsque les circonstances et les péripéties les distinguent l'un de l'autre, le public refuse de tenir compte de cet écart: il fait de Figaro un arriviste, un parvenu, alors que Beaumarchais n'a mis sur scène qu'un raté extraordinairement bavard.

[70] Péguy, *Clio*, p.155.

Comme nous l'avons déjà dit ailleurs, Figaro possède au plus haut point l'art de déguiser ses échecs en succès. Van Tieghem note à ce propos que Figaro est un héros 'baroque' en ce sens que chez lui le 'paraître' l'emporte sur 'l'être'. Grand maître en matière d'illusion, Beaumarchais propose à son public un personnage double: avide d'honneurs et de richesses, faisant trembler les nantis et frayant la voie aux plus effrayants des révolutionnaires de la terreur par la hardiesse de ses propos, Figaro n'est en réalité rien d'autre que le domestique très fidèle de la famille Almaviva, qu'il n'a jamais cessé de servir avec le plus grand dévouement tout au long de la trilogie, et il termine sa carrière de la manière la plus vertueuse qui soit dans *La Mère coupable*.

Dans la *Folle journée* le personnage de Figaro est loin d'épuiser toutes ses potentialités: à la fois sensible et révolutionnaire, Beaumarchais nous le présente en état d'équilibre instable entre deux directions opposées. Généralement, on ne voit à la suite de la *Folle journée* que *La Mère coupable*. Le vieux valet fidèle explique aux critiques certains aspects de l'insolent qui agaçait le Comte à la belle époque du *Mariage*: et cet avatar enlève effectivement à Figaro tout ce qu'il pouvait comporter de dangereux, ou d'agressif. Lorsqu'on voit ce que Figaro est devenu dans *La Mère coupable*, on ne peut plus considérer tout ce qu'il a dit dans le *Mariage* comme étant autre chose que des paroles en l'air. Ce personnage qui faisait si peur n'était, pour reprendre une image de la comédie elle-même, 'qu'un ballon gonflé' (*Mariage*, IV.xv, p.341), et tout ce qu'on en dit n'est que le résultat d'une illusion que l'auteur entretient peut-être, mais dont il n'est pas réellement responsable.

Mais Figaro, après le *Mariage*, devient également autre chose: un général d'armée qui fait une révolution, renverse un tyran et est mis sur le trône par le peuple. Ceci fut joué à Paris en 1787. C'était un opéra, et le 'Figaro sauvage' s'y nommait Tarare.

Dans *Tarare*, en effet le 'Figaro sauvage' (que Beaumarchais avait conçu parallèlement à l'autre) renverse un régime politique inique et est mis sur le trône par le peuple.

Autrement dit, à la fin de la *Folle journée*, le personnage de Figaro n'a pas terminé sa carrière. On le retrouve dans *La Mère coupable*, mélodrame dans lequel il réapparaît effectivement, vingt ans plus tard, entouré de tous les protagonistes du *Mariage* dont l'histoire se termine ainsi dans une apothéose bourgeoise et moralisatrice: c'est Figaro fidèle à ses maîtres. Il les suit en exil, se dévoue et marque ainsi le lien qui unit le 'parvenu' à la société dans laquelle se déploie son ambition et se déroule sa carrière. Lorsqu'elle sombre, il la suit dans la débacle.

Mais Figaro a une autre carrière, qui s'incarnera non pas dans le drame réaliste, mais dans l'opéra. Figaro y entreprend une carrière politique et, sous l'aspect du général Tarare, se saisit du pouvoir. Voilà le Figaro révolutionnaire.

Tarare-Figaro prend le pouvoir dans l'opéra en 1787 . . . Comment cela s'est-il fait? C'est ce que nous verrons au cours du chapitre suivant.

VIII

Tarare *ou la révolution en musique*

La gloire littéraire de Beaumarchais n'a rien perdu de l'oubli dans lequel son opéra *Tarare* est enseveli. C'est une mauvaise pièce, sans intérêt dramatique. Notre auteur s'y montre pitoyable poète, et même versificateur malhabile. Mais cet opéra contient de nombreuses allusions politiques intéressantes.

En composant *Tarare*, qui fut achevé en 1784, un mois à peu près après la première représentation de la *Folle journée*, Beaumarchais obéit à deux préoccupations: il veut transporter sur la scène *lyrique* les allusions *politiques* qui lui ont si bien réussi dans la comédie. Il veut essayer un opéra politique et social. Lui-même le déclare à plusieurs reprises: 'Après quelques essais, je jetais dans la terre, à mes risques et périls, ce germe d'un chêne civique au sol brûlé de l'opéra'.[71] Les contemporains ne s'y trompèrent pas. Grimm résume bien l'idée générale de la pièce et de ce que les spectateurs y cherchaient:

Après avoir dit leur fait aux ministres et aux grands seigneurs dans la comédie du *Mariage de Figaro*, il lui manquait encore de le dire de même aux prêtres et aux rois. Il n'y avait que le sieur de Beaumarchais qui pût l'oser et peut-être même aussi n'est-ce qu'à lui seul qu'on pouvait le permettre.[72]

La tendance politique de l'opéra est donc évidente. Grimm ajoute même que 'Beaumarchais aura toujours le mérite de donner assez adroitement une grande leçon aux souverains qui abusent de leur pouvoir'.[73] Mais dans la pensée de Beaumarchais, *Tarare* devait encore atteindre un autre but. Dramaturge à succès, pamphlétaire redouté, homme d'affaires habile, il avait également l'ambition et l'illusion d'être un grand musicien, capable d'offrir au monde une formule nouvelle: il voulait augmenter l'importance du texte au détriment de la musique et de la danse, car pour lui l'opéra était avant tout une œuvre dramatique. C'est déjà l'opinion de Gluck, ce sera également celle, un siècle plus tard de Debussy et surtout de Wagner. Mais ces théories gênèrent

---

[71] *Réponse à la lettre du comité de l'Opéra* (1790), cité par Marcel Rouff, 'Un opéra politique de Beaumarchais', *Révolution française* (1910), lix.212.

[72] *Correspondance littéraire*, cité par Rouff, p.215.

[73] cité par Rouff, p.216.

passablement Saliéri, que notre auteur avait chargé de la composition musicale de cet opéra, et dont il surveillait étroitement le travail.

D'après Saint-Marc de Girardin, on peut déceler dans *Tarare* une troisième préoccupation majeure: le prologue serait l'écho de l'enthousiasme de Beaumarchais pour la science, enthousiasme qu'il partage avec toute sa génération.

La première représentation eut lieu le 8 juin 1787, et causa une énorme sensation. La reine avait manifesté le désir d'assister à cette cérémonie mondaine, mais elle en fut dissuadée. Le comte d'Artois, en revanche, occupa sa loge. La foule qui se porta à l'Opéra fut telle qu'on dut placer 400 hommes de garde dans les rues et avenues qui conduisaient au théâtre et, pour l'empêcher de s'écraser aux portes, on imagina de la canaliser entre des barrières de bois, innovation qui a survécu à *Tarare*.

Le représentation fut orageuse. Parterres et loges soulignèrent au passage et suivant leurs opinions les vers politiques de la pièce. C'est ainsi qu'au dernier acte, lorsque Tarare s'écrie: 'Oubliez-vous, Soldats, usurpant le pouvoir, / Que le respect des Lois est le premier devoir?' (*Tarare*, v.vi, p.446) les loges royalistes applaudirent à tout rompre, cependant qu'une vingtaine de patriotes – on les appelait déjà ainsi en 1787 – protestaient violemment au parterre.

L'impression génerale fut que l'ouvrage était original, curieux, bizarre, qu'il offrait au spectateur une jouissance philosophique plutôt que des émotions vives.

Depuis la création du *Mariage*, Beaumarchais était l'auteur dramatique le plus célèbre d'Europe. Il reprit donc un ancien projet de création musicale: les premiers brouillons de *Tarare* qui ont été retrouvés sont entremêlés avec ceux du *Barbier*, opéra-comique lui-même à l'origine. Dans le *Mariage*, Figaro raconte qu'il 'broche une comédie dans les mœurs du sérail'. Dans la préface du *Mariage*, écrite en 1784, Beaumarchais dit ceci (p.239):

Oh! que j'ai de regret de n'avoir pas fait de ce sujet moral une Tragédie bien sanguinaire! Mettant un poignard à la main de l'époux outragé, que je n'aurais pas nommé *Figaro*, dans sa jalouse fureur je lui aurais fait noblement poignarder le Puissant vicieux; et comme il aurait vengé son honneur dans des vers carrés, bien ronflants, et que mon jaloux, tout au moins Général d'armée, aurait eu pour rival quelque tyran bien horrible et régnant au plus mal sur un peuple désolé, tout cela, très loin de nos mœurs, n'aurait, je crois, blessé personne; on eût crié: *bravo! ouvrage bien moral!* Nous étions sauvés, moi et mon *Figaro* sauvage.

Bien que parlant de son 'Figaro sauvage' avec ironie, Beaumarchais n'en considérait pas moins que le ton grave et sérieux était beaucoup plus conforme à ses nouvelles préoccupations. Compte tenu du point de gloire où il était parvenu ainsi que de ses nouvelles responsabilités financières et politiques, il estimait qu'il devait changer sa manière et opter pour le solennel, ce qui était d'ailleurs se conformer au goût de son public chez qui l'intérêt pour la république romaine, ses coutumes et son gouvernement, prenait des proportions de manie collective.

Beaumarchais cependant n'alla pas si loin, et ne plaça pas son opéra philosophico-politique sur les bords du Tibre, mais à Ormuz, dans un Orient de fantaisie. *Tarare* débute par un prologue où la Nature, ou 'Génie de la Reproduction des Etres', donne la vie à des Ombres et, hésitant entre Atar et Tarare, décide arbitrairement de faire du premier un despote et du second un simple soldat (*Tarare*, 'Prologue', pp. 387-8):

> Enfants, embrassez-vous: égaux par la nature,
> Que vous serez loin dans la Société!
> De la grandeur altière à l'humble pauvreté,
> Cet intervalle immense est désormais le vôtre
> A moins que de Brama la puissante bonté,
> Par un décret prémédité,
> Ne vous rapproche l'un de l'autre,
> Pour l'exemple des Rois et de l'humanité.

La suite de ce prologue allégorique est une tragédie au cours de laquelle le roi Atar prétend enlever au soldat Tarare son épouse nommée Astasie. Les péripéties, quoique dans 'les mœurs du sérail' ne sont pas sans rappeler celles de la *Folle journée*. Mais *Tarare* est une œuvre bien plus corrosive car on n'y plaisante plus – on y chante des paroles très hardies 'contre la Tyrannie'.

L'humble militaire nommé Tarare incarne la vertu et l'intelligence. Il se dresse contre la tyrannie d'Atar. Par son courage, il surmonte les obstacles et s'élève au plus haut degré de la faveur publique. Il échappe par ses talents à sa condition initiale jusqu'à ceindre la couronne d'Atar qui, se voyant vaincu, s'est poignardé.

Ce spectacle répondait au goût du public. En plus des décors splen-
dides, des riches costumes et de la figuration nombreuse, Beaumarchais
avait multiplié les allusions à l'actualité politique, ce dont le public ne
se lassait jamais: en Tarare, on reconnaissait le général-marquis de La
Fayette, qui venait de rentrer d'Amérique et dont la popularité était
aussi grande que l'était la célébrité de Beaumarchais. Il n'y a donc pas
lieu de s'étonner du succès de cet ouvrage, à la représentation duquel
on se pressait mais qui suscitait pourtant assez peu d'applaudissements,
si l'on en croit Grimm, une fois de plus.

En 1787, il suffisait de déclamer contre la tyrannie pour être écouté,
et à plus forte raison si l'auteur de ces déclamations était Beaumarchais,
dont les démêlés avec le pouvoir royal défrayaient la chronique depuis
une bonne quinzaine d'années.

Pourtant, même Beaumarchais ne pouvait prévoir les services
qu'allait rendre un dénouement qui, au cinquième acte, après la chute
du despote, laissait le pouvoir vacant. En 1787, le héros proclame une
monarchie absolue, mais 'vertueuse'. En 1790, Beaumarchais fait de
Tarare un roi constitutionnel (ce spectacle était prévu pour la fête de
la fédération du 14 juillet 1790). En 1795, dans un remaniement auquel
l'auteur, émigré, ne participe pas, le peuple d'Ormus proclame la
république. A la reprise de 1802, les allusions à l'avènement de Tarare,
général populaire, sont particulièrement bienvenues. En 1819, nouvelle
reprise, nouvelle transformation: on aboutit à une 'monarchie selon la
Charte'. Atar ne se tue pas: il est restauré par Tarare et le peuple lui
prête serment.[74]

Ces allusions à l'actualité politique méritent qu'on s'y attarde. En
1787, à Paris, la politique n'était pas un sujet de conversation parmi les
autres: l'effervescence des esprits se retrouve dans notre opéra raté,
autour du 'Figaro sauvage'. Plus encore que dans le *Mariage*, il y a ici
union de la politique et du théâtre. Mais dans les deux cas l'intention
de l'auteur est la même, et les excès de *Tarare*, opéra manqué, nous
aident à comprendre certains aspects du *Mariage* dont la perfection
nous masque parfois la complexité.

Dans *Tarare*, nous entendons Calpigi, qui aide Tarare dans ses
entreprises, chanter le refrain suivant (IV.viii, p.438):

---

[74] d'après René Pomeau, *Beaumarchais*
(Paris 1962), p.186.

> Va! *l'abus* du pouvoir suprême
> Finit toujours par l'ébranler:
> Le méchant, qui fait tout trembler,
> Est bien près de trembler lui-même.

A l'acte cinq, nous assistons à une discussion entre Atar, le tyran, et Tarare, le condamné à mort, qui lui chante des menaces (v.iii, p.441):

> Je ne puis mourir qu'une fois [. . .]
> Mais souhaite qu'un jour ton peuple te pardonne.

Et puis soudain, voilà la Révolution (v.v-vi, pp.445-6):

> *Une foule d'Esclaves des deux sexes accourt avec frayeur*
> *et se serre à genoux autour d'Atar.*

> CHŒUR D'ESCLAVES *effrayés.*
> Atar, défends-nous, sauve-nous!
> Du Palais la garde est forcée,
> Du Sérail la porte enfoncée.
> Notre asile est à tes genoux.
> Ta milice en fureur redemande Tarare [. . .]

> CHŒUR DE SOLDATS *furieux* [. . .]
> Tarare, Tarare, Tarare!
> Rendez-nous notre Général.
> Son trépas, dit-on, se prépare:
> Ah! s'il reçoit le coup fatal,
> Nous en punirons ce barbare.
>   *Ils avancent vers Atar.*

> TARARE, *enchaîné écarte les Esclaves.*
> Arrêtez! Soldats, arrêtez!
> Quel ordre ici vous a portés?
> O l'abominable victoire!
> On sauverait mes jours en flétrissant ma gloire!
> Un tas de rebelles mutins
> De l'Etat ferait les destins!
> Est-ce à vous de juger vos Maîtres?
> N'ont-ils soudoyé que des traîtres?
> Oubliez-vous, Soldats, usurpant le pouvoir,
> Que *le respect des Lois est le premier devoir?*

Armes bas, Furieux! Votre Empereur vous casse [. . .]
Seigneur, ils sont soumis; je demande leur grâce.

ATAR, *hors de lui.*

Quoi! toujours ce fantôme entre mon Peuple et moi! [. . .]
Défenseurs du Sérail, suis-je encor votre Roi?

UN EUNUQUE.

Oui!

CALPIGI, *le menace du sabre.*

Non!

TOUS LES SOLDATS *se lèvent.*

Non!

TOUT LE PEUPLE.

Non!

CALPIGI, *montrant Tarare.*

C'est lui!

TARARE.

Jamais!

LES SOLDATS.

C'est toi!

TOUT LE PEUPLE.

C'est toi!

ATAR, *avec désespoir, à Tarare.*

Monstre!... Ils te sont vendus... Règne donc à ma place!

Il se poignarde et tombe.

Ce n'est pas une révolution de palais, comme dans les innombrables tragédies qui se sont succédées depuis Corneille, c'est une *révolution populaire*. Tout comme Figaro sous les grands marronniers, Tarare est suivi par *le peuple* dont il est le représentant, dont il tire sa force, et qui lui donne le pouvoir. Tarare est un avatar manqué de Figaro. Il est le maillon qui explique le rapport qu'établit Beaumarchais entre la scène dramatique et la scène politique: 'La Révolution donnera une nouvelle dimension au phénomène musical, celui de la société. On assiste à une sorte de confluence des théories de Diderot et des compositions de Gluck. La musique devient un moyen de communion collective'.[75] Cette convergence entre la musique et les préoccupations sociales se retrouve chez Beaumarchais. Sur le mode comique, puis sur le mode

[75] Georges Snyders, *Le Goût musical en France au XVIIème et au XVIIIème siècles* (Paris 1968), p.170.

194

lyrique, les œuvres de Beaumarchais annoncent la Révolution et y préparent les esprits (*Tarare*, v.x, p.450):

> Mortel, qui que tu sois, Prince, Brame ou Soldat,
> HOMME! ta grandeur sur la terre
> N'appartient point à ton état:
> Elle est toute à ton caractère.

Conclusion

L'étude du *Mariage de Figaro* nous a entraînés vers une réflexion sur les rapports, particulièrement étroits dans l'œuvre de Beaumarchais, entre la littérature et l'actualité.

Notre auteur, en effet, échoue lamentablement lorsque, se choisissant des maîtres parmi les hommes de lettres contemporains, il entreprend de suivre les courants à la mode et composer des drames bourgeois. En revanche, lorsqu'il se 'livre à [son] gai caractère' et que, sans tenir compte des impératifs littéraires prévalents, il s'adresse directement au grand public, il atteint la perfection (*Mariage*, v.iii, pp.345-6):

Je me jette à corps perdu dans le Théâtre [. . .] Je broche une comédie dans les mœurs du sérail; auteur espagnol, je crois pouvoir y fonder Mahomet sans scrupule [. . .] on me dit que, pendant ma retraite économique, il s'est établi dans Madrid un système de liberté [. . .] qui s'étend même [aux productions] de la presse; et que, pourvu je ne parle en mes écrits, ni de l'autorité, ni du culte, ni de la politique, ni de la morale, ni des gens en place, ni des corps en crédit, ni de l'Opéra, ni des autres spectacles, ni de personne qui tienne à quelque chose, je puis tout imprimer librement, sous l'inspection de deux ou trois Censeurs [. . .]

Comme ce sont bien entendu les sujets interdits qui sont les plus intéressants, nous les trouvons tous évoqués dans le *Mariage* où l'on parle de l'autorité, de la politique, de la morale, des gens en place et des corps en crédit.[76]

Quant à l'opéra, ce sera *Tarare*.[77] Dans cet opéra, le successeur de Figaro assume le rôle prophétique d'un meneur de foules qui renverse un trône et fait une révolution.

Tous ces thèmes agressifs, explosifs et si passionnants pour le public de l'époque se retrouvent dans notre comédie où 'tout est dit librement sous l'inspection de deux ou trois censeurs'. Dans ce cas précis, il y en eut neuf . . . mais l'histoire des vicissitudes de la comédie depuis sa composition jusqu'à sa création sur scène mérite un chapitre à part, que tous les biographes de Beaumarchais se font une joie de raconter.

---

[76] voir respectivement les chapitres iv (le droit du seigneur), ii (le gouvernement), v-vi (l'enfant naturel, la condition de la femme), i (la justice) et iii (l'armée).

[77] voir le chapitre viii, *Tarare*, ou la révolution en musique.

Dans l'avant-propos du livre qu'il consacre à Beaumarchais, Frédéric Grendel écrit: 'De tous les écrivains français, Beaumarchais est peut-être celui qui a la plus fâcheuse réputation [...] Dès lors qu'il s'agit de calomnier, nous avons en France des gens "d'une adresse" [...]'[78] C'est que Beaumarchais n'est pas un homme de lettres au sens habituel du terme, et c'est mal le comprendre que de le réduire à cette dimension unique. La littérature n'est pour lui ni une vocation, ni même un métier. C'est un passe-temps agréable dont il s'avise de tirer profit. Il le mettra ensuite au service de ses convictions politiques lorsqu'il aura constaté l'ampleur de l'écho que ses écrits suscitent. L'essentiel pour lui est de 'fronder'. Et c'est bien parce qu'il n'est pas un homme de lettres comme les autres que sa comédie est tellement différente de l'ensemble de la production littéraire de l'époque.

Au moment de sa création, le succès du *Mariage de Figaro* fut pour une large part un succès de scandale. C'est exactement ce que désirait l'auteur! La satire politique comportait de vives attaques contre les institutions la justice, la noblesse et l'armée, ainsi que contre les mœurs politiques, la faveur, l'intrigue, l'arbitraire et tous les *abus*.

'Ma vie est un combat': telle était la devise de Beaumarchais. Combattre, vers 1780, quand on s'appelle Beaumarchais (nom d'emprunt) et que l'on veut enfin jeter le masque, exige à la fois souplesse, rigueur et surtout beaucoup de talent.

Avec *Le Mariage de Figaro*, Beaumarchais jette le masque et le valet se fait tribun. Mais l'auteur soumet son personnage à une alternative, et lui prête deux destins possibles: refusant le sort absurde que lui réserve sa naissance, Figaro-Tarare renverse les tyrans et fait la révolution. Mais lorsque celle-ci éclate pour de bon en 1789, Beaumarchais est effrayé, change d'avis et se rétracte. Il soumet alors Figaro à son autre destin et le fait apparaître, dans la *Mère coupable*, sous les traits d'un vieux serviteur fidèle . . . ce qui est certes le plus triste des avatars de ce personnage multiforme.

Mais avant d'en arriver là, Figaro avait lancé au public de 1789 des formules passées depuis dans le langage usuel, et qui cristallisaient les revendications populaires. *Le Mariage de Figaro* est un ouvrage

---

[78] Grendel, p.47. Grand admirateur de Beaumarchais, Grendel le compare à Leonardo da Vinci pour la multiplicité de son génie.

révolutionnaire dans lequel le citoyen Beaumarchais est débordé par l'auteur du *Mariage*. Il n'est donc pas étonnant que les spectateurs aient été plus loin que l'auteur dans l'interprétation du personnage. Pour tous les contemporains, l'antagonisme de Figaro et Almaviva était celui même qui opposait la noblesse au tiers-état, ce que Beaumarchais niait farouchement pour sa part. Toutes ses dénégations étaient cependant démenties tant par ses actes que par ses prises de position et ses refus de compromis. Beaumarchais se met sur scène et la comédie qu'il présente est celle de sa propre vie. Les autres personnages sont également ceux qu'il connaît et qui l'entourent réellement dans la vie. Après la crise qui l'a secoué en 1773, Beaumarchais estime avoir non seulement à s'exprimer, mais également à agir sur l'esprit de ses contemporains. Voltaire cherchait à agir dans ce même domaine à l'aide de ses contes, baptisés 'petits rogatons', qui atteignaient un grand public grâce à leur présentation légère et agréable. De même Beaumarchais fait tout pour que sa comédie touche le plus grand nombre de spectateurs et fasse réfléchir tous ceux qui, d'une manière ou d'une autre, modèlent l'opinion publique.

Répandre des idées politiques au moyen d'une comédie gaie exige un certain savoir-faire en matière de technique dramatique. Ce sont donc les problèmes de forme que nous étudierons dans notre troisième et dernière partie.

TROISIEME PARTIE

Les problèmes de forme

Introduction

Parvenus à ce stade de notre travail, nous devons nous pencher non plus sur les particularités historiques, psychologiques ou anecdotiques qui composent ce que R. Barthes appelle 'la mythologie personnelle' de notre auteur. Nous devons essayer de dégager le processus de transmutation au terme duquel apparaît l'ouvrage littéraire. Les données historiques nous font malheureusement défaut, qui seraient autant de jalons nous permettant d'étayer notre réflexion et notre raisonnement. De plus, la place relativement peu importante qu'occupe l'activité littéraire dans la vie de Beaumarchais réduit encore davantage le nombre des points de repère. Nous en sommes donc réduits à des conjectures quant à la connaissance des dates exactes de cette création et des préoccupations de notre auteur à la même époque.

Chez les différents biographes, nous retrouvons le même phénomène lorsqu'il s'agit de raconter cet épisode de la vie de Beaumarchais: on raconte ses aventures d'agent secret, on détaille ses activités financières, l'aide aux Américains, l'édition de Voltaire, la création de la société des auteurs; on n'oublie pas les procès retentissants et l'on termine par la liaison avec mme de Godeville, qui passe ainsi à la postérité pour avoir gardé la correspondance de son célèbre amant.

Au chapitre suivant, le *Mariage* est déjà écrit, et il s'agit de le faire jouer. Nous lisons alors des pages pleines de verve sur l'interdiction de Louis XVI, sur les multiples censeurs, sur la campagne publicitaire qu'organise Beaumarchais etc. Mais c'est entre ces deux chapitres que se situe l'événement vraiment intéressant, le seul sur lequel nous voudrions avoir réellement des éclaircissements: la composition elle-même de la comédie. Et là, les renseignements sont rares. Gudin, cependant, nous raconte à ce sujet l'anecdote suivante:

A cette époque, on avait ouvert à Paris un jardin appelé 'Redoute'. Ce jardin devint à la mode et un jour, le Comte de Maurepas avec tous les ministres, alla y passer quelques heures. La semaine suivante, Beaumarchais alla voir M. de Maurepas, et dans la conversation lui apprit qu'il venait d'achever une nouvelle comédie: c'était *Le Mariage de Figaro*. — Et dans quel temps, occupé comme vous l'êtes, avez-vous pu la faire? — Moi, Monsieur le Comte, je l'ai composée le jour où les ministres du Roi ont eu assez de

loisir pour aller tous ensemble à la Redoute. — Y a-t-il beaucoup de réparties pareilles dans votre comédie? dit le Comte, je réponds du succès.[1]

Très grande rapidité donc dans la composition, ce qui ne fait que
confirmer ce que nous savons déjà. De plus, nous trouvons vers la
même époque, dans la correspondance, un des rares passages dans
lesquels Beaumarchais se laisse aller à consigner ses réflexions sur l'art
d'écrire sans les destiner au public. Les préfaces, qui sont des réponses
aux attaques des critiques, contiennent certes de précieux renseignements, mais comme elles sont destinées au grand public, elles sont
beaucoup moins spontanées que ce développement adressé à sa maîtresse mme de Godeville et dans lequel il se moque de lui-même et de
ses premières tentatives en matière de création littéraire:

Vendredi 8 Juillet 1777

[. . .] le mérite de la difficulté vaincue m'a toujours paru un fort sot avantage
en matières littéraires. J'y suis tombé moi-même une fois; cela m'en a guéri
pour toujours. Je voulais envoyer quelque chose à M. de Voltaire. J'imaginai
de faire sur l'optimisme une trentaine de vers en rimes redoublées. La
matière s'agrandissant sous mes doigts, m'entraîna. Mais il ne me fut plus
possible de changer de rimes: cela eut fait une dissonance affreuse. La
difficulté augmentait en marchant. Bref, j'ai fait près de 500 vers sur deux
rimes, et, mécontent de l'inégalité du travail, je ne l'ai pas envoyé, quoique
ce soit un des plus grands tours de force qu'on ait fait en poésie. Quelle
sottise! *Plaire, amuser, intéresser: voilà le but des arts agréables.* L'étonnement, l'admiration même est stérile et étrangère au cœur.[2]

C'est un des rares textes concernant l'activité littéraire que nous
trouvions dans la correspondance de notre auteur, et il convient de
signaler, une fois de plus, l'importance primordiale qu'il accorde au
but qu'il se propose, ainsi qu'au registre dans lequel il se cantonne: les
arts *agréables*, pour l'auteur autant que pour le spectateur et, dans ce
domaine limité, il s'agit non seulement de *plaire* (ce que disait Molière),
mais aussi *d'amuser*, et le choix de ce terme réduit d'emblée la portée
didactique et morale de l'ouvrage. Quand bien même Beaumarchais
proclamera bien haut avoir des intentions morales, nous devrons être
très circonspects quant à la sincérité de la proclamation. L'époque est

---

[1] cité par Saint-Marc de Girardin, dans
son introduction aux *Œuvres complètes de
Beaumarchais* (Paris 1835), i.9.

[2] *Correspondance*, iii.149. Ce poème,
L'Optimisme, est reproduit par Loménie,
Beaumarchais et son temps (Paris 1856),
i.494-501.

vertueuse, ou du moins elle aime parler de vertu. La critique sociale est à la mode, l'honnêteté est un thème qui plaît: 'J'ai toujours pensé que vous n'aimiez pas ce qui était aisé. J'en juge par la hardiesse que vous avez eue de faire rire malgré elle au théâtre notre tendre nation, qui ne veut plus que pleurer ou être intéressée vertueusement, parce qu'elle n'a plus de vertus', lisons-nous dans la lettre de Collé, du 10 juillet 1777 (*Correspondance*, iii.151), écrite en réponse à la lettre circulaire aux auteurs dramatiques du Théâtre-français envoyée par Beaumarchais le 27 juin 1777.

Collé, qui est 'vieux et dégoûté de tout', selon sa propre expression, est assez désabusé pour ne pas prendre au sérieux l'engouement de ses contemporains pour la vertu. Beaumarchais, en revanche, aime ce thème à la mode et y revient souvent. Mais Collé mentionne un autre élément important de la manière de Beaumarchais: 'La hardiesse de faire rire en une époque où le rire est banni de la scène'. Beaumarchais lui-même reconnaît que son plus grand mérite est d'avoir ramené 'l'ancienne et franche gaieté' qui semblait bannie de la scène française.

Nous nous trouvons donc en possession de plusieurs éléments relatifs à la composition littéraire de Beaumarchais. Il écrit rapidement en cédant à sa gaieté naturelle et à son penchant pour la satire politique. Il veut faire rire ses spectateurs, ramener sur scène la 'franche gaieté' qui semblait en être bannie. Cependant, il prend soin de traiter un sujet vertueux, et répond ainsi au goût de ses spectateurs autant qu'au sien propre.

Ceci dit, nous n'avons toujours pas éclairci le 'mystère de la transmutation', et nous ne savons toujours pas comment naissent et prennent vie les personnages du *Mariage*. On pourrait peut-être aborder ce problème par l'étude des écrits théoriques de Beaumarchais, c'est-à-dire des importantes préfaces qu'il propose aux lecteurs de ses ouvrages et dans lesquelles il expose ses idées concernant la création dramatique. Plus que tout autre, en effet, Beaumarchais s'interroge sur les problèmes relatifs au choix du genre et il a d'emblée l'intuition de ce que Pierre Larthomas appelle 'l'efficacité dramatique', c'est-à-dire la nécessité de subordonner les moyens au but, à la fin. Esprit éminemment pratique, Beaumarchais éprouve le besoin de définir ses buts avant de commencer son ouvrage. Or, au départ, son but est d'écrire une pièce à succès, dans le genre que vient d'illustrer Diderot avec *Le Père de famille.* Ce ne sera que bien plus tard, lorsqu'il aura acquis de l'expérience dans le domaine dramatique et sera devenu célèbre, admiré et fêté de tout Paris, qu'il envisagera de mettre son talent dramatique au service d'une pensée politique, et que le changement de but entraînera une totale transformation des moyens.

I

La réflexion théorique

De son propre aveu, c'est vers 1759 que Beaumarchais a commencé à réfléchir aux problèmes de l'écriture dramatique. C'est l'époque où, en relation d'affaires avec le financier Lenormand, il composait des parades pour la scène d'Etioles. Sa première réflexion prend la forme d'une 'dissertation sur le genre dramatique sérieux ou intermédiaire entre la comédie héroïque et la comédie plaisante'. Tout en s'amusant à écrire des parades auxquelles lui-même n'accorde que peu d'intérêt, il est stimulé par ce petit succès d'auteur de salon, et en arrive à s'interroger plus méthodiquement sur les problèmes de la création, non pas littéraire, mais dramatique. Ce n'est pas par nécessité impérieuse d'exprimer des idées originales, ni pour atteindre à la gloire que Beaumarchais se tourne vers le théâtre, c'est pour faire parler de lui, par souci de publicité, pourrait-on dire, et aussi probablement pour gagner de l'argent.

Le genre dramatique sérieux semblant répondre aux goûts du public, c'est vers ce genre nouveau qu'il s'oriente. Sa réflexion prend d'abord la forme d'une dissertation, mais 'je m'aperçus bientôt qu'une dissertation répondait imparfaitement aux idées dont j'étais rempli'.[3] Autrement dit, la dissertation, devenue dans la rédaction définitive de l'essai, 'quelques idées jetées sur le papier', ne répond pas au but de notre auteur: 'je voulais convaincre dans un genre où il ne faut que persuader' (pp.712-13). On ne peut mieux définir la nécessité de subordonner les moyens à la fin. Cette reprise de la fameuse pensée de Pascal montre à quel point Beaumarchais est déterminé par le souci d'efficacité, par l'importance qu'il accorde à l'influence de ses paroles sur son public. La réflexion de Pascal allait exactement dans le même sens. Chez l'un comme chez l'autre, il ne s'agit de rien d'autre que d'une réflexion sur le style, sur le choix des moyens à utiliser pour obtenir une certaine fin. Chez Beaumarchais, la recherche du résultat immédiat le pousse à changer sa forme d'expression. 'Ce qui m'amena à essayer de substituer l'exemple au précepte. Moyen infaillible quand il réussit [. . .]' (p.713).

[3] *Eugénie*, 'Préface', p.712.

Le premier but de Beaumarchais est donc de faire triompher le genre dramatique à la mode, genre mal défini, bâtard, contesté, mais répondant exactement aux exigences du public contemporain.

Plus exactement, le but premier de Beaumarchais est de réussir à écrire une pièce à succès. Stimulé par les applaudissements à Etioles, il envisage, en homme d'affaires avisé, d'exploiter cette veine. Le public semblant goûter le genre nouveau que Diderot et Sedaine ont mis à la mode, c'est donc sur ce genre que se fixe son choix.

Le Père de famille de Diderot est joué à Paris en avril 1761. Déjà attiré par le théâtre, Beaumarchais reprend son ouvrage avec 'une nouvelle ardeur' après avoir assisté à une représentation du drame de Diderot. Gudin dit que l'émotion que Beaumarchais avait ressentie était telle, et que l'impulsion qu'elle lui donna fut si impérieuse que 'composant presque malgré lui, il traça dans sa touchante *Eugénie* le tableau des dangers où s'expose une jeune fille en manquant à l'autorité paternelle et en écoutant les conseils d'une parente orgueilleuse' (cité par Castries, p.115.

Cette composition daterait donc des années 1761-1762. Alors que ce que m. Pomeau appelle si joliment 'l'intermède espagnol' n'a lieu qu'en 1764-1766. Et *Eugénie* ne fut jouée qu'en janvier 1767. L'ouvrage qu'il avait imaginé fut profondément modifié par la réalité qu'il venait de vivre. Rebuté par les difficultés, il avait abandonné son projet et ne le reprit que plusieurs années plus tard, après avoir lui-même vécu un drame qui lui permettait de mieux camper ses personnages. L'expérience personnelle lui fournissait le moyen de donner à ses personnages une dimension de vie qui leur manquait auparavant. Il avait voulu démontrer l'idée que le drame bourgeois était le genre convenant à ses contemporains. Mais sa propre vie lui fournissait le 'sentiment' et permettait de donner à son ouvrage une force de persuasion nouvelle, bien supérieure à celle qu'il s'efforçait d'atteindre, quand il n'arrivait qu'à 'convaincre par le raisonnement'.

Encouragé par le succès d'*Eugénie*, Beaumarchais écrivit un deuxième drame, *Les Deux amis*, où il s'avisait de mettre au centre de l'intrigue un problème financier. Il s'agissait d'une échéance difficile qui, si elle n'était pas respectée, menaçait de plonger deux familles dans le malheur. Bien qu'il considérât ce drame comme étant 'le plus fortement composé de [ses] ouvrages', Beaumarchais n'en reconnaissait pas moins les défauts, 'le mérite de la difficulté vaincue m'a toujours paru un fort sot avantage en matière de création littéraire', dira-t-il plus tard, ce qui ne l'empêcha pas de récidiver. C'est aussi la seule des pièces où il est question de préoccupations financières assez voisines de celles qui forment l'essentiel de sa vie professionnelle.

Donc dès le départ, c'est un problème de forme que pose la littérature à Beaumarchais et c'est la structure dramatique proposée par Diderot qui lui apparaît comme convenant le mieux au double but qui est le sien: toucher le spectateur tout en lui présentant un miroir fidèle de lui-même. C'est à réaliser cette double ambition qu'il s'attache dans le drame comme dans la comédie. Jacques Scherer note que la genèse de toutes les pièces de Beaumarchais a un caractère de nécessité. Celle du *Mariage* telle que Beaumarchais l'expose lui-même dans la préface, par exemple, se présente ainsi (Scherer, *Dramaturgie*, pp.251-2):

Il voulait, grâce à une 'composition légère', faire 'la critique d'une foule d'abus qui désolent la Société'. Comme ce bourgeois voit surtout des abus dans la noblesse, il lui fallait un personnage de noble qui fût coupable. 'Mais qu'oserait-on dire au Théâtre d'un Seigneur, sans les offenser tous, sinon lui reprocher son trop de galanterie? Voici donc Almaviva rendu nécessaire. Mais sa galanterie 'n'aurait produit aucun mouvement comique' s'il n'avait eu un adversaire à sa taille; aussi Beaumarchais lui a-t-il 'gaiement opposé l'homme le plus dégourdi de sa nation, *le véritable Figaro*', et de la 'lutte assez vive' entre ces deux personnages dont chacun a de nombreuses ressources naît toute l'intrigue.

En concevant ainsi des pièces, ou tout au moins en présentant ainsi leur conception, Beaumarchais se situe dans la famille des écrivains pour qui la rigueur est une valeur littéraire essentielle.

En dépit de cette rigueur et malgré tous ses efforts, Beaumarchais ne parvient pourtant pas à différencier de façon très nette ses personnages, car en réalité, c'est lui-même qu'il met en situation. Il est Figaro, mais il est aussi le Comte. Quant à Suzanne et la Comtesse, elles sont interchangeables et présentent, à elles deux, l'ensemble des traits de caractère que cherche Beaumarchais dans les femmes. Bazile, par ailleurs, est 'fripon mon cadet'. Il est de ceux dont Beaumarchais s'est servi au cours de ses aventures compliquées et multiples, La Morande par exemple. Brid'oison incarne la justice stupide à laquelle il s'est heurté en la personne du juge Goezman. Tous les personnages se ressemblent en fin de compte, tous ont le verbe facile et l'esprit agile, à tel point qu'une

209

bonne partie du comique de Brid'oison provient précisément de sa lenteur, qui n'est d'ailleurs que relative.

Le résultat donne une remarquable impression d'unité: Aguas-Frescas est un monde clos où tous les personnages parlent le même langage: 'On reconnaît qu'une œuvre a du style à ceci qu'elle donne la sensation du fermé; on reconnaît qu'elle est située, au petit choc qu'on en reçoit, ou encore à la marge qui l'entoure, à l'atmosphère spéciale où elle se meut'.[4]

Cette réflexion convient parfaitement au *Mariage de Figaro*, où l'auteur nous introduit à la suite de ses personnages dans un domaine enchanté, où la stylisation de la réalité produit une impression de vérité plus convaincante que tout témoignage authentique.

Cependant, Beaumarchais pose un problème curieux sur le plan de la création littéraire, problème que souligne encore le divorce que nous constatons entre la réflexion théorique et son application pratique. Son penchant naturel l'entraîne vers le rire et la franche gaieté; mais il en a un peu honte et, lorsqu'il se lance dans l'activité littéraire proprement dite, il s'impose l'imitation du genre sérieux. Il n'est pas étranger à notre propos de constater que son seul écrit théorique soit précisément l'*Essai sur le genre dramatique sérieux*. Quand il revient à sa nature propre il éprouve le besoin de se justifier. Le succès de sa première comédie entraîne, presque malgré lui, la création de la deuxième. Mais il revient ensuite au genre sérieux, qu'il persiste à considérer comme supérieur malgré les réflexions désabusées que nous avons relevées concernant le mérite de la difficulté vaincue.

Chercher une explication à ce curieux divorce serait assez oiseux. Nous pouvons cependant constater qu'une mésaventure semblable est advenue à Voltaire chez qui d'immenses pans de création littéraire sont aujourd'hui des parties mortes, et qui ne doit la plus grande part de son immortalité, qu'aux œuvres auxquelles lui-même n'accordait que peu d'importance et qui lui sont, en quelque sorte, échappées de la plume, les contes.

Dans le cas de Beaumarchais, un autre élément vient s'ajouter. La critique est à ses yeux de toute première importance. Il s'y soumet de bon cœur et la recherche avec constance: elle est, pense-t-il, inhérente

---

[4] Max Jacob, préface du *Cornet à dés* (1916), cité par G. Antoine, 'La stylistique entre la linguistique et la littérature', *La* *Stylistique*, éd. P. Guiraud et P. Kuentz (Paris 1970), p.31.

au genre qu'il s'est choisi. 'Si la Critique est judicieuse, l'Ouvrage n'a donc pu l'éviter; ce n'est point le cas de m'en plaindre, *mais celui de le rectifier au gré des Censeurs*, ou de l'abandonner tout à fait' (*Essai sur le genre dramatique sérieux*, p.6).

Donc, quand il écrit, il vise à la reconnaissance immédiate par le public, à ce que P. Larthomas appelle 'l'efficacité dramatique', et il n'accorde d'intérêt et d'importance à ses écrits que dans la mesure où ils sont sanctionnés par le succès le plus immédiat et le plus bruyant.

Beaumarchais est sensible au succès qui stimule et fouette son talent. Ce n'est que lorsque les louanges le soutiennent qu'il donne le meilleur de lui-même. Ce besoin constant de plaire l'entraîne à réfléchir sur les moyens d'y parvenir et c'est ainsi que nous trouvons chez notre auteur des réflexions très nombreuses sur le style, c'est-à-dire sur les moyens, les techniques dont la mise en œuvre est nécessaire pour plaire au public.

Beaumarchais reprend avec vigueur l'affirmation de Molière, selon laquelle l'unique règle est de *plaire*. Et chemin faisant, il établit très vite une distinction très nette entre les ouvrages destinés à la scène et ceux destinés à la lecture. Le but étant différent, il y a différence de moyens. 'Lorsqu'il est moins question de discuter et d'approfondir que de sentir, de s'amuser ou d'être touché, n'est-il pas aussi hasardé de soutenir que le jugement du public ému est faux [. . .]?' (*Essai*, p.7). Autrement dit, le but de l'ouvrage dramatique est de faire sentir, d'amuser et de toucher. Les moyens que l'auteur met en œuvre étant fonction de ce but, et de lui seul, il est absurde de le juger en fonction d'autre chose.

Comme le plus important est de 'toucher', Beaumarchais réfléchit sur le meilleur moyen de le faire, et parvient ainsi à la conclusion très inattendue sous sa plume 'qu'il y a plus d'intérêt dans un Drame sérieux que dans une Pièce comique· Tout le monde sait que les sujets touchants nous affectent davantage que les sujets plaisants, *à égal degré de mérite*' (*Essai*, p.11). Ce que le genre sérieux a de supérieur au genre comique, selon Beaumarchais, tient au fait qu'il est *moral*. '[. . .] dans la plupart des Pièces comiques, à la honte de la Morale, le Spectateur se surprend trop souvent à s'intéresser pour le fripon contre l'honnête homme, parce que celui-ci est toujours le moins plaisant des deux' (*Essai*, p.11) et ce ne sera que lorsque Beaumarchais aura trouvé le moyen de lier le comique à la morale que pourra apparaître Figaro.

Entre temps le moyen de faire rire a changé de nature: on rit *avec* Figaro, plutôt qu'on ne rit *de* Bartholo.

Le but est donc resté le même; pour Beaumarchais comme pour Molière, il s'agit de faire rire le public. Mais le comique est devenu spirituel et, dans le *Mariage*, le spirituel domine. Personne n'y est risible, si ce n'est des personnages secondaires (Antonio, Brid'oison). On ne rit pas du Comte, mais on s'amuse avec Figaro dont l'esprit contamine ses interlocuteurs.

La transformation s'est élaborée dans les *Mémoires*. Nous avons vu en effet, dans le chapitre sur la justice, que le rapport est étroit entre ce qui est dit dans le *Mariage*, et les démêlés que Beaumarchais a eus avec les tribunaux. Nous avons souligné le fait que c'est à l'aide de ses écrits que notre auteur a trouvé le moyen de retourner une situation qui semblait désespérée, et qui l'aurait été effectivement pour tout autre que Beaumarchais. On ne saurait trouver de meilleur exemple du pouvoir de la plume et du mot écrit.

Rappelons les faits: Beaumarchais, innocent, s'est retrouvé en prison. Le duc de La Blache et le juge Goezman étaient tous deux intéressés à ce qu'il y reste. Mis dans l'impossibilité de faire valoir son droit devant le tribunal, qui lui était hostile, Beaumarchais en appelle à l'opinion publique. Il compose un mémoire, qui sera bientôt suivi de bien d'autres, dans lequel il raconte très exactement ce qui lui est arrivé. C'est la narration du concours de circonstances qui l'a amené là où il est, c'est-à-dire en prison. Les faits ne semblent pas, de prime abord, être particulièrement intéressants et l'on voit mal ce qui a pu passionner le public. Et pourtant, ce public capricieux et gâté de Paris est conquis. 'Quoique [le mémoire] ne roule que sur une narration minutieuse en apparence de petites circonstances peu intéressantes, [Beaumarchais] y a mis tant d'art, tant de précision, un sarcasme si fin et si bien ménagé qu'on le lit avec la plus grande avidité' note Bachaumont dans son journal (cité par Castries, p.202). Contraint par la nécessité d'emporter l'opinion publique, Beaumarchais le fait en mettant les rieurs de son côté. A la faveur de ses déboires judiciaires, il trouve le moyen de faire valoir la justesse de sa cause, ce qui est incontestablement très moral, par le moyen du rire.

'Nécessité est mère de l'invention' disait déjà La Fontaine, et Beaumarchais a mis au point une forme d'esprit nouvelle, la sienne, lorsqu'il s'est trouvé démuni de toutes les ressources traditionnelles des plaideurs C'est cette forme d'esprit, si corrosive, et surtout si efficace, qu'il reprend ensuite lorsque, écrivant une comédie provocante, il 'se rit de tout ce qu'on doit respecter dans l'Etat' (Louis XVI, cité par Campan, p.185).

II

L'efficacité dramatique

L'efficacité, voilà le mot-clé de la pensée et l'action de Beaumarchais. Ce qu'il fait doit être *efficace*, c'est-à-dire obtenir du public une réaction immédiate. En littérature, c'est le théâtre qui l'attire, car il est le genre le plus *payant*, celui où la réaction du public fait partie du processus même de la création. Dans le *Barbier*, Figaro raconte ses déboires: 'De retour à Madrid, je voulus essayer de nouveau mes talents littéraires, et le théâtre me parut un champ d'honneur [. . .] En vérité, je ne sais comment je n'eus pas le plus grand succès, *car* j'avais rempli le parterre des plus excellents *Travailleurs* [. . .]' (*Barbier*, I.ii, p.174).

Autrement dit, le succès au théâtre dépend d'une certaine organisation non-littéraire. Le talent étant considéré comme donné, il faut, pour qu'il soit reconnu, orchestrer son succès. Figaro l'a fait, et a pris à son service des 'travailleurs', qui ne jugent ni ne pensent et dont le seul travail est d'applaudir – ce qui est censé entraîner l'adhésion des critiques.

Au théâtre, il y a relation étroite entre le créateur et le public, par l'intermédiaire de l'acteur. Pour que la pièce ait du succès, sa valeur intrinsèque compte peut-être moins que toutes sortes de détails en apparence secondaires, mais en réalité essentiels. Bien entendu, le texte de la comédie est le cœur qui fait vivre cet ensemble complexe, mais Beaumarchais ne néglige aucun élément extérieur et nous savons que la campagne publicitaire qui a précédé la première représentation du *Mariage* est un chef-d'œuvre du genre.

Tous les éléments de l'invention comique sont liés en vue d'atteindre un certain but, qui est de faire rire un certain public. Or, comme tout le monde ne rit pas des mêmes choses, l'auteur s'impose, dans tous les détails et à tous les instants de sa création *un choix* qui est fonction du public auquel il s'adresse.

Le public des parades était fait de grands seigneurs et de riches financiers qui prenaient plaisir à 's'encanailler'. C'est aux parades qu'allait rire le public cultivé qui appréciait tant, sur la grande scène, le drame bourgeois et les grands problèmes qu'il traitait: même public, et deux genres opposés. Beaumarchais lia les deux genres et y ajouta un troisième élément, la politique, dont ce même public était passionné. Ce choix que s'impose Beaumarchais lors de la création aboutit à une unité de ton très particulière. Lui-même se vante d'avoir voulu ramener la 'franche gaieté' de l'ancienne comédie. Car on ne riait pas sur le théâtre français; la mode était aux larmes que provoquait le 'drame bourgeois' et le terme de 'Comédie *larmoyante*' est significatif à cet égard. Parallèlement aux ouvrages 'sérieux', qui renvoient au public son image dans une attitude noble et pleine de morale, Beaumarchais lui présente le revers de la médaille: le Comte ayant toutes les qualités, sauf le respect d'autrui, on nous montre comment il est puni. Beaumarchais précède donc son public dans sa propre direction et donne à ses contemporains les moyens de préciser leurs idées dans le domaine des mœurs socio-politiques, et ceci de la manière la plus bruyante et la plus tapageuse. Y a-t-il lieu dès lors de s'étonner du scandale qui a accompagné cette création? Rien ne pouvait mieux servir les intentions de notre auteur. Rien ne pouvait être plus 'efficace'.

III

L'intrigue

a. *L'organisation de l'intrigue*

'Qui diable est-ce donc qu'on trompe ici? Tout le monde est dans le secret!' se demande Bazile dans une des scènes les plus amusantes du *Barbier* (III.xi, p.216). Beaumarchais aime ce genre de situation: les données étant connues de tous, il brouille les cartes à plaisir et fait en sorte que personne ne s'y retrouve: chaque personnage interprète d'une manière différente des faits donnés et agit en conséquence. Beaumarchais oblige ainsi le spectateur à interpréter la situation dramatique proposée de plusieurs manières simultanément.

Ainsi, dans le *Barbier*, Bazile finit par se retirer sans comprendre ce qui se passe. Mais le spectateur a compris, lui. Pour Almaviva, Rosine et Figaro, la présence de Bazile est inopportune parce qu'il risque de dévoiler à Bartholo qu'Alonzo n'est pas l'élève qu'il prétend être. Pour Bartholo, d'autre part, Bazile ne doit pas parler en présence de Rosine, car, étant donné ce que lui a révélé le prétendu Alonzo, elle risquerait d'apprendre qu'Almaviva est dans la ville: 'Deux, trois, quatre [intrigues] à la fois; bien embrouillées, qui se croisent' (*Mariage*, II.ii, p.281).

Dans le *Barbier* cependant, le ton est à la joie et à la gaieté. Le jeu sur le quiproquo provoque le rire et réjouit le spectateur, car il approuve le but de Figaro et des deux jeunes gens.

En revanche, dans *La Mère coupable*, le canevas est analogue, mais le ton a changé. L'intrigant qui tient les fils dans lesquels se débattent les personnages n'est plus le gai et aimable Figaro qui déployait son astuce pour faire triompher la bonne cause: c'est le méchant Bégearss dont la tortueuse intelligence met en péril le bonheur et la tranquillité d'une famille à laquelle va notre sympathie. Ici aussi, nous avons deux, trois intrigues, bien embrouillées et qui se croisent, mais elles sont dangereuses et il s'agit de les déjouer.

Dans *La Mère coupable*, en effet, Léon, fils du Comte et de la Comtesse Almaviva, aime Florestine, pupille du Comte, et voudrait l'épouser. Mais en réalité, Florestine est la fille du Comte: Léon est donc son frère, et il lui est impossible de l'épouser. Mais ce n'est là que la moitié de la vérité, car Léon n'est pas le fils du Comte, mais de Chérubin, mort il y a vingt ans. Rien ne s'oppose au mariage si ce n'est Bégearss qui, pour arriver à ses fins, procède en sorte que chacun ignore une partie de la vérité. Il fait donc connaître aux deux jeunes gens la vérité sur la naissance de Florentine. Ils se croient alors frère et sœur et, la mort dans l'âme, renoncent à leur projet commun. En outre, ils s'engagent à garder le secret pour ne pas déshonorer leur père: 'Dévoiler la honte d'un père, ce serait un crime . . .' dit Bégearss à Léon bouleversé (*Mère coupable*, II.xx, p.489).

La Comtesse, de son côté, a un secret qu'elle ne peut dévoiler: celui de la naissance de Léon. Bégearss lui fait comprendre que le Comte doit continuer à ignorer ce fatal secret et que son humeur sombre provient de sa douleur de voir grandir sous son toit un amour qu'il sait coupable (*Mère coupable*, III.ii, p.495):

Jugez de sa frayeur en voyant ces enfants amoureux l'un de l'autre! Ne pouvant dire son secret, ni supporter qu'un tel attachement devînt le fruit de son silence, il est resté sombre, bizarre; et s'il veut éloigner son fils, c'est pour éteindre, s'il se peut, par cette absence, et par ces vœux, un malheureux amour qu'il croit ne pouvoir tolérer.

La Comtesse, bouleversée elle aussi par cette nouvelle, se laisse entraîner par le traître à faire exactement le contraire de ce qu'elle devrait faire. Au lieu d'avouer sa faute à son mari et rendre ainsi possible le mariage des deux enfants qui s'aiment, elle est amenée à brûler les lettres compromettantes. Elle favorisera l'union de Florestine avec Bégearss. 'L'héroïne vieillie du *Barbier de Séville* ne défend pas "la jeunesse et l'amour". Ils sont immolés sans débat aux intérêts et à l'égoïsme de la génération précédente'.[5]

Mais ce n'est pas encore tout: le Comte connaît la vérité, puisque Bégearss, en faisant semblant de s'y opposer, lui a donné la possibilité de découvrir les fameuses lettres. Il sait donc que Léon n'est pas son fils, ce qui ne fait que confirmer ses sentiments et l'encourager à le chasser. Mais il ne faut pas que la Comtesse sache que le Comte sait, puisqu'elle consent à ce triste sacrifice des lettres pour effacer les traces de sa faute, et Bégearss persuade donc le Comte de suivre son ressentiment et de divorcer. Le but de Bégearss, en montant cette machination,

[5] Gérard Bauër, *Théâtre de Beaumarchais* (Paris 1950), p.218.

est de s'approprier la fortune du Comte qui sera devenue la dot de Florestine. L'échafaudage est fragile. Il faut, pour que Bégearss triomphe, que les personnages ne se parlent pas, et que chacun soit persuadé de son côté de la nécessité de garder le secret.

Cette intrigue à la fois fragile et compliquée met en lumière les défauts de la technique dramatique de Beaumarchais: il présente ses personnages dans une situation fluide, essentiellement instable où le but final étant donné, chacun agit selon son tempérament et ses intérêts profonds. L'intérêt de Figaro dans le *Barbier* était de favoriser les amours du Comte et de Rosine. Dans le *Mariage*, il s'agissait de l'empêcher de lui 'souffler sa femme'. Dans les deux cas les buts étaient honnêtes et même lorsque les moyens employés pour y parvenir ne l'étaient pas, le spectateur entrait dans le jeu. Ici, l'intrigant est devenu un méchant, un 'Tartuffe', et nous sommes intéressés à son échec. Cependant, le principe d'action reste le même (*Mère coupable*, IV.iv, p.506):

SUZANNE. Quant à la politique? . . .

BÉGEARSS. Ah! c'est l'art de créer des faits, de dominer, en se jouant, les événements et les hommes; l'intérêt est son but; l'intrigue son moyen: toujours sobre de vérités, ses vastes et riches conceptions sont un prisme qui éblouit [. . .] elle exige de hauts talents; le scrupule seul peut lui nuire; c'est le secret des négociateurs.

Le couplet rappelle, verve en moins, celui du *Mariage* (III.v, p.310) sur le même sujet:

LE COMTE. Il ne faudrait qu'étudier un peu sous moi la politique.

FIGARO. [. . .] feindre d'ignorer ce qu'on sait, de savoir tout ce qu'on ignore; d'entendre ce qu'on ne comprend pas, de ne point ouïr ce qu'on entend; surtout de pouvoir au delà de ses forces; avoir souvent pour grand secret de cacher qu'il n'y en a point [. . .] tâcher d'ennoblir la pauvreté des moyens, par l'importance des objets: voilà toute la politique, ou que je meure!

LE COMTE. Eh! c'est l'intrigue que tu définis!

FIGARO. La politique, l'intrigue, volontiers; mais comme je les crois un peu germaines, en fasse qui voudra!

Chez Beaumarchais, le mot 'intrigue' a toujours un sens double: c'est à la fois l'ensemble des événements qui forment le nœud de la pièce de théâtre qu'il propose à ses spectateurs, et aussi l'ensemble des combinaisons secrètes et compliquées visant à faire réussir ou manquer une affaire à laquelle sont intéressés ses personnages. Bégearss est un grand maître de l'intrigue, et il sait parfaitement manœuvrer et dominer les hommes: 'Suzanne. [. . .] Monsieur ne parle de vous qu'avec enthousiasme, ma maîtresse vous porte aux nues, son fils n'a d'espoir qu'en vous seul, notre pupille vous révère . . .' (*Mère coupable*, iv.iv, p.506).

Le théâtre de Beaumarchais est l'ouvrage d'un homme beaucoup plus intéressé par la politique que par les sentiments. C'est pourquoi le personnage principal est toujours celui qui agit, ou qui manœuvre pour faire agir les autres. En dépit de son intérêt apparent, cette voie aboutit à une impasse, car ce sont les sentiments qui forment l'essentiel de la thématique proprement littéraire. Mais il est intéressant de remarquer que le procédé du 'retour des personnages', dont on parle à propos de Balzac, se trouve déjà ici, porté sur la scène, et communiquant aux personnages cette sorte de troisième dimension qui prolonge leur existence et leur rayonnement hors du 'microcosme scènique' vers le 'macrocosme théâtral' et de là vers une réflexion sur le social et le politique. Chez Beaumarchais, en plus, le théâtre débouche sur l'histoire: 'Or, dit l'Histoire, en 1792, il y avait d'autres premières que la première de *La Mère coupable*. Il y avait même une certaine concurrence'. C'est Péguy (p.163) qui fait ainsi parler l'histoire, et il poursuit (p.166):

Qu'un homme ait vu, dès 1792 et avant, qu'il était né dans l'histoire du monde, qu'il venait de naître non pas seulement un fils de Chérubin, mais exactement *un autre Tartuffe*, un deuxième Tartuffe et une deuxième tartuferie, voilà ce que j'appelle un événement, dit l'histoire, et voilà ce que j'appelle une vue.

Il faut tout de même avouer, dit l'Histoire, que créer en 1792 cette expression *l'autre* Tartuffe prend tout de même une singulière valeur. Et un sens et une extraordinaire portée. Enfin c'est une expression qui se voit. Que dès 1792, un homme ait vu, ait écrit que ça allait recommencer exactement pareil sur l'autre bord, que c'était déjà fait, que c'était déjà commencé; cela, dit l'Histoire, n'a qu'un nom; c'est un coup de génie, et un homme comme ça, c'est ce qu'on a toujours nommé un homme de génie. Pourvu seulement, à cette seule condition, à cette seule exception près: Pourvu que ce ne soit pas un homme d'esprit.

C'est dans *La Mère coupable*, drame sérieux, que les défauts inhérents à la technique dramatique de Beaumarchais apparaissent avec évidence. La complexité de l'intrigue du *Mariage* n'est pas moins grande, mais tout y passe à la faveur de la continuelle gaieté. Quand cette gaieté disparaît, les défauts sautent aux yeux.

'Le mérite de la difficulté vaincue m'a toujours paru un fort sot avantage en matière littéraire' écrivait Beaumarchais à mme de Godeville en 1777 (*Correspondance*, iii.149). Et les résultats ne viendront certes pas le démentir: lorsqu'il s'acharne à écrire selon les règles du moment, lorsqu'il entreprend de soumettre sa fantaisie aux théories littéraires prévalantes, le résultat est déplorable. En écrivant le *Mariage*, au contraire, Beaumarchais donne libre cours à sa fantaisie, à sa verve, à son originalité. L'intrigue est son élément, de même que l'esprit caustique et, pourrait-on presque dire, le bagout. En écrivant, selon son propre aveu, 'très vite', il parvient, grâce à cette rapidité même, et au rythme étourdissant qu'il imprime à son intrigue, à présenter un ouvrage dont la perfection provient, en quelque sorte, de la somme de ses défauts . . . Telle est la curieuse conclusion à laquelle on parvient en réfléchissant aux problèmes de l'écriture dramatique du *Mariage de Figaro*. En effet aucune intrigue de théâtre ne contient autant de ressorts que celle du *Mariage*. La machine est montée non pas dans une vue d'ensemble initiale mais par adjonctions et corrections successives; le miracle est que l'action tienne, de si près qu'on y regarde. Rien de moins vraisemblable que le détail de cette intrigue, où des difficultés sont introduites pour le seul plaisir de les résoudre. La main de l'auteur s'y sent à chaque instant. Nous sommes en présence d'une œuvre de fantaisie pure, d'un jeu comique gratuit, *mais il se dégage de ce jeu toute une conception de l'homme et du monde*. L'intrigue dès lors, dans ses imbroglios inventés à plaisir, reprend tout son sens et toute sa portée. L'absurdité des événements – Figaro dira leur *bizarrerie* – est précisément mise en valeur par l'invraisemblance des coups de théâtre. Un seul détail infime, une signature oubliée, un saut dans une plate-bande, une épingle perdue, un retour imprévu semblent détraquer le jeu combiné. L'invraisemblance, qui choque si fort dans *La Mère coupable*, devient ici une nécessité, le sens profond de la pièce lui est attaché. C'est que cette invraisemblance, cette complexité, cette absurdité des événements ne sont pas moins que la reproduction sur scène de l'absurdité qui régit le monde et contre laquelle Figaro, c'est-à-dire n'importe qui, n'a d'autre ressource que la gaieté et l'activité fébrile qui masque le néant.[6]

b. *Le mouvement*

Par delà la complexité de l'intrigue, la rapidité du rythme constitue une donnée essentielle de la manière de Beaumarchais. Il convient donc de s'y arrêter, d'autant plus que les deux sont intimement liés.

'On peut s'en fier à lui pour mener une intrigue' remarque Suzanne, à quoi Figaro lui-même rétorque: 'Deux, trois, quatre à la fois; bien embrouillées, qui se croisent' (*Mariage*, ii.iii, p.281). C'est que Beaumarchais prend plaisir à multiplier les difficultés, pour les déjouer ensuite sous nos yeux médusés. Trois sujets au moins sont combinés dans la *Folle journée*: le mariage de Figaro et Suzanne, la reconnaissance de Figaro par ses parents ainsi que la tardive union de ceux-ci, et enfin les frasques de Chérubin, l'adolescent amoureux.

De plus, à toutes ces difficultés s'en ajoute une autre. Alors que dans le *Barbier*, Figaro tenait dans sa seule main tous les fils de la pièce à l'instar de tous les Scapins et les Mascarilles de la comédie classique, ici, la direction des opérations lui échappe à partir de l'acte deux, passant alors aux mains de Suzanne et de la Comtesse, qui doivent d'ailleurs compter souvent sur le hasard.

Les objectifs changent au cours de la pièce, parfois même au cours de l'acte. Cependant, la question essentielle, centrale, et constituant le pivot de l'action, demeure la suivante: Figaro épousera-t-il ou non Suzanne? L'auteur fait entrer chaque personnage dans son jeu de telle sorte qu'il sert la donnée essentielle de la pièce alors qu'il croit travailler pour son propre compte. Le sujet est ainsi élargi et chaque rôle est soumis à une sorte de 'fatum' ironique et charmant, aux démarches inattendues et primesautières et qui pourrait bien être l'amour. C'est d'ailleurs cet aspect surtout qui est développé dans l'opéra de Mozart,

[6] voir à ce sujet Guy Michaud, 'L'intrigue et les ressorts du comique dans le *Mariage de Figaro*', *Mélanges d'esthétique et de science de l'art offerts à Etienne Souriau* (Paris 1952), pp.189-203. L'auteur y présente une analyse structuraliste de notre comédie, lui appliquant la technique d'investigation mise au point par E. Souriau dans *Les Deux cent mille situations dramatiques*. Bien qu'intéressante, cette étude ne nous a pas été utile, car l'auteur se contente d'une réflexion trop formaliste, à notre sens, et ignore délibérément ce que nous considérons comme primordial: la dimension politique.

comme nous le verrons plus loin. C'est ainsi que la complexité de l'intrigue entraîne infailliblement une accélération du rythme.

En effet, il y a dans le *Mariage* une sorte de balancement dramatique, une alternance de progrès et de reculs de la principale affaire, qui forme souvent la matière et toujours la conclusion de chacun de ses actes. Nous retrouvons là un mouvement pendulaire qui est le fruit du travail d'un très habile horloger:

Acte I	Le Mariage autorisé puis ajourné.
Acte II	Le mariage empêché.
Acte III	Le mariage possible.
Acte IV	Le mariage célébré, puis brusquement compromis.
Acte V	Le mariage assuré.

Sur cette trame solide, Beaumarchais brode de multiples arabesques, et, sûr qu'ils ne se détourneront pas du but, semble permettre à ses personnages de suivre leur fantaisie. D'où une succession de poursuites, de jeux de cache-cache inaugurés par Chérubin qui se trouve dans son élément, mais où entrent de force et maugréant, le Comte d'abord et Figaro lui-même. La phrase du monologue: 'On se débat; c'est vous, c'est lui, c'est moi, c'est toi; non, ce n'est pas nous; eh! mais qui donc?' (*Mariage*, v.iii, p.347) résume à merveille le rythme de la pièce, depuis la scène du fauteuil jusqu'aux baisers ou aux soufflets reçus dans l'ombre des grands marronniers.

Les personnages sont jeunes, Chérubin et Fanchette sont à peine adolescents: légers et alertes, ils ont la main prompte et la jambe leste. A plusieurs reprises, les acteurs accomplissent de véritables exploits sportifs pour maintenir le rythme.

Tous ces personnages n'ont qu'une préoccupation en tête, l'amour, dont ils représentent les principales nuances, et chacune d'elles avec l'attitude scénique qui convient. Or la passion (qui n'est pas toujours légitime), contraint chaque personnage à porter un masque. De là, cette sarabande masquée dans laquelle tous sont entraînés, de gré ou de force: même Marceline, Bartholo et Bazile sont pris dans le mouvement général.

Les clans s'opposent: d'un côté Figaro, Suzanne, la Comtesse et en face Almaviva, Bartholo, Bazile, Antonio et Marceline jusqu'au troisième acte. Entre les deux groupes papillonne le couple Chérubin-Fanchette qui brouille tout, éclaircit tout, et semble être l'incarnation même de cet 'aimable aveugle qu'on nomme l'amour' dont parle Figaro et que chante Bazile: 'Si l'Amour porte des ailes, / N'est-ce pas pour voltiger?' (*Mariage*, IV.x, p.337).

Les deux clans se mystifient à qui mieux mieux, et il arrive même à Figaro et à Suzanne de se berner mutuellement. Chacun 'galope' avec mille projets en tête, changeant de direction sans changer de rythme. Si quelqu'un ralentit et ne se maintient pas au rythme des autres, sa lenteur est grotesque: c'est le cas de Bazile, ou bien de Brid'oison dont la solennelle lenteur ne produit d'effet comique que par contraste avec les apartés, chuchotements et mots d'esprit qui fusent autour de lui.

Le ton primesautier et rapide prévaut constamment, et les grandes scènes d'idées du *Mariage* sont significatives à cet égard. Beaumarchais prend très grand soin de ne pas transformer sa comédie en prêche: la tirade de Marceline sur le triste sort des femmes, et dont les acteurs prétendaient qu'elle ralentirait l'action, est supprimée à la représentation. Dans le 'grand monologue', lui-même d'ailleurs autant mimé que parlé, le personnage expose moins une analyse de sentiments qu'une biographie particulièrement chargée; et la cadence endiablée se maintient, d'autant plus que Beaumarchais prend soin de faire succéder à ce long monologue une cascade de scènes extrêmement rapides.

Toutes les tirades d'ailleurs sont autant mimées que parlées:

I.ii	Figaro trace le programme de la 'folle journée'.
II.iv	Le Comte seul sur scène, fait le point de la situation.
III.v	God-dam; Figaro narre les aventures d'un Français ou d'un Espagnol en Angleterre.
v.iii	Le grand monologue. Figaro raconte sa vie.

La rapidité du rythme se manifeste également dans le jeu des acteurs, où abondent pantomimes, danses et jeux de scène: Chérubin poursuit Suzanne (I.vii), le Comte pardonne à Chérubin agenouillé (I.x), les embrassades se multiplient lors de la reconnaissance de Figaro et de sa mère (III.xiii), etc.

Il y là un effort visible de Beaumarchais pour intégrer à l'action dramatique même, les éléments de pantomime et de chorégraphie qui, chez Molière, constituent l'intermède. Cet effort d'intégration va dans le même sens que les tentatives maladroites, dans *Eugénie*, de ne pas couper l'action pendant les entr'actes et la continuer par un va-et-vient de serviteurs, va-et-vient assez curieux dont le but était, selon Beaumarchais lui-même, de ne pas ralentir ni couper l'action.

Il y a également beaucoup à dire sur les entrées et sorties des personnages: ils donnent constamment l'impression d'être poussés sur scène par un sentiment vif, ou d'en être chassés de même. Parfois, par contre, ils surgissent, on ne sait ni d'où, ni comment. Ils arrivent inopinément et saisissent au vol les derniers mots de la scène précédente: Suzanne surprend Bartholo et Marceline (i.iv), Figaro surprend les réflexions du Comte (iii.ii), Chérubin entre en trombe (i.vii), ce qui contraste avec son attitude honteuse plus tard (ii.iv). La tendre entrevue de Chérubin et de sa belle marraine est amorcée, mais les entrées et sorties de Suzanne (ii.vi-x) en empêchent la réalisation. Puis, à la première alerte, Hop! Chérubin saute par la fenêtre (ii.xiv).

Poursuivis, Figaro (ii.xx), Suzanne (iii.ix), ou Chérubin (iv.xvii) surgissent au moment où personne ne les attend. Au début de l'acte trois, la sortie puis le rappel de Pédrille contribuent à manifester l'énervement du Comte.

Quand il se croit sûr des sentiments de Suzanne, le Comte 'se sauve' (iv.xix), avec une agilité digne de Lindor. Bartholo, pour sa part, sort en 'gambadant' (iii.xix) entraîné dans une ronde effrénée, et Fanchette, elle aussi, quitte la scène en 'bondissant' (iv.xiv).

Contrastant avec ces scènes de mouvement, avec cette agitation qui se grise d'elle-même, nous avons un certain nombre de scènes qui sont autant de tableaux. On sait combien Beaumarchais s'est occupé avec un soin minutieux de placer ses acteurs. Les tableaux qu'il vise à reproduire, selon la formule du drame sérieux, sont soit d'allure vive et dramatique, soit apaisés et sentimentaux. Le plus célèbre de ces tabeaux est celui dont Beaumarchais a donné l'indication scènique avec le plus de précision à l'acte deux, scène quatre (pp.282-3): 'La Comtesse, assise, tient le papier pour suivre. Suzanne est derrière son fauteuil, et prélude en regardant la musique par-dessus sa Maîtresse. Le petit Page est devant elles, les yeux baissés. Ce tableau est juste la belle estampe d'après Vanloo, appelée *La Conversation espagnole*'. Nous pouvons d'ailleurs trouver dans le *Mariage* toute une série de scènes qui fourniraient de jolies estampes aux titres faciles à trouver: le jeu du fauteuil (i.ix); le jeu du ruban (ii.vii); le jeu de la clef (ii.xvii); le jeu de l'épingle (iv.ix); et bien d'autres encore, comme la scène seize de l'acte trois, tout entière calculée en vue d'un effet plastique et moral, où l'on voit

Bartholo entouré de toute sa nouvelle famille et qui pourrait bien s'intituler: la reconnaissance.

En plus de l'agilité et la rapidité d'action des personnages et des tableaux vivants qu'organise notre auteur avec un sens très rare de la mise en scène, nous trouvons, dans le *Mariage*, une troisième catégorie de groupes et même de foule. Rétablissant le chœur de la comédie antique, Beaumarchais organise, à l'intérieur de chaque acte, des cortèges de paysans ou de paysannes dont l'ordonnance et la marche sont très variées.

I.x Figaro introduit tout un cortège dans sa chambre pour faire donner à Suzanne par la Comtesse la toque blanche de l'épousée.

II.xxii Marceline a ameuté par ses gestes et ses imprécations contre Figaro les valets et les vassaux du Comte, lesquels sortent en emboîtant le pas à Bazile, devenu à son tour l'objet de leurs risées.

III.xv La présence des paysans dans la salle de justice n'a pas besoin de justification, encore qu'il soit possible que ce soit Antonio qui ait fait venir tout ce monde. L'huissier d'ailleurs les fait sortir sans ménagements.

IV.ix Il s'agit de la cérémonie où Suzanne reçoit enfin sa coiffure, et qui est l'occasion d'une marche méticuleusement réglée: un défilé où est observée une certaine préséance; alguazils, gardes-chasse, paysans et paysannes précèdent les demoiselles d'honneur et les cortèges nuptiaux, intervalles de danses et de musique pendant lesquels se déroulent les cérémonies publiques et le jeu de l'épingle.

V.xii 'Toute la noce' accourt avec des flambeaux aux appels de Pédrille. On commente les événements, on participe aux critiques, et la pièce se termine par le vaudeville et ballet final, auxquels participent les personnages et le chœur.

Il convient de souligner le soin avec lequel Beaumarchais traite les évolutions de ce 'chœur': il lie son entrée à l'action dramatique, il lui impose une discipline esthétique à laquelle collaborent l'éclat, la richesse et le pittoresque des costumes, les effets de lumière et surtout la musique, dont les accents variés et expressifs s'adaptent aux sentiments à exprimer:

II.iv Chérubin chante sa romance.

II.xxiii. Bazile entraîne tout une procession aux sons d'une musique bouffonne: 'Je préfère à la richesse, / La sagesse / De ma Suzon; zon, zon, zon [...]'.

iv.ix   La noce danse le fandango, et on écoute un quatrain de circonstance chanté par deux jeunes filles.

iv.x   Le retour de Bazile s'opère au son d'une musique légère, qui contraste avec la gravité et le costume du personnage.

v.xix   On passe naturellement de la comédie à son vaudeville (dix couplets et un ballet final).

Cette variété de mouvement, d'agitation, est encore soulignée par le décor: Beaumarchais a en effet organisé son décor de telle sorte que ses éléments lui permettent parfois de véritables tours de prestidigitateur:

i.ix   Dans une chambre vide en apparence, le grand fauteuil sert de cachette à deux personnages qui s'ignorent.

ii.vi-xviii   Nous assistons à l'apparition subite de Suzanne au bord de l'alcôve, sa substitution au page, le saut de ce dernier par la fenêtre, pendant que le Comte entre, sort et entre à nouveau, suivi de son épouse éplorée.

Le spectateur assiste à un véritable escamotage que la rapidité et la souplesse musculaire des acteurs seuls rendent possible.

Mais c'est surtout le cinquième acte qui est extraordinaire: ni les personnages, ni le public ne savent plus bien à qui ils ont affaire. Cette fantasmagorie, réglée comme un ressort de montre, produit un effet sûr au théâtre. Les deux 'temples de jardin' qui se font face ne sont plus que des coffrets magiques d'où l'auteur tire ce qu'il veut, à la grande surprise de chacun des personnages concernés: c'est à Antonio qu'il échoit de sortir sa fille, et Bartholo ramène Marceline, sans compter le Comte qui enrage: 'Et toujours le page endiablé! (*Mariage*, v.xii-xix).

Le spectateur se laisse aller à la contagion de la surprise; il oublie ce qu'il sait et partage pour ainsi dire l'ébahissement du Comte qui va de découverte en déconvenue: rien ne plaît tant à Beaumarchais que de mystifier ses spectateurs par des tours de passe-passe; rien dans les mains, rien dans les manches et hop! les voilà qui sortent comme les lapins d'un chapeau.

C'est du théâtre à l'état pur, l'habileté technique dont Beaumarchais fait preuve dans l'organisation de cette chorégraphie rapide, a été imitée par des générations d'auteurs comiques: quiproquos, travestisse-ments, situations instables et changeantes, action rapide et pétillement de l'esprit, le rythme de Figaro est devenu celui de tous les imbroglios comiques qui se sont succédés sur les scènes parisiennes depuis lors.[7]

c. *L'art du prestidigitateur*

La grande originalité des deux comédies de Beaumarchais provient de leur style, au sens large du mot. Entre 1770 et la Révolution, des dizaines de comédies contiennent sur le problème social des propos au moins aussi audacieux que ceux de Figaro. Mais on les a oubliées, et nul n'a songé à faire de leur auteur un annonciateur des temps nou-veaux. Pour qu'une idée porte, il faut qu'elle soit soutenue et par l'expression et par le mouvement général du texte. Sur ces deux points, Beaumarchais est incomparable.

Il a osé créer un rythme dramatique absolument nouveau. Ses scènes sont courtes, ses personnages vont et viennent, entrent et sortent avec une rapidité que ne présente aucune autre comédie avant 1780. Mais ce rythme d'action est la traduction d'un mouvement intérieur: il réflète l'alacrité des personnages. C'est le rythme vrai des pensées et des émotions. On peut remarquer qu'aucune réplique n'a plus de huit lignes. Les exceptions ne font que confirmer la règle. Figaro, dans son bref monologue de la scène deux de l'acte premier, engage un vrai dialogue avec le Comte absent; le monologue du Comte (III.iv) est une suite de phrases hachées, ponctuées d'exclamations, d'interroga-tions, de points de suspension, comme le grand monologue de Figaro à l'acte cinq. Les développements un peu longs viennent du texte primitif du *Barbier* (la tirade des God-dam) ou appartient au régistre du drame bourgeois (comme la tirade de Marceline sur la condition des femmes).

Un exemple particulièrement frappant de cette technique et de son originalité, non pas tant dans le choix du thème que dans la manière de le traiter, se trouve à la scène neuf de l'acte quatre, autrement dit, la scène de la cérémonie de mariage, au cours de laquelle Beaumarchais s'amuse à faire des tours de passe-passe dramatique sur plusieurs plans

---

[7] d'après Jacques Vier, *Histoire de la littérature française: XVIIIème siècle* (Paris 1970), ii.212-70.

simultanément et avec une confondante mæstria. Nous consacrons donc à cette scène une étude approfondie.

Le mariage est un thème habituel du théâtre comique. L'intrigue porte généralement sur le moyen d'écarter les obstacles qui empêchent sa réalisation. Il ne serait donc pas surprenant que le spectacle de la cérémonie du mariage, qui est le but et l'achèvement de l'intrigue, apparaisse très fréquemment sur scène. Ce n'est pourtant nullement le cas.

La cérémonie du mariage est, ne l'oublions pas, une cérémonie religieuse; c'est même la plus imposante de toutes. Mais elle est également, pour tous ses participants, un spectacle et une fête. Ce spectacle est, bien entendu, d'autant plus somptueux que les familles sont riches et d'un rang élevé. Telle est la situation dans la réalité. Or, dans la comédie, les choses se passent autrement; et la cérémonie religieuse y est systématiquement remplacée par un contrat devant notaire.

Deux questions se posent dès lors:

a. Pourquoi les auteurs procèdent-ils à cette substitution et se privent-ils ainsi d'un élément de spectacle qui ne pourrait que rehausser l'éclat de leur œuvre (dans la comédie moderne, dans le cinéma, les scènes de mariage sont fréquentes et leur aspect spectaculaire est constamment souligné par la richesse des costumes, le nombre des participants, l'importance de la cérémonie pour les personnages etc).[8]

b. Qu'est-ce que ce contrat devant notaire, et à quoi correspond-il dans la réalité?

La réponse à la première question se trouve dans le caractère de l'église et de ses institutions. Il serait sacrilège de présenter une cérémonie religieuse sur scène. C'est pourquoi on s'en abstient, remplaçant systématiquement le prêtre par un notaire.

Nous avons alors affaire à une sorte de métonymie sur le plan dramatique: on remplace la cérémonie par une de ses composantes. En effet, la signature du contrat ne se substitue pas à l'engagement solennel, elle existe parallèlement. Le contrat de notaire règle, comme chacun sait, les modalités économiques entre conjoints. En ne présentant du mariage que la signature de contrat devant notaire, la comédie renonce

---

[8] nous en trouvons parfois, avant l'époque classique. Il y a une cérémonie de mariage sur scène chez Rotrou, *L'Innocente infidélité*, tragi-comédie de 1635, II.i (*Œuvres* (Paris 1820), iii.112-4). Mais l'action se passe en Epire, dans une antiquité de convention. Ceci ne fait que confirmer notre propos.

à la dimension religieuse de la cérémonie et se borne à ne considérer que l'aspect économique de l'engagement, ce que souligne encore l'emploi constant du terme de 'contrat'.

C'est ainsi que, dans *Les Femmes savantes* (v.iii, *v*.1607-1609), Philaminte exprime le désir de transformer le style du contrat qui doit être établi entre Trissotin et Henriette, car elle le trouve 'sauvage'. Elle s'adresse donc au notaire en ces termes:

> Veuillez, au lieu d'écus, de livres et de francs
> Nous exprimer la dot en mines et en talents
> Et dater par les mots d'ides et de calendes.

Il n'est question que de biens dans ce contrat qu'elle veut 'en beau langage'. Et l'on renonce à tout autre aspect de la cérémonie qui se prépare.

C'est exactement de la même manière qu'est traitée le mariage dans *Le Barbier de Séville*. Le notaire est amené dans la maison de Bartholo pour y faire signer des contrats. Le brave homme ne s'y retrouve pas tout à fait, car il est minuit et on l'a fait entrer par la fenêtre (*Barbier*, IV.vii, p.227):

> LE NOTAIRE. C'est que j'ai deux contrats de mariage, Monseigneur; ne confondons point: voici le vôtre; et c'est ici celui du Seigneur Bartholo avec la Signora . . . Rosine aussi. Les Demoiselles apparemment sont deux sœurs qui portent le même nom.

Almaviva est très pressé; il ne laisse pas le temps au notaire d'approfondir la question: 'Signons toujours' ordonne-t-il. On signe à la hâte, tandis que Bartholo est dans l'escalier et c'est ainsi que Rosine et le Comte Almaviva sont unis pour la vie.

En effet, ce contrat ne concerne pas seulement les biens des personnes contractantes, mais également leur personne. Bartholo survient sur ces entrefaites, constate qu'il a été battu de vitesse et entreprend immédiatement de contester la validité du contrat qui vient d'être signé:

'Plaisant mariage! où sont les témoins?' La première objection porte donc sur la forme, mais Figaro et Bazile sont des témoins valables et il n'y a pas moyen d'argumenter sur ce plan. Bartholo fait alors une deuxième tentative qui est pour nous plus intéressante. Il proclame, en effet: 'J'userai de mon autorité [. . .] La demoiselle est mineure', à quoi

Figaro réplique: 'Elle vient de s'émanciper', et le Comte conclut: 'Elle n'est plus en votre pouvoir. Je la mets sous l'autorité des Lois' (*Barbier*, IV.viii, p.229).

Autrement dit, le statut légal de Rosine n'est pas le même avant et après la signature du contrat. Il s'agit donc là d'un véritable acte de mariage à valeur légale. Le notaire a tenu ici le rôle qui incombe au prêtre dans la réalité et nous sommes donc en présence d'un véritable mariage civil. L'aspect économique du contrat n'est cependant pas oublié puisqu'il est question par la suite de la mauvaise administration des biens de Rosine. Malgré ses protestations d'honnêteté, Bartholo se résigne à signer lui aussi (mais est-ce vraiment nécessaire? rien n'est moins sûr) lorsque Bazile constate: 'Ne pouvant avoir la femme, calculez, Docteur, que l'argent vous reste' (p.229).

Ces deux exemples nous permettent de constater, chez Molière comme chez Beaumarchais, l'existence d'une convention dramatique constante: le refus de porter sur scène la cérémonie du mariage elle-même et son remplacement par la signature de contrat devant notaire.

Le notaire est donc un personnage aussi fréquent que nécessaire, puisqu'il représente, à lui seul, toutes les autorités auxquelles sont soumis les personnages. Il se substitue constamment au prêtre pour célébrer les mariages et devient ainsi le représentant de dieu; ceci en plus de son rôle habituel qui est, avons-nous dit, de régler les modalités économiques entre les conjoints.

Or ce notaire, si utile dans la comédie lorsqu'il s'agit de célébrer un mariage, est absent du *Mariage de Figaro*. Le fait est d'autant plus surprenant que nous n'avons pas affaire ici à un mariage signé à la hâte, comme dans le *Barbier*, mais qu'il est au contraire prétexte à une scène particulièrement spectaculaire et imposante. De plus cette scène n'est pas la dernière de la comédie et ne clôt nullement l'intrigue: elle en est, au contraire, une des péripéties.

Il y a donc ici une manière toute nouvelle d'aborder et de traiter ce thème si courant et si rebattu du mariage dans la comédie. La première constatation porte sur les personnages qui se marient. Ce sont les serviteurs et non pas les maîtres. Ceux-ci ont eu droit, dans le *Barbier*, à un mariage des plus expéditifs. Les serviteurs, au contraire, ont bien l'intention de faire les choses en grand. C'est déjà une première nouveauté. Dans *Le Bourgeois gentilhomme* de Molière, dans *Le Jeu de l'amour et du hasard* de Marivaux, le mariage des serviteurs était subordonné à celui des maîtres et ne faisait pas l'objet d'attentions particulières. Suzanne et Figaro sont fiancés, et c'est à la journée de leurs noces que nous sommes conviés. La cérémonie a lieu, après un certain nombre de retards, à la scène neuf de l'acte quatre. Elle est très belle, très spectaculaire, très imposante, et sa mise en scène s'apparente bien plus à l'opéra qu'à la comédie. Cependant, contrairement à ce que laisse prévoir le titre, cette belle cérémonie ne clôt ni l'action, ni la pièce, car tout au long de la comédie, ce n'est pas à propos du mariage de Suzanne et de Figaro que l'on s'interroge, mais bien plutôt à propos des relations secrétes et coupables que le Comte désire engager avec la jeune mariée. Comme les liens légaux établis entre Suzanne et son mari n'excluent pas ceux que le Comte veut établir avec elle, l'intérêt de la pièce porte sur le caprice du Comte. Mais comme sa cause n'est pas la bonne, nous sommes intéressés à son échec et non pas à sa réussite. Le principe de la fidélité absolue et réciproque des époux est ici mis en cause, et le problème de Figaro, de Suzanne, de la Comtesse sera d'obliger le Comte à respecter un principe qu'il préfère ignorer.

Ceci explique que la cérémonie du mariage ne soit pas la fin de la comédie, puisqu'en effet, elle n'empêche en rien le Comte de poursuivre Suzanne de ses assiduités. Pour le Comte, le mariage est un moyen qui lui permet d'arriver à son propre but: '[. . .] point de mariage, point de droit du Seigneur, Monseigneur' (*Mariage*, III.ix, p.313). Mais l'originalité de Beaumarchais ne s'arrête pas là. Cédant à son goût pour le grand spectacle (n'oublions pas qu'il a écrit un opéra), il nous présente un somptueux cortège nuptial, une mise en scène impressionnante, un grand nombre de figurants, des chants, des danses, etc. En outre, comme tout cela se passe au Château d'Aguas-Frescas, en Espagne, la couleur locale ajoute beaucoup au plaisir des yeux. Le mariage de Figaro et celui de ses parents est vraiment un 'beau mariage', et si les critiques déplorent le ralentissement de l'action, les spectateurs n'en demeurent pas moins enchantés d'assister à cette belle fête.

Loin d'être une rapide signature de contrat, le mariage est ici une imposante cérémonie qui suit un rituel assez précis: au moment où commence la musique, les jeunes filles courent se mettre en place.

'Voilà le signal de la marche. A vós postes, les belles à vos postes!' Puis vient un cortège dont Beaumarchais décrit l'ordonnance de la manière suivante (*Mariage*, IV.vi, p.334):

[. . .] *l'on joue les Folies d'Espagne d'un mouvement de marche.*

Les Gardes-Chasse, *fusil sur l'épaule.*

L'Alguazil, les Prud'hommes, Brid'oison.

Les Paysans et les Paysannes, *en habits de fête.*

Deux Jeunes Filles, *portant la toque virginale à plumes blanches;*

Deux Autres, *le voile blanc;*

Deux Autres, *les gants et le bouquet de côté.*

Antonio *donne la main à* Suzanne, *comme étant celui qui la marie à* Figaro.

D'autres Jeunes Filles *portent une autre toque, un autre voile, un autre bouquet blanc, semblables aux premiers, pour* Marceline.

Figaro *donne la main à* Marceline, *comme celui qui doit la remettre au* Docteur, *lequel ferme la marche, un gros bouquet au côté. Les jeunes filles, en passant devant le Comte, remettent à ses valets tous les ajustements destinés à* Suzanne *et à* Marceline.

Les Paysans et les Paysannes, *s'étant rangés sur deux colonnes à chaque côté du salon, on danse une reprise du fandango avec des castagnettes; puis on joue la ritournelle du duo, pendant lequel* Antonio *conduit* Suzanne *au* Comte; *elle se met à genoux devant lui.*

Nous voyons donc que dans ce cortège figurent les représentants de la loi (l'alguazil, les prud'hommes, Brid'oison), puis des jeunes filles porteuses des symboles de virginité (la toque, le voile blanc, les gants et le bouquet).

C'est le Comte qui assume ensuite les obligations rituelles; il pose la toque et le voile sur la tête de Suzanne qui est agenouillée devant lui.

Tout cela a des apparences de rituel religieux, et la scène toute entière baigne dans une atmosphère assez sacrilège.

Suzanne est à genoux devant le Comte, et cette génuflexion est choquante. Certes, il ne s'agit pas de messe noire, car Almaviva est loin d'être un suppôt de Satan, mais on peut bien dire que c'est une 'messe rose' car le Comte est un fieffé libertin. Lorsque Suzanne, agenouillée et yeux baissés devant le Comte, lève la main pour lui glisser le billet, qu'est-elle donc (pour le Comte) sinon la proie consentante du grand seigneur libertin?

Non seulement Suzanne est consentante, mais elle le lui fait savoir au moment le plus solennel de son existence: la victoire du libertinage est double, et Figaro a de bonnes raison d'être bouleversé en apprenant ce qui s'est passé 'à l'instant même qu'elle me donne sa parole, au milieu même de la cérémonie' (*Mariage*, v.iii, p.345).

Il y a donc eu une cérémonie solennelle, au cours de laquelle Figaro et Suzanne se sont mutuellement donné 'leur parole', et c'est le Comte qui assumait les fonctions légales, celles qui sont imparties au prêtre dans la réalité, et au notaire dans la comédie. Mais le Comte, dont les fonctions officielles sont encore soulignées par le défilé des alguazils et des prud'hommes, est aussi ce grand seigneur libertin qui essaie de séduire la jeune fille qu'il vient d'unir avec l'homme qu'elle aime. Noble, riche, puissant, il est le suborneur par excellence, car comment une simple jeune fille comme Suzanne peut-elle ne pas succomber? Or, c'est à ce libertin, à ce suborneur qu'incombe le rôle d'unir la jeune fille qu'il entend séduire à son époux, et il le fait juste au moment où il parvient à ses fins. On ne saurait bafouer la cérémonie du mariage avec plus d'insolence, et l'on comprend que l'archevêque de Paris ait interdit à ses ouailles d'assister à la représentation de cette comédie. Louis XVI avait bien raison lorsqu'il disait que cet homme 'se rit de tout ce qu'il faut respecter dans l'Etat', et refusait pendant quatre ans d'autoriser la représentation de ce 'monstrueux ouvrage'.

Beaumarchais, de son côté, ne cessait de déclarer, que ce qu'il proposait n'était que 'la plus badine des intrigues', que seuls ses ennemis y trouvent des horreurs que lui-même n'y avait pas mises, car il était beaucoup trop respectueux des pouvoirs pour chercher à leur nuire en aucune manière. L'analyse minutieuse permet de confirmer ses dires, tant que l'on ne tient pas compte de l'impertinence.

La première question qui se pose en effet concerne justement cette somptueuse fête: il y a des détails qui ne sont pas clairs, et tout d'abord comment se fait-il que le mariage du valet de monseigneur et de la première cameriste de madame soit aussi somptueux? Rien ne semble le prévoir. Les deux futurs conjoints continuent d'assurer leur service le jour-même de leurs noces, ce qui laisse bien entendre qu'ils se contenteront d'une rapide formalité. Cette impression est encore renforcée par l'attitude des différents personnages: lorsque Figaro, escorté d'une troupe nombreuse vient inviter ses maîtres, le Comte, qui cherche désespérément un prétexte pour repousser la cérémonie et éventuellement l'annuler, ne trouve rien à dire: 'Pour que la Cérémonie eût un peu plus d'éclat, je voudrais seulement qu'on la remît à tantôt' (*Mariage*, I.x, p.274). Même jeu à l'acte deux, scène vingt, où il trouve quand même un prétexte in extremis: 'Je voudrais être . . . au moins vêtu'; ce qui lui vaut une remarque étonnée de la part de la Comtesse: 'Pour nos gens! Est-ce que je le suis?' (p.298). La Comtesse aussi manifeste le désir de ne pas assister à la cérémonie, ce qui montre bien qu'elle n'y attache pas d'importance. A l'acte quatre, scène huit (p.335), elle se prépare à sortir juste au moment où va entrer le cortège nuptial:

LE COMTE. Vous ne restez pas, Comtesse?
LA COMTESSE. Vous savez bien que je ne me porte pas bien.
LE COMTE. Un instant pour votre protégée, ou je vous croirais en colère.

Jusqu'à Suzanne qui ne semble pas se préparer davantage à être l'héroïne de ce qu'on peut appeler 'un grand mariage'. Outre le fait déjà mentionné, qu'elle continue à assurer son service le jour même de ses noces, elle est très étonnée lorsque Chérubin lie dans la même phrase son propre départ et le mariage de Suzanne (i.vii, p.267):

CHÉRUBIN. [. . .] Hélas! tu te maries, et moi je vais partir.
SUZANNE. Comment mon mariage éloigne-t-il du château le premier page de Monseigneur?

Cette réponse étonnée de Suzanne montre bien à quel point ce mariage de domestiques est un événement de peu d'importance dans la vie du château. Seul, Figaro s'active, s'agite et revient à plusieurs reprises sur la 'petite fête', 'la cérémonie', le 'pauvre mariage' etc., et personne n'a l'air d'être exactement au courant de ce dont il parle.

La contradiction demeure entre l'éclat de cette fête et le peu de raison d'être de cet éclat. Cette contradiction est même si grande que certains en viennent à considérer toute la cérémonie comme superflue. C'est ainsi que, dans le *Mariage de Figaro: mise en scène et commentaires* que nous propose Jean Meyer, nous trouvons la réflexion suivante (p.13):

Après le troisième acte, la pièce est apparemment terminée. Il est même arrivé que des spectateurs l'aient cru et se soient enquis de la pièce qu'on jouait après. La cérémonie du mariage, concession au goût de l'époque lors de la création de la pièce, me paraît longue, inutile, ennuyeuse et coûteuse.

Il supprime donc l'intermède musical dont l'auteur a soigneusement noté tous les éléments: 'les Folies d'Espagne (symphonie notée) sur un rythme de marche', 'le fandango' que l'on danse 'avec des castagnettes',

et puis surtout 'le duo' que chantent 'deux jeunes filles sur un air noté'
(*Mariage*, IV.ix, p.336):

> Jeune Epouse, chantez les bienfaits et la gloire
> D'un Maître qui renonce aux droits qu'il eut sur vous:
> Préférant au plaisir la plus noble victoire,
> Il vous rend chaste et pure aux mains de votre Epoux.

Ce duo est donc supprimé dans la mise en scène de Jean Meyer, et en
effet, il est absolument inutile dans une cérémonie de mariage; il est
même plutôt de mauvais goût.

Seulement voilà: cette cérémonie n'est pas la cérémonie du mariage
et Jean Meyer est la dupe de Beaumarchais, tout comme le sont les
spectateurs que le mouvement de la pièce entraîne en endormant leur
sens critique. C'est exactement ce que l'auteur a voulu faire. L'art du
prestidigitateur atteint ici un nouveau sommet. Contrairement aux
apparences, l'imposante cérémonie à laquelle nous assistons à la scène
neuf du quatrième acte n'est pas la cérémonie du mariage de Suzanne
et Figaro. D'ailleurs, il n'est dit nulle part que c'est la cérémonie du
mariage, et Beaumarchais a beau jeu de s'étonner quand il constate que
tous s'obstinent à y voir quelque chose qu'il n'y a pas mis. Nous avons
affaire à un de ces tours de passe-passe dont Beaumarchais a le secret
(l'étourdissante scène du fauteuil, I.vii, en est un autre exemple). Le
cortège solennel, la présence de deux couples à marier, l'aspect quasi
rituel du spectacle nous entraînent à y voir ce que l'auteur veut qu'on
y voie, mais qu'il se garde bien de mettre effectivement dans son texte.

Mais alors, si ce n'est pas une cérémonie de mariage, qu'est-ce que
c'est? Beaumarchais n'est guère embarrassé par cette question, le texte de
la comédie fournit la réponse, et elle est même si évidente que l'on se
sent tout bête de n'y avoir pas songé auparavant. Il s'agit d'une cérémonie, inventée et mise en scène par Figaro, et dont le but officiel est
de glorifier la grandeur du Comte. En réalité, le but véritable de la
cérémonie est de lui forcer la main, de l'obliger, sous la pression de
l'opinion publique, à faire ce qu'il ne veut pas faire: renoncer *solennellement* au droit du seigneur. C'est bien à cette cérémonie que nous
préparent maints détails du texte:

Ainsi, à l'acte premier, scène dix, Figaro apparaît, suivi de 'beaucoup
de valets, paysannes et paysans vêtus de blanc', priant la Comtesse,
tout en marchant, de persuader son époux de bien vouloir accepter de

participer à la cérémonie. Aux dires de la Comtesse, il s'agit 'd'une demande qui n'est pas déraisonnable'; le Comte est cependant très réticent. En fait, ni Figaro, ni le Comte ne sont dupes des mots qu'ils emploient. Comme les déclarations officielles ne servent à rien si elles ne sont soutenues par des intérêts puissants, et qu'il y a écart entre les sentiments d'honneur et de justice affichés par le Comte et ses sentiments réels, Figaro entend se servir de l'opinion publique pour obliger le Comte à s'en tenir à ses déclarations officielles. Il l'oblige ainsi à renoncer effectivement à son droit de seigneur.

'Figaro a compris que, seul, il ne peut rien. Il ne peut faire pression sur le Comte que par une action de masse, en organisant les forces de tous les opprimés; il le fait pour institutionnaliser les velléités moralisantes du Comte'.[9] Figaro entonne donc un couplet à la gloire de son maître: 'Monseigneur, vos vassaux, touchés de l'abolition d'un certain droit fâcheux [. . .] il est bien temps que la vertu d'un si bon maître éclate; elle m'est d'un tel avantage aujourd'hui, que je désire être le premier à la célébrer à mes noces' (*Mariage*, I.x, p.273). C'est à cette célébration que nous assisterons à l'acte quatre. Figaro fera chanter par tous les vassaux les louanges du Comte et obligera ainsi celui-ci à être vertueux malgré lui. Il faut avoir un sens de l'intrigue très développé pour mettre au point une telle action . . . par ricochets, en quelque sorte.

Permettez donc que cette jeune créature, de qui votre sagesse a préservé l'honneur, reçoive de votre main, publiquement, la toque virginale, ornée de plumes et de rubans blancs, symbole de la pureté de *vos* intentions: — adoptez-en la cérémonie pour tous les mariages, et qu'un quatrain chanté en chœur rappelle à jamais le souvenir. . . .[10]

Figaro a donc inventé une cérémonie dont il demande qu'elle soit adoptée pour tous les mariages qui auront lieu désormais sur les terres du Comte. Mais ce fait n'apparaît pas de manière très nette dans la version définitive, car la confusion est constante et voulue. Ce sont les variantes qui nous permettent de distinguer les deux éléments et de constater qu'il y a dans l'esprit de l'auteur, du moins au départ, deux faits bien distincts quoique simultanés ou presque: d'une part, la cérémonie inventée par Figaro, formant le grand spectacle de l'acte quatre,

---

[9] Scherer, *Le Mariage de Figaro: édition avec analyse dramaturgique*, p.101.
[10] *Mariage*, I.x, p.274.

et dont le personnage central est le Comte, et par ailleurs le mariage lui-même qui s'effectue, comme dans toutes les comédies, au moyen de signature devant notaire à la dernière scène.

Dans sa version définitive, Beaumarchais fond habilement les deux faits en un seul; il faut vraiment y regarder de très près pour voir les raccords.

En revanche, dans la variante du manuscrit de la Bibliothèque nationale, nous avons au cours de l'acte premier trois allusions à la fête qui devra être donnée le soir même. La scène première, supprimée de la version définitive, nous apprenait en effet que, Figaro, Bazile et Chérubin avaient composé quelque chose ensemble: Figaro, le metteur en scène, y était très soucieux de l'effet à obtenir (Ratermanis, p.28):

Eh non! ce n'est pas cela, Bazile, encore une fois, ce n'est pas cela! Quelle musique enragée! Il y a de quoi gâter toute une fête! On lui demande un quatrain en chorus, et parce qu'il y trouve malheureusement les mots: Gloire et Victoire, voilà mon benêt qui vous part à faire tous hurler pendant deux heures la Gloi, oi, oi, oire. Comme ces [musiciens] qui composent ont du goût à faire pleurer!

Remarquons que ce 'quatrain en chorus' où riment les mots 'gloire et victoire' est justement le duo que chantent les jeunes filles au cours de la cérémonie de l'acte quatre.

C'est de cette cérémonie que l'on parle à nouveau à la scène dix, au cours de laquelle Figaro obtient, comme on l'a vu, le consentement du Comte pour participer à la cérémonie. Tout le monde se retire alors, sauf Figaro qui retient Bazile et Chérubin: 'Ah ça, vous autres! la cérémonie adoptée, ma fête de ce soir en est la suite [. . .]' (*Mariage*, I.xi, p.277).

Mais Chérubin lui rappelle tristement: 'Mon ami, tu oublies que je pars'. Figaro décide alors de cacher Chérubin dans le château. Telle qu'elle est dans la version définitive, cette scène n'est pas bien claire: pourquoi Figaro retient-il Bazile alors qu'il ne perd pas une occasion de l'humilier? Est-ce seulement pour lui permettre d'énoncer un de ces proverbes, ce 'quelque chose de brillant, qui a l'air d'une pensée' et qui est une si bonne fin d'acte? Figaro a d'autres raisons: la scène devient plus claire lorsqu'on sait que Bazile compose la musique de la 'petite fête' que Figaro a préparée et où Chérubin tient un rôle important. On comprend mieux désormais pourquoi Figaro est tellement intéressé à ce que Chérubin reste au château. Dans la version définitive, Figaro se risque à subir la colère du Comte par amitié pour Chérubin avant de lui trouver un rôle et l'envoyer au rendez-vous avec monseigneur à la place de Suzanne. Dans la première version c'était sa vanité d'auteur et de metteur en scène qui était en cause.

A l'origine, la journée des noces de Figaro comprend donc une série de moments successifs:

1. La cérémonie à la gloire du Comte qui a renoncé à son droit de seigneur.

2. La signature du contrat de mariage, devant notaire.

3. La 'petite fête', organisée par Figaro, Bazile et Chérubin, qui doit comprendre des intermèdes musicaux, chantés et dansés, ainsi qu'un feu d'artifice, et un bal auquel sont conviés tous les habitants du domaine.

Mais comme l'auteur ne tient pas à ce que l'idée la fête soit distincte de celle de la cérémonie du mariage, il estompe les limites entre les deux. La signature du contrat (2) apparaît dans la version définitive dans une réplique du Comte. Après la grande cérémonie, serrant le billet de Suzanne, il jette à la cantonnade: 'Qu'on dresse les deux contrats, j'y signerai'. Cette réplique semble bien n'être là que pour montrer à ceux qui s'aviseraient d'y regarder de trop près, que la cérémonie qui vient de se terminer n'était pas le mariage. En revanche, dans la version B.N. le contrat de mariage était signé devant un notaire, à la dernière scène comme dans toutes les comédies qui se respectent. Monsieur de Sainte-Usure y apparaissait sous les grands marronniers, après que chacun ait retrouvé sa chacune, et que tous les pardons aient été demandés et accordés par qui de droit. Dans le *Barbier*, c'était l'heure de la signature du contrat qui était 'indue', ici, c'est le lieu:

ANTONIO. Avancez, monsieur de Sainte-Usure. *(Figaro présente la plume et le contrat à Suzanne qui signe)* [. . .]

MARCELINE, *à Figaro qui tient la plume*. Pourquoi ne signe-t-il pas?

FIGARO, *hésitant*. Je regarde . . . la singulière plume: elle est fourchue comme un y grec.

MARCELINE. Déjà des visions mentales?

BARTHOLO. C'est le mal du pays.

SUZANNE. Je l'en guérirai [. . .]

BARTHOLO. Votre recette est?

SUZANNE. De la sagesse, de la réserve, de la solitude et des soins.[11]

[11] *Mariage*, v.xix, Ratermanis, pp.514, 516, 518.

Cette scène disparaît dans la version définitive; l'unique allusion au contrat se trouve dans la réplique du Comte mentionnée plus haut. La suppression de cette scène permet à l'auteur d'estomper les limites entre les moments 1 et 2, et les fondre en un seul. C'est ainsi que la cérémonie que Figaro a inventée pour glorifier la vertu du Comte devient également celle de son propre mariage. Quant à la 'petite fête' (3), elle est représentée sur scène par le vaudeville final.

Cette impression des spectateurs d'assister à un mariage à l'acte quatre est encore renforcée par l'adjonction du couple Bartholo-Marceline, car il est bien évident que le problème du droit du seigneur ne concerne aucunement la mère de Figaro. Mais c'est ici que se déploie le sens du théâtre de Beaumarchais: le cortège, les vêtements, les accessoires, la présence des deux couples à marier, les danses et les chants, tout nous étourdit. Le mouvement nous entraîne et ne nous laisse pas le temps de réfléchir au sens exact de ce qui nous est présenté. C'est vraiment un tour de passe-passe éblouissant: Beaumarchais a maintenu la belle cérémonie qu'il considérait comme le moment culminant du spectacle qu'il nous proposait; mais il a volontairement renoncé à donner à ce plaisir des yeux un sens exact et précis: on a l'impression d'assister à la cérémonie du double mariage, mais cette impression est fausse, ce que nous avons devant nous, c'est une mise en scène à la gloire du Comte ... Et puis après tout, cela n'a pas grande importance. Ce qui compte vraiment, c'est que Figaro a épousé Suzanne, que Marceline a fini par se faire épouser par son vieux séducteur, que la Comtesse a ramené son époux à elle et que tout le monde est content, les spectateurs compris. L'essentiel pour Beaumarchais n'est pas de raconter à ses spectateurs une histoire vraisemblable, mais de les divertir en leur proposant un spectacle qui satisfasse leur esprit et leurs yeux. Jean Meyer parle avec dédain de la 'concession au goût de l'époque', il s'agit plutôt d'une concession au goût du grand public, goût qui se maintient à travers les âges en dépit des réflexions méprisantes de générations de critiques et d'hommes de lettres. C'est également une preuve de plus du profond respect que manifeste Beaumarchais à l'égard de son public.

Mais cette 'concession au goût de l'époque' mérite qu'on y réfléchisse, car l'époque dont il est question présente des caractères particuliers. Dans la mesure où l'on a pu dire que le *Mariage* contenait des signes avant-coureurs de la Révolution, c'est surtout dans les scènes à figuration nombreuse que cette tendance se manifeste, et parmi celles-là la scène que nous étudions est particulièrement significative. En effet, il ne nous semble pas outré de dire que cette scène mi-religieuse, mi-fantaisiste est une préfiguration, sur le mode 'badin', de la fête de la fédération, qui eut lieu le 14 juillet 1790, c'est-à-dire six ans seulement après la première du *Mariage*, fête à la rédaction de laquelle Beaumarchais a aussi participé d'ailleurs.

C'est dans *Tarare* que nous trouvons le lien entre ces deux spectacles, l'aspect politique s'y développant au détriment de l'aspect dramatique.

Cependant de la comédie à l'opéra, de l'opéra à la fête de la fédération, la même tendance se développe et se magnifie: une cérémonie *laïque*, dans une mise en scène *grandiose*, au cours de laquelle *les représentants du pouvoir* se soumettent aux *idées philosophiques*, au moyen de textes fournis, entre autres, par Beaumarchais.

Dans le *Mariage*, il s'agissait d'imposer au Comte le respect de la vertu. Pour y parvenir, le metteur en scène Figaro fait défiler les alguazils et les prud'hommes, suivis des jeunes filles porteuses de symboles, qui déclament un quatrain à la 'gloire' de la 'victoire'.

Le jour de la fête de la fédération, les metteurs en scène dressent un arc de triomphe sur le Champ de Mars (le pittoresque espagnol est devenu romain) on fait défiler les fédérés, et l'on adore l'être suprême.[12]

De la comédie légère à la fête patriotique, les dimensions ont changé: mais le principe est le même et il y a préfiguration en dimensions réduites. D'une part, c'est un mariage, et de l'autre, l'adoration de l'être suprême. Dans les deux cas, la cérémonie religieuse est devenue civile tout en demeurant imposante. Ensuite, il y a le défilé des représentants de la loi: les alguazils et les prud'hommes dans la comédie, les fédérés sur le Champ de Mars. La morale vient ensuite, incarnée par les jeunes filles en blanc d'un côté, et de l'autre par les prêtres constitutionnels. Enfin, au centre: le représentant du pouvoir qui renonce à ses privilèges: le Comte pose la toque *virginale* sur la tête de Suzanne, et renonce ainsi au droit qu'il eut sur elle, à son privilège. En 1790, le personnage central est le roi qui déclare solennellement: 'Moi, Roi des Français, je jure d'employer le pouvoir que m'a délégué l'acte constitutionnel de l'Etat à maintenir la Constitution décrétée par l'Assemblée Nationale et acceptée par moi'.

[12] voir Pierre Trahard, *La Sensibilité révolutionnaire*, pp.54-6.

Etudiant la technique dramatique de Beaumarchais, nous sommes partis d'une réflexion sur une convention théâtrale propre à la comédie, genre futile s'il en fût, et nous voilà arrivés non seulement à la politique, mais à une de ces grandes journées dont il est dit qu'elles ont changé le cours de l'histoire.

La coïncidence n'est peut-être que le fruit du hasard, mais elle est troublante. Nous savons combien Beaumarchais est passionné lorsqu'il s'agit de réaliser des idées généreuses et combien il est attentif aux mouvements d'opinion. Il n'est donc pas surprenant de trouver, à l'intersection entre la comédie et la politique, cette scène curieuse au cours de laquelle l'auteur donne aux idées philosophiques une incarnation dramatique, suivant en cela une tendance qui atteindra son apogée en 1790, mais qui, bien avant, unit dans un même ouvrage l'amour du théâtre et la lutte contre les privilèges.

Mais ce genre de cérémonie laïque n'existe d'ailleurs pas que chez Beaumarchais: dans *La Nouvelle Héloïse*, Rousseau nous fait assister à une cérémonie laïque et agraire à la gloire de M. et Mme Wolmar, seigneurs de Clarens. Nous avons d'ailleurs déjà souligné la ressemblance entre Clarens et Aguas-Frescas, deux domaines enchantés clos sur eux-mêmes, fruits d'une vision paternaliste de la société.

Des cérémonies analogues eurent lieu également à Ferney . . . l'auteur, le metteur en scène et le personnage principal en était le seigneur local: Voltaire.

IV

Les procédés de style

'Tous les genres sont bons,
hors le genre ennuyeux'.
Voltaire

L'étude de la manière dont Beaumarchais organisait son intrigue nous a permis de dégager son originalité. Parti d'une réflexion théorique qui mettait l'accent sur le drame sérieux, et insistant sur la donnée fondamentale de l'efficacité, Beaumarchais finit par aboutir à une technique dramatique toute nouvelle, qui met l'accent sur les jeux d'intérêt plutôt que sur ceux des passions et procède davantage de la précision horlogère que de l'évolution psychologique. On aboutit ainsi à ces scènes éblouissantes où Beaumarchais joue au prestidigitateur tant avec ses personnages qu'avec les thèmes qu'il aborde.

Cependant, cette étourdissante rapidité de l'action n'est possible que dans la mesure où elle est servie par une forme d'écriture particulière, caractérisée elle aussi par la rapidité de son rythme. Mais le langage dramatique de Beaumarchais mérite une étude particulière que Pierre Larthomas annonce dans la conclusion de son ouvrage sur le langage dramatique.[13] Beaumarchais, auteur dramatique par excellence, s'y trouve d'ailleurs largement cité et des commentaires de ses dialogues apparaissent presque à tous les chapitres. Refaire ce qui a déjà été aussi magistralement fait nous ayant paru inutile et présomptueux, nous avons choisi d'ajouter quelques éléments à l'étude déjà existante du style de Beaumarchais. Nous l'abordons de trois points de vue différents, la verve, la gaieté, et l'insolence, qui nous semblent être les données fondamentales du langage dramatique de notre auteur.

Cependant, étudier la verve du *Mariage de Figaro* n'est pas l'affaire de quelques pages non plus. Un volume entier y suffirait à peine. Nous avons choisi de l'aborder par l'étude, non pas du chef-d'œuvre, mais d'une sorte d'exercice de style à la faveur duquel Beaumarchais met au point sa technique d'auteur dramatique. Il s'agit d'une de ses œuvres les moins connues (à juste titre d'ailleurs), une parade intitulée *Les*

[13] Pierre Larthomas, *Le Langage dramatique* (Paris 1972), p.451.

Députés de la Halle et du Gros-Caillou. Cherchant à faire rire un certain public au moyen d'un dialogue très nettement 'situé' sur le plan social, le jeune auteur est amené à chercher des solutions aux différents problèmes de technique dramatique qui se posent à lui. Les solutions qu'il propose se retrouveront dans les chefs-d'œuvre de la maturité.

La gaieté, trait de caractère propre à Beaumarchais, apparaît dans le *Mariage* au niveau de la création elle-même. Traduisant une philosophie de l'existence qui n'est pas dénuée de courage, elle se manifeste, elle aussi, par la rapidité du rythme et le parti-pris dans le choix des situations et des répliques. Cette gaieté fait souvent penser au Voltaire des contes et surtout à *Candide*, comme nous pourrons le voir.

Quant à l'insolence, elle complète nécessairement la gaieté dont elle est l'une des conséquences. Elle se manifeste surtout au niveau des relations qu'entretint l'individu avec les 'autorités', relations qui forment l'essentiel des préoccupations de Figaro, précisément.

Les procédés de style dont se sert Beaumarchais sont multiples et variés. Mais quels qu'ils soient – figures, images, ellipses, répétitions, etc – ils illustrent toujours une volonté initiale de maintenir la verve, la gaieté et l'insolence, les trois éléments dont procède son style.

a. *La verve: étude de la fantaisie verbale dans une parade*

Entre 1757 et 1763, Beaumarchais fréquenta Charles Lenormand, fermier-général et époux de la marquise de Pompadour. Ce financier menait une vie fastueuse dans son domaine d'Etioles où il accueillait une société brillante de grands seigneurs et de filles d'opéra. Le jeune Beaumarchais y fut introduit par le banquier Pâris-Duvernay, avec lequel il était en étroites relations d'affaires, et c'est pour le théâtre d'Etioles qu'il composa des parades. Il s'agit d'un genre dramatique mineur, issu des tréteaux de foire, et permettant de donner libre cours à la gaieté des auteurs qui s'y sont illustrés, personnages fort respectables par ailleurs, comme Thomas-Simon Gueulette, avocat du parlement et substitut du procureur du roi, Vadé, secrétaire du duc d'Aigullon, ou Collé, lecteur du théâtre du duc d'Orléans. La parade littéraire, genre pseudo-populaire, tire ses principaux éléments de la parade improvisée, mais les présente de façon à faire rire un public raffiné. Collé, qui a beaucoup pratiqué ce genre, s'est amusé à en donner les régles: 'Que le fond zen doit être zagréablement zordurier, que ses ordures ne doivent sortir que de ce fond et n'y paraître ni zapportées ni plaquées'.

Quant à l'expression, elle aussi présente un caractère pseudo-populaire très marqué. Les personnages parlent mal, s'empêtrent dans les analyses de sentiments ou d'idées, écorchent les mots et agrémentent leur diction de liaisons incorrectes, appelés 'cuirs', que les textes imprimés indiquent par une profusion de *t* et de *z* mal placés. Collé définit les 'cuirs' de la manière suivante:

Zon appelle *cuirs*, parmi les comédiens de province, les mauvaises liaisons de mots que font les acteurs qui n'ont pas t'eû zune certaine éducation soigneuse, qui zont été, zavant d'monter sur le théâtre, d'aucuns, garçons de billard, d'autres, moucheux de chandelles, laquais de comédiens de Paris etc. etc. Voici zun exemple de *cuirs*, pris d'un prologue de la tragédie de Didon:
>   Za qui de commencer? Ce n'est point za Didon
>   Pas t'à vous, pas t'à moi, pas t'à lui, za qui donc?

Collé ajoute que 'leux prononciation vicieuse zet pleine de cuirs' faisait 'rire à gueule ouverte et à ventre déboutonné tous ces seigneurs de la cour'.[14]

La parade n'est donc pas un genre littéraire à proprement parler; c'est plutôt un amusement de société, qui apparaît quand les écrivains, pour faire rire leurs amis ou plaire à leurs protecteurs, composent des farces plus ou moins inspirées des parades de la foire et destinées à être jouées dans les salons. C'est en effet sur ces scènes privées que s'est réfugié le rire, banni de la grande scène, et c'est dans ce petit genre que Beaumarchais s'essaie en premier lieu, soutenu par un public indulgent qui apprécie sa gaieté débridée et sa verve. Il compose donc un certain nombre de parades, dont quelques-unes seulement nous sont parvenues et dans lesquelles se développent son imagination, sa fantaisie et son goût pour la plaisanterie grasse et les mots sonores. C'est dans ces parades que nous pouvons observer, à l'état brut en quelque sorte, le tempérament grivois et même trivial de notre auteur, aspect qu'il s'efforcera de réprimer dans ses comédies ultérieures, sans toujours y parvenir entièrement.

Parmi les parades qui nous sont parvenues, il en est une qui retient notre attention: il s'agit des *Députés de la Halle et du Gros-Caillou*,[15]

[14] Collé, *Magnière de discours approfondi superficiellement sur l'origine originale et cocasse de la nature dénaturée de la parade*, cité par Scherer, *Dramaturgie*, p.18.
[15] *Théâtre complet*, pp.565-71.

scène de poissardes et de maîtres-pêcheux', dans laquelle l'unique forme de comique qui apparaît est un comique de langue. Beaumarchais met en scène quatre personnages, deux hommes et deux femmes, poissardes et maîtres-pêcheurs, qui viennent apporter une offrande à leur seigneur à l'occasion de sa fête. Ils bavardent, se disputent, se réconcilient et présentent enfin leur offrande, le tout en 'langue poissarde'; et c'est précisément cette forme particulière de langage que nous nous proposons d'étudier ici.

Comme nous l'avons dit plus haut, il ne s'agit pas là d'une œuvre dramatique à proprement parler, mais plutôt d'un amusement de société. Mais c'est également une sorte d'exercice de style, au cours duquel notre jeune auteur apprend à rédiger un dialogue, à bâtir une intrigue, à étudier les réactions de son public, bref, où il apprend le métier d'auteur de théâtre.

Il est des parades dans lesquelles l'intérêt est plus immédiat. Dans les *Bottes de sept lieues* par exemple, nous trouvons une intrigue qui présente des points communs avec celle du *Barbier de Séville*. Dans *Colin et Colette*, nous avons affaire à une petite scène de dépit amoureux qui n'est pas sans rappeler la manière de Marivaux. Rien de tout cela dans *Les Députés de la Halle et du Gros-Caillou*. Ici, le travail de Beaumarchais se limite à un autre domaine, plus restreint et plus technique: le langage. Dans cette parade, notre auteur s'attache à faire parler ses personnages dans un jargon particulier, la langue 'poissarde', tout en la présentant de telle sorte qu'elle puisse être entendue et appréciée par un public auquel elle n'est pas familière: le public du salon d'Etioles.

Les personnages qui sont des 'poissards de la Halle' utilisent le langage du petit peuple de Paris, c'est-à-dire une forme particulière du 'langage populaire':

Le Langage populaire est l'idiome parlé couramment par le peuple, l'idiome que l'homme du peuple tient de ses père et mère et qu'il entend chaque jour sur les lèvres de ses semblables. Ce langage populaire est distinct d'une part de la langue écrite, ou correcte, ou classique, ou littéraire ou officielle, qui est celle employée par les 'classes supérieures', et d'autre part de l'argot, qui est en principe une langue artificielle, faite afin de pouvoir se comprendre entre soi sans sêtre compris des non-initiés.[16]

[16] Henri Bauché, *Le Langage populaire*
(Paris 1946), p.23.

Ayant grandi rue Saint-Denis où son père était horloger, le jeune Caron connaît cette forme de langage qu'il reproduit quand la fantaisie lui prend d'amuser la belle société qu'accueille Lenormand. Mais la reproduction qu'il en donne est-elle fidèle? Les personnages des parades estropient les mots et malmènent la syntaxe, cela fait partie du jeu, mais ils le font en général d'une manière fantaisiste. Leur langage présente un écart par rapport à la norme, c'est-à-dire par rapport au langage des spectateurs (le public raffiné), et c'est cet écart qui produit l'effet comique. Or, ici, contrairement à ce que nous avons dans les autres parades que nous connaissons, l'auteur précise avec exactitude l'origine sociale de ses personnages, ce qui entraîne pour lui l'obligation de donner une imitation fidèle de leur manière de parler. En effet, comme cette petite scène ne présente que peu d'intérêt dramatique, il n'y a de comique que dans la mesure où les spectateurs reconnaissent, dans la manière de s'exprimer des personnages, celle des poissards des Halles. Autrement dit, l'exactitude de l'imitation est indispensable à l'efficacité comique.

Il convient donc de voir dans quelle mesure l'imitation proposée par le jeune Caron est fidèle. Nous savons que l'un des caractères les plus marqués du langage populaire tient à la prononciation qui diffère très nettement de celle des 'classes supérieures' (Molière, dans les *Femmes savantes*, nous propose des dialogues savoureux sur ce thème). L'essentiel du comique tient donc à l'accent des personnages, à leur prononciation, aux modifications de la chaîne phonique par rapport aux normes. L'efficacité de cet élément de comique n'est jamais mise en défaut, mais il est extrêmement difficile à saisir, surtout dans un texte écrit, puisque seule la virtuosité de l'interprète peut le mettre en valeur. Beaumarchais s'efforce donc de rendre les caractéristiques de cette prononciation par une sorte de transcription phonétique. Or, lorsque nous classons les différents phénomènes phoniques que transcrit Beaumarchais, nous en arrivons à constater qu'il suit des règles phonétiques précises et nous propose un état de langue dont la prononciation se caractérise essentiellement par la disparition des *e* muets et la simplification des diphtongues, ce qui entraîne une transformation de la chaîne sonore dans laquelle l'élément vocalique se réduit au profit de l'élément consonantique. Ou plutôt, nous avons affaire à une chaîne phonique différente de celle du français correct, ce qui entraîne une transformation de tous les éléments de ce dernier, et cette transformation va essentiellement dans le sens d'une réduction de l'élement vocalique au profit de l'élément consonantique.

Comme c'est une parade, nous retrouvons les règles auxquelles le genre obéit: les 'cuirs', les jurons, les répétitions et les redondances abusives, sans oublier les transformations morphologiques et syntaxiques, où l'on a du mal à distinguer la part de l'imitation et celle de l'invention.

Les 'cuirs', avons-nous dit, sont assez peu nombreux. Nous en avons cependant quelques-uns: 'moi z'et la commère'; 'c'est z'encore plus loin'; 'c'te belle z'harengue qu'j'avons tant z'eu de peine z'à ficher dans la çarvelle d'note tête'.

En revanche, les nombreuses transformation de la chaîne sonore obéissent à des lois phonétiques précises:

1. Disparition du e muet: c'te (cette); j'te l'dis (je te le dis); qu'tu (que tu); qu'la (que la); r'proche (reproche); quoi qu'ça t'fais (kwaksatfe: qu'est-ce que cela te fait); tout l'monde n'te r'ssemble pas (tulmondntrsemblpa: tout le monde ne te ressemble pas).

2. Effacement des diphtongues: ben, bin (bien); endret (endroit); li (lui); v'la (voilà).

3. Disparition du u: verté (vertu); dépitation (députation).

4. Disparition de sons en position inaccentuée: verté (vérité); artique (article); sec – sesque (sexe).

5. Renforcement consonantique: biau (beau); piau (peau); drès (dès).

6. Transformation, en position accentuée, du e ouvert en a: all' s'élève (elle s'élève); çarvelles (cervelle); marci (merci).

7. Chute du r ou l en position non accentuée: pêcheux (pêcheurs); leux (leurs); pus (plus); putôt (plutôt).

Il serait peut-être intéressant de comparer l'accent que Beaumarchais prête à ses poissards avec celui que Molière met dans la bouche de Martine dans Les Femmes savantes.[17] Incontestablement, le langage de cette dernière est beaucoup plus proche du langage correct. Les leçons de Bélise ne sont pas tout à fait perdues, quoiqu'en dise Philaminte. Chez Beaumarchais, cette langue ne se distingue pas seulement par une prononciation particulière. La syntaxe présente elle aussi certaines caractéristiques dont la plus remarquable est la confusion constante des

---

[17] voir également Marivaux, chez qui la langue des valets diffère sensiblement de celle des maîtres: cf. La Surprise de l'amour, I.i (Théâtre complet, éd. Marcel Arland (Paris 1949), pp.139-41).

formes verbales: J't'entendons; J'nous fichons; J'sons itou z'assez dans l'usage; J'badinions; J'n'les étranglons guère; J't'allons montrer comme j'les étranglons.

Cette déformation est d'ailleurs si fréquente, et se retrouve dans un si grand nombre de textes, qu'il semble bien que ce soit la manière conventionnelle de faire parler le patois sur scène. Martine aussi parle ainsi: 'Mon Dieu! je n'*avons* pas étugué comme vous, / Et je *parlons* tout droit comme on parle cheux nous'.[18]

C'est également cette forme que l'on retrouve dans de nombreuses chansons populaires du dix-septième et du dix-huitième siècle, tel le célèbre: 'J'av*ons* reçu commandement pour partir à la guerre'.

Donc en plus de la phonétique, les personnages de Beaumarchais malmènent la syntaxe. Quel est le but de notre auteur en déformant systématiquement la langue qu'il prête à ses personnages?

N'oublions pas tout d'abord qu'il y a un écart très grand entre la langue écrite et la langue parlée. La structure syntaxique de la langue écrite obéit à un certain nombre de règles concernant l'ordre des mots dans la phrase, et la subordination des divers éléments les uns aux autres, règles que la langue parlée ignore. Dans la langue parlée en effet, 'le locuteur commence par le mot, le concept qui lui vient à l'esprit le premier, puis se débrouille pour continuer comme il peut'.[19] Les études récentes ont même révélé que cette spontanéité disparaissait dès que le locuteur se savait enregistré. Il s'agit donc d'une forme d'expression extrêmement difficile à saisir et à fixer. Entre ces deux formes, existe une langue intermédiaire: le langage dramatique qui est écrit mais présente l'apparence du langage oral, spontané. Il est donc faussement spontané.[20] Or, c'est précisément à la technique de ce langage dramatique que s'exerce Beaumarchais dans l'exercice de style qu'est notre parade. Le problème qu'il se pose est de mettre dans la bouche de ses personnages un 'dialogue' qui doit paraître 'spontané', c'est-à-dire reproduire toutes les déformations de langage caractéristiques d'un certain milieu social. Mais en même temps, il doit être compris par les spectateurs et provoquer leur rire. Il s'agit donc d'un dialogue *écrit* qui doit paraître *spontané* et présenter en plus le caractère particulier de la langue des Halles.

---

[18] *Les Femmes savantes*, II.vi.
[19] A. Sauvageot, *Français écrit, français parlé* (Paris 1962), p.29.

[20] cf. Larthomas, *Le Langage dramatique*, pp.31-47.

Comment Beaumarchais s'y prend-il pour résoudre ce problème? Le meilleur moyen de répondre à cette question est d'analyser une des répliques de la parade. Nous prenons donc la première, qui sert également ment d'exposition, et nous la produirons sous trois formes différentes: la première sera la copie exacte du texte de Beaumarchais. Dans la seconde, nous corrigerons la phonétique, tout en maintenant la syntaxe de Beaumarchais, et dans la troisième, nous transcrirons le même texte en 'français correct', tout en maintenant les particularités propres au langage dramatique:

1. Hé! mais vraiment, *c'te* pauvre petite bête, donnez-*l'y* à faire, il l'a *ben* gagné. Encore un coup, Cadet, *j'te* le dis, *qu'tu* n'entreras pas *t'a*vant nous, et *qu'la* mère Fanchette *qu'est* moi, *ʒ'et* la commère Chaplu que *v'la* n'auront *ʒ'en verté d'dieu* pas fait six *bonn'*lieues sans *r'proche* et *n's*eront pas venues tout *ʒ'exprès d'la* Halle pour qu'un fichu *mareignier* d'eau douce *comm'*toi *lieux* passe *d'sus l'corps d'vant* la présence d'honnête *compagnée*.

2. Hé! mais vraiment, cette pauvre petite bête, donnez-lui à faire, il l'a bien gagné. Encore un coup, Cadet, je te le dis, que tu n'entreras pas avant nous, et que la mère Fanchette, qui est moi, et la commère Chaplu que voilà n'aurons, en vertu de dieu, pas fait six bonnes lieues sans reproche et ne serons pas venues tout exprès de la Halle pour qu'un fichu marinier d'eau douce comme toi leur passe sur le corps devant la présence d'honnête compagnie.

Dans la deuxième copie, nous avons transformé le texte de Beaumarchais vingt-cinq fois. Mais quand on y regarde de plus près, on constate qu'il y a quatre 'cuirs', ou liaisons abusives propres aux parades, et treize chutes du *e* muet (c'est-à-dire en somme, une transcription d'un phénomène phonétique déjà existant en réalité). Restent sept transformations phonétiques: l'y (lui); ben (bien); qu'est (qui est); v'la (voilà); verté (vertu); mareignier (marinier); lieux (leur); compagnée (compagnie).

Dans tous les cas, sauf un, il s'agit d'une simplification phonétique en position inaccentuée. Dans un cas, au contraire, il y a renforcement phonétique en position accentuée (leur devient lieux), ce qui n'est autre que le phénomène complémentaire.

La troisième transcription sera, comme nous l'avons dit, relative aux transformations syntaxiques:

3. Vraiment, laissez faire cette pauvre petite bête de Cadet qui l'a bien mérité! Cadet, je te répète que tu n'entreras pas avant moi, mère Fanchette, non plus qu'avant commère Chaplu que voilà, car nous n'aurons pas fait six lieues et ne serons pas venues tout exprès de la Halle pour qu'un méchant marin d'eau douce comme toi nous précède devant cette honnête compagnie.

La différence de syntaxe est assez grande, mais il n'y a pas grand écart sur le plan morphologique. En effet, si l'on ajoutait de grandes transformations de vocabulaire, on obtiendrait une langue tellement différente du français correct qu'elle ne serait plus intelligible aux spectateurs, ce qui n'est pas souhaitable, bien entendu. Pourtant, l'essentiel de la saveur et du comique de cette langue tient à son vocabulaire. Dès lors, comment Beaumarchais s'y prend-il pour présenter à ses spectateurs des personnages parlant un langage quasi argotique (ce qui, selon Bauché, entraîne l'inintelligibilité pour les non-initiés), et cependant assez clair pour être compris des spectateurs?

Pour résoudre ce problème, c'est-à-dire, pour faire parler ses personnages en argot, tout en les rendant intelligibles, Beaumarchais use d'un subterfuge habile: il déforme les mots. La valeur sémantique des mots est maintenue bien que leur forme ait changé. Cette transformation déroute et amuse le spectateur, qui reconnaît sa langue, dans la bouche des personnages, mais comme à travers un voile épais de suffixes et préfixes inattendus et qui viennent s'ajouter à l'accent inhabituel et à la syntaxe curieuse: ensemble*ment* (ensemble); échauff*aison* (échauffement); considér*ance* (considération); portr*aiture* (portrait, dans le sens de visage); coût*ance* (coût, prix); *dé*composition (composition); *re*compar*ager* (comparer).

Dans tous les mots énumérés ci-dessus, on arrive à reconnaître les mots dont il s'agit et à en saisir le sens, sans trop de difficulté. Mais il y a aussi des mots dont le sens nous est inconnu, des mots d'argot, comme par exemple, 'bouis' et 'blouque'; mais ils apparaissent surtout dans les jurons dont le nombre est très élevé, mais qui n'ont pas besoin d'être vraiment compris pour provoquer l'effet comique souhaité. En fait, la scène tout entière n'est rien d'autre qu'une longue dispute: les esprits s'échauffent jusqu'à en venir aux mains, puis tous se calment et présentent une offrande à leur seigneur. Ces jurons permettent à l'auteur de déployer une fantaisie verbale très savoureuse: partant d'expressions populaires et connues, il invente à plaisir et donne libre cours à son imagination:

sacrenom d'un chien	nymphe de la Salpêtrière
gueule d'empeigne	soubrette de la rue Fromenteau
chérubin d'enfer	blouque d'oreille d'gibet
mine de Belzébuth	débiteuse d'maux d'aventure
menton d'bouis	moule d'enfants trouvés
tête de mort	moule à diables
nez d'doguin	chienne d'écrevisse du quai Neuf
visage sans viande	gueuse, chienne, etc.

Cette longue liste nous permet de mettre en valeur le caractère pseudo-populaire de la parade, destinée en fait à un public qui ne parle pas cette langue. Les mots utilisés sont souvent bien plus familiers aux spectateurs qu'aux joyeux protagonistes de la querelle: des mots comme chérubins, Bélzébuth, nymphe, soubrette appartiennent au vocabulaire des classes nobles. En revanche, gueule, blouque, bouis appartiennent incontestablement au langage populaire. Beaumarchais brasse le tout pour arriver au but qu'il se propose: faire rire ses spectateurs qui se plaisent à s'encannailler. Le résultat est une langue riche et colorée, assez rabelaisienne, langue que Beaumarchais aime beaucoup, et qui demeure, tout au long de sa vie, la forme première de sa pensée, celle qu'il modifie après coup, en obéissant aux conseils de ses amis et en s'efforçant de réintégrer les limites du bon goût, sans toujours y parvenir tout à fait.[21]

En conclusion, quel est pour nous l'intérêt de cette parade? Il s'agit pour le jeune auteur d'un exercice de style. Il veut faire rire un public raffiné en lui proposant une dispute de poissards. Il utilise donc la langue poissarde et en propose une imitation assez fidèle pour que le public la reconnaisse pour telle: la pronociation et la syntaxe, pour autant qu'on puisse en juger, semblent réellement être celles de la langue poissarde. D'une part nous constatons l'existence d'un système phonique cohérent: 1. Réduction des éléments vocaliques fermés de la chaîne sonore en position non accentuée (e muet, u, $é$, $è$); 2. Ouverture des éléments vocaliques fermés en position accentuée ($è$, a); 3. Apparition d'un renforcement consonnantique (beau, biau); et d'autre part, la syntaxe présente de nombreux aspects caractéristiques de la langue parlée: interjections, répétitions, redondances, etc.

[21] voir à ce sujet Jacques Morel, 'Clocher devant les boiteux', *Revue des sciences humaines* (1965), pp.127-8. Dans cet article, l'auteur nous donne un exemple du sens du langage populaire dont Beaumarchais fait preuve.

La connaissance que nous avons de la vie de l'auteur nous autorise à penser qu'il connaît bien cette forme d'expression propre au petit peuple parisien et que l'échantillon qu'il propose à l'amusement des invités d'Etioles correspond à ce qu'il a réellement observé. Mais l'imitation *n'est pas* fidèle, Beaumarchais a adapté la langue poissarde qu'il avait entendue dans son enfance, à son public. Ce que nous avons, par conséquent, dans cette parade des *Députés de la Halle et du Gros-Caillou*, ce n'est pas un échantillon authentique de la langue poissarde, mais plutôt, un exemple de ce que les nobles et puissants s'imaginaient être la langue poissarde, ce qui est très différent.

Cependant, l'intérêt de cette parade n'est pas uniquement linguistique: il s'agit d'un exercice de style dramatique. Beaumarchais fait ses gammes, il apprend à bâtir un dialogue, et à s'adapter à son public tout en étant original. Certes, il est encore loin d'être en possession de tous ses moyens; le bon goût et le sens de la mesure lui font encore défaut. Mais la verve et la gaieté se déploient déjà, et la fantaisie verbale dont il fait déjà preuve est impressionnante. L'excès même est intéressant: il nous permet d'apprécier le sens de l'observation dont fait preuve le jeune auteur, sa capacité de reproduire une manière de parler considérée comme risible, d'en concentrer les effets sans les déformer, et d'y ajouter des éléments étrangers destinés à rendre le tout plus accessible à son auditoire. Ce petit exercice nous permet de prendre la mesure de son éblouissante fantaisie verbale qui se déploie dans la variété des insultes, jurons et apostrophes qu'il met dans la bouche des quatre poissards venus de la Halle et du Gros-Caillou. Nous retrouverons cette fantaisie chez Figaro et aussi chez Bazile ('fripon mon cadet'). La tirade du Barbier 'C'est mon bon ange, Excellence', (*Barbier*, I.ii, p.175) et celle de la calomnie (II.viii, p.191), doivent très certainement une bonne part de leur brio aux parades que Beaumarchais a écrites et dans lesquelles les monologues comiques abondent.[22] Quant aux disputes, si fréquentes dans les parades, nous en trouvons une dans le *Mariage* qui n'est pas sans ressembler beaucoup à celles dont elle est issue (*Mariage*, IV.x, p.328).

FIGARO. Un musicien de guinguette!
BAZILE. Un postillon de gazette!
FIGARO. Cuistre d'oratorio!
BAZILE. Jockey diplomatique!

[22] la parade *Jean-Bête à la foire*, p.633.

Certes la précision percutante des répliques de Figaro est encore loin des *Députés* qui amusent le public d'Etioles, mais nous pouvons affirmer que nous trouvons déjà là une bonne part de la gaieté, la vitalité, la fantaisie et surtout la verve qui donnent leur originalité à la langue de protagonistes du *Barbier* et surtout du *Mariage*.

b. *La gaieté et l'esprit*

Quel homme! il réunit tout, la boufonerie, le sérieux, la raison, la guaité, la force, le touchant, tous les genres d'éloquence; et il n'en recherche aucun; et il confond tous ses adversaires; et il donne des leçons à ses juges. Sa naïveté m'enchante. Je lui pardonne ses imprudences, et ses pétulances.[23]

La gaieté est le plus remarquable des traits de caractère de Beaumarchais. Naturellement porté vers la joie, les plaisirs et la société, il est ce que l'on appelle, dans notre jargon scientifique moderne, un extraverti, c'est-à-dire un individu tourné vers le monde extérieur, qui n'existe et ne se réalise que dans le dialogue constant avec ses semblables.

La gaieté et le mouvement endiablé qui animent la *Folle journée* trouvent leurs origines bien avant et c'est toute la vie de Beaumarchais qu'il faut passer en revue pour comprendre ce que signifie pour lui cette volonté constante de rire. C'est dans les *Mémoires* contre Goezman que se trouve la clé de ce mystère littéraire, dans la nécessité où il se vit de se défendre en présentant des arguments de chicane au moyen de l'esprit le plus pétillant. Avant cela, Beaumarchais faisait comme tout le monde, il riait de choses drôles comme les parades et, quand il s'agissait d'exprimer des pensées profondes ou de mettre sur scène des situations qui lui tenaient à cœur, il le faisait 'sérieusement' dans des drames, où le 'sérieux' des situations et des idées était souligné comme il se doit, par le 'sérieux' du ton. Ce faisant, il ne faisait que suivre la voie tracée par des multitudes d'hommes de lettres qui avaient toujours professé qu'il fallait surtout se garder du mélange des tons, c'est-à-dire ne pas traiter des sujets sérieux sur le mode comique et vice-versa.[24] Il faut avouer cependant que les choses avaient un peu changé depuis

[23] Voltaire, dans une lettre à d'Alembert du 25 février 1774 (Best.D18819).
[24] voir l'*Essai sur le genre dramatique sérieux*, pp.5-21.

l'époque classique: Voltaire s'était efforcé de mettre le tragédie au goût du jour, mais cela demeurait quand même un spectacle où l'on s'ennuyait avec distinction. Quant à Diderot, il avait fait de très gros efforts pour démontrer que les bourgeois pouvaient se hisser à la dignité du sérieux: malheureusement, la pratique n'avait pas suivi la théorie, et malgré les efforts réitérés des auteurs sans nombre, le théâtre était très éloigné, dans les sujets qu'il traitait, des problèmes qui préoccupaient réellement le public. Or, le seul vrai problème qui, en cette deuxième moitié du dix-huitième siècle, passionnait vraiment le public, c'était l'éclatement des structures, le malaise ressenti par une société nouvelle à l'étroit dans le carcan des traditions et supportant avec de plus en plus d'impatience un système qu'elle sentait dépassé. L'opposition se faisait jour dans tous les domaines entre des formes périmées, qu'il s'agît de justice, d'administration, de relations entre individus, de commerce . . . et une nouvelle pensée qui bouillonnait et cherchait à se réaliser. C'est à ce malaise que Beaumarchais donna forme et moyen d'expression. Il le fit non pas d'une manière 'sérieuse', mais au moyen d'une comédie où la gaieté et l'insolence formaient un mélange explosif, résumé par le vers final, devenu depuis proverbe: 'Tout finit par des chansons'.

Cette pensée est la réponse sceptique que l'optimisme de l'auteur impose, dans le cadre d'une comédie, à l'inquiétude métaphysique de son époque. Ce n'est pas vraiment un optimisme raisonné, c'est plutôt le dynamisme d'un être qui oppose instinctivement l'élan vital aux angoisses de l'esprit.

Chez Molière, le rire était un moyen de châtier les mœurs. Il en est tout autrement chez Beaumarchais. Ici les rieurs ne sont pas uniquement du côté du spectateur. Les personnages rient, eux aussi. Unis, après l'acharnement des rivalités, par la contagion de la bonne humeur, ils fournissent la grande leçon morale que propose Beaumarchais à une société qui croyait pouvoir se réconcilier avec elle-même, en dépit de tous les antagonismes, dans l'harmonie et dans la joie. Après des événements si bizarres, symboles de l'absurdité du destin dont, comme dit Brid'oison, 'on ne sait que dire', le 'gaudeant bene nati' de Figaro offre la seule solution. Heureux ceux qui sont bien nés, c'est-à-dire qui, par instinct, s'accordent au monde.

Le vaudeville final exprime cet accord instinctif avec le monde, énumérant dans le chant et la gaieté des vérités premières qui seraient autant de raisons de se heurter avec le monde pour ceux qui ne sont pas 'bene nati' (*Mariage*, pp.362-3):

2ème couplet: les plus forts ont fait la loi.

3ème couplet: la prudence ne sert à rien, les calculs les plus ingénieux sont déjoués.

4ème couplet: tout engagement est vain, et le mieux est de 'ne jurer de rien'.

5ème couplet: l'antique loi morale faisant de l'époux le maître jaloux de sa femme, ne répond pas à la loi de la nature, qui a créé la beauté et le charme pour le bien de tous.

6ème couplet: la loi de la nature se manifeste par les liens de famille et la sagesse est d'obéir à l'ordre mystérieux que crée le 'secret de l'amour', même s'il échappe à la raison.

7ème couplet: la naissance n'est rien, l'homme se fait lui-même et l'esprit peut tout changer.

8ème couplet: la nature nous conduit à ses buts par les plaisirs.

Ce credo à la fois moqueur et sceptique est une des meilleures illustrations de la conception nouvelle de l'homme telle qu'elle apparaît au cours du dix-huitième siècle, ainsi que de la 'notion du bonheur' qui se dégage de l'ensemble de la pensée et des écrits de cette époque.[25] C'est pourquoi on n'est pas vraiment surpris de constater que même au niveau de la technique d'écriture, c'est au Voltaire des contes que l'on compare Beaumarchais le plus volontiers. C'est qu'il y a chez les deux, au départ, la même volonté de réagir par le rire aux absurdités de l'existence, le même refus de les subir avec passivité.

Par delà l'incontestable génie dramatique qui n'appartient qu'à lui, c'est donc à l'auteur de *Candide* que fait penser Beaumarchais. Pour l'un comme pour l'autre, il s'agit de toucher un très grand public et lui transmettre des idées socio-politiques. Pour y parvenir, l'un comme l'autre créent une forme littéraire nouvelle. L'idée prévalante, philosophique et sociale chez Voltaire, est sociale et politique chez Beaumarchais (c'est-à-dire que ses rapports avec l'actualité sont plus étroits). Elle est servie par une forme littéraire, conte ou comédie, qui a les qualités susceptibles de séduire un grand public: esprit pétillant, légèreté et philosophie enrobée de libertinage. Dans ce sens, la leçon

[25] voir à ce sujet Robert Mauzi, *L'Idée du bonheur dans la littérature et la pensée françaises au 18ème siècle* (Paris 1969). Il est intéressant de noter que Beaumarchais est pratiquement absent de cette étude, dont il devrait pourtant être une des meilleures illustrations.

de sciences expérimentales qui intéresse tant Cunégonde correspond à l'application du droit du seigneur que Suzanne cherche à esquiver.

En plus de la manifestation d'un trait de caractère propre à l'auteur, la gaieté est donc un moyen de présenter ses idées de la manière la plus efficace.

Plaire au public signifie l'amuser en excitant son esprit par une intrigue dans laquelle politique et libertinage sont inextricablement mêlés, et ceci sur un rythme endiablé, et dans un style mariant successivement les nécessités de l'efficacité dramatique au pétillement de l'esprit.

On ne s'est d'ailleurs pas encore avisé du fait que *Le Mariage de Figaro*, tout comme *Candide*, a été écrit très rapidement, et que nous ne connaissons les dates exactes de rédaction ni de l'un, ni de l'autre. Nous savons cependant, qu'à l'époque de cette composition, nos deux écrivains menaient, l'un comme l'autre, une vie extrêmement mouvementée et que les deux ouvrages ont suscité de grands mouvements d'opinion dès leur parution, ainsi que des réactions hostiles du pouvoir suivies de déclarations faussement naïves et étonnées de l'auteur: Voltaire fait semblant de renier son ouvrage et Beaumarchais, aux prises avec les multiples censures, qualifie le sien de 'la plus badine des intrigues'. Mais pour Voltaire comme pour Beaumarchais, ce jeu de cache-cache avec le pouvoir fait partie du processus même de la création ou plutôt des rapports existant entre l'auteur et son public.

Ceci dit, *Le Mariage de Figaro* est, tout comme *Candide*, une œuvre de maturité, où l'auteur fait en quelque sorte le point de sa propre expérience de la vie, quitte à en faire part éventuellement à ses semblables.

L'année 1778 est celle de la mort de Voltaire après son retour triomphal à Paris et la fameuse représentation d'*Irène*, à laquelle Beaumarchais avait assisté. C'est également l'année où le *Mariage* est composé, alors que Beaumarchais est en train de mettre sur pied sa grande entreprise d'édition des œuvres complètes de Voltaire, de ce Voltaire qu'il idolâtre, auquel il a voulu envoyer les prémisses de sa plume quand il était jeune et pour sauvegarder l'œuvre duquel il déploiera des trésors d'énergie, d'astuce et d'intelligence, sans compter la fortune engloutie dans cette édition invendue.

Il est peut-être bon de tenir compte de la très grande admiration de Beaumarchais pour Voltaire lorsqu'on étudie son style et sa technique:

257

transposant en une forme dramatique ce que Voltaire avait mis au point dans le conte philosophique, nous pouvons voir en cette forme littéraire le modèle permettant à Beaumarchais de mettre au point sa propre technique, ainsi que l'essentiel de son inspiration et peut-être même de ses véritables sources. C'est également chez Voltaire que Beaumarchais puise l'essentiel de ses idées. Les thèmes que nous avons relevés dans le *Mariage* sent ceux-là même qui forment l'essentiel de la pensée du patriarche de Ferney, ceux qu'il a répandus et popularisés au moyen de ses écrits innombrables. Voulant lui aussi répandre des idées par le truchement d'une œuvre gaie, c'est chez Voltaire que Beaumarchais s'instruit et une fois encore, c'est à *Candide* que nous fait penser le *Mariage*.

En effet, la qualité première d'un ouvrage gai est, bien entendu, de faire rire et même beaucoup rire. Comme les trouvailles doivent se succéder sans interruption, le rythme devient, dans un ouvrage de cette nature, un élément capital. C'est par sa vivacité que *Candide* est supérieur aux autres contes de Voltaire, de même que c'est le rythme endiablé qui donne au *Mariage* ce ton de gaieté qui lui est propre.

Mais un rythme pareil suppose un renouvellement continuel des effets, c'est-à-dire, la plus grande richesse d'invention. Rapidité devient ainsi synonyme d'abondance ou pour ceux qui ne goûtent pas ce style, d'excès. Cette gaieté fatigue parfois, en effet. Les romantiques associent volontiers à Voltaire les adjectifs 'hideux, grinçant, grimaçant' et ne cachent leur antipathie ni pour le maître ni pour son disciple.[26] Et effectivement, on ne saurait nier la ressemblance entre Candide et notre barbier Figaro, tant par la multiplicité des aventures que par l'énergie et le courage que tous deux opposent à l'adversité.

La rapidité de rythme implique également une certaine sécheresse, défaut que l'on reproche à Voltaire autant qu'à Beaumarchais.

L'étonnante vitalité de Voltaire — aussi incroyable en son genre que celle d'un Rabelais ou d'un Diderot — se cache derrière un art filtré, poli, d'où tout ce qui est malséant a été éliminé. C'est une vitalité de Parisien, d'homme de salon et de cabinet, créateur de héros à la silhouette un peu grêle, à la

---

[26] cf. Michelet, *Histoire de France*, v.492, parlant du *Mariage:* 'cet énorme aposthume d'âcretés, de satires, traits haineux, mots mordants [. . .]. Cf. également Balzac, qui fait de Beaumarchais un financier ennuyeux à périr, dans ses *Etudes philosophiques*, 'Sur Catherine de Médicis' (*Œuvres complètes* (Paris 1869-1876), xvi.641ff).

démarche sautillante, mais qu'animent la plus formidable bonne humeur et l'ironie la plus corrosive qui aient jamais existé.[27]

Démarche sautillante mise à part, tout ce que Jean Sareil dit de Voltaire et de son personnage convient admirablement à Beaumarchais et à son héros. Mais, à la 'formidable bonne humeur' et 'l'ironie corrosive' il convient d'ajouter un élément de plus, qui en est le fruit sur le plan dramatique: l'insolence.

C'est à ce trait particulier que nous consacrerons le chapitre prochain.

c. L'insolence

'A moins qu'on ne l'écorche vif, je prédis qu'il mourra dans la peau du plus fier insolent' (*Mariage*, I.iv, p.263). Pour analyser la verve de Beaumarchais, nous avons tenté d'en saisir les premières manifestations, examinant comment elle apparaissait à l'état brut dans une parade. De même, pour comprendre sa gaieté, nous avons eu recours à une comparaison avec Voltaire. Nous n'avons pas poussé davantage cette étude, malgré l'intérêt qu'elle aurait pu présenter, car il s'agirait là d'un examen du style du *Mariage* et non plus de sa thématique. Cette remarque n'est plus valable pour ce qui est de l'insolence, substance même, cœur et noyau de l'expression de Beaumarchais. Plus d'échappatoire possible désormais, c'est Figaro lui-même qui doit être étudié, celui du *Mariage*, c'est-à-dire le personnage aux propos duquel les spectateurs réagissaient avec enthousiasme en 1784, car il exposait les revendications au bonheur, au pouvoir et surtout à la dignité d'une classe qui se sentait frustrée.

Etudiant dans un chapitre précédent une scène particulièrement caractéristique de Beaumarchais, nous avons constaté que sa technique faisait souvent penser à celle d'un prestidigitateur. Alors que la comédie s'intitule *Le Mariage de Figaro*, qu'il n'est question que de ce mariage au cours de cinq grands actes, et que la pièce comporte en outre une cérémonie des plus imposantes, il s'avère en fin de compte que le mariage n'a pas encore eu lieu au moment où se termine la comédie. C'est manifester beaucoup de désinvolture à l'égard de son public que de se moquer de lui de la sorte. Et pourtant, le public est ravi et fait

---

[27] Jean Sareil, *Essai sur Candide* (Genève 1967), p.95.

du bavard Figaro le porte-parole de ses revendications. C'est que Figaro dit à haute voix ce que chacun pense tout bas et c'est précisément cette insolence qui séduit le spectateur 'frondeur'. L'intrigue n'a désormais qu'une importance secondaire puisqu'elle ne fait que servir de prétexte, de support à l'expression de sentiments de révolte que partagent tous les spectateurs:

Les audaces du *Mariage de Figaro*, j'ai vu qu'elles étaient un peu partout dans Pascal, La Bruyère, Montesquieu, Marivaux, Voltaire, Diderot, Rousseau etc. Beaumarchais a eu l'esprit de les ramasser, de *leur donner une forme particulièrement incisive et agressive* et de les avoir au bon moment.[28]

C'est cette forme 'incisive' et qui apparaît 'au bon moment', que nous nommons insolence et que nous considérons comme constituant l'essence même de cette comédie. En effet, les personnages sont copiés sur le vif, les thèmes sont ceux de tout le monde et la verve et la gaieté sont d'habiles procédés de style, sans plus. A eux tous, ils contribuent à former un ensemble charmant, gai et léger: le canevas de l'opéra de Mozart. Mais ce qui a rendu Louis XVI furieux, ce que le public acclamait avec frénésie, ce que les critiques s'étonnaient de trouver, et surtout ce que Beaumarchais niait y avoir mis, c'était le je-ne-sais-quoi supplémentaire, que nous avons nommé insolence, et que nous allons tenter de cerner dans les pages qui suivent.

Nous avons dit à plusieurs reprises que c'est dans les *Mémoires* que Beaumarchais a mis au point le ton particulier qui est le sien. Forcé par la nécessité d'emporter l'adhésion de l'opinion publique, il le fait en mettant les rieurs de son côté. C'est ainsi, par exemple que, répondant aux accusations de mme Goezman qui pensait le désarçonner en lui reprochant son humble origine, il fait rire ses lecteurs et place son ennemie dans la plus embarrassante des situations en répondant de la manière suivante (*Mémoires*, pp.148-9):

Vous entamez ce chef-d'œuvre par me reprocher l'état de mes ancêtres [. . .] Forcé de passer condamnation sur cet article, j'avoue avec douleur que rien ne peut me laver du juste reproche que vous me faites d'être le fils de mon père [. . .]

[28] Jules Lemaître, *Impressions de théâtre* (5ème série, 16 avril 1888), cité par Claude Hubert, éd. *Le Mariage de Figaro* (Paris 1971), p.190.

Cependant avant de prendre un dernier parti sur cet objet, je me réserve de consulter, pour savoir si je ne dois pas m'offenser de vous voir ainsi fouiller dans les archives de ma famille, et me rappeler à mon antique origine qu'on avait presque oubliée. Savez-vous bien, madame, que je prouve déjà près de vingt ans de noblesse, que cette noblesse est bien à moi, en bon parchemin, scellé du grand sceau de cire jaune: qu'elle n'est pas comme celle de beaucoup de gens, incertaine et sur parole, et que personne n'oserait me la disputer, car j'en ai la quittance?

Pour les dictionnaires, l'insolence est 'une perte de respect' (Littré), ou encore 'un manque de respect qui a un caractère injurieux de la part d'un inférieur ou d'une personne jugée telle' (Robert). C'est bien de cela qu'il s'agit dans le texte que nous venons de citer où Beaumarchais réduit le plus vivace des préjugés, l'orgueil de la naissance, au rang d'une marchandise qui s'achète et se vend, non sans insinuer au passage que sont des menteurs ceux qui n'ont pas, comme lui, une 'quittance'.

L'insolence apparaît dans un contexte d'inégalité. Elle est la contestation de cette inégalité par l'inférieur, qui ne la considère plus comme allant de soi. N'oublions pas en outre que le terme est péjoratif et qu'on le rencontre le plus souvent dans la bouche d'une maître mécontent de la conduite de son subordonné. Il faut ajouter qu'en général, lorsque le terme apparaît, c'est que le maître n'est pas en mesure d'imposer sa volonté. Molière nous fournit un bel exemple de cet état de choses: l'insolence de la servante s'y accompagne de la réaction indignée mais impuissante du maître (*Le Bourgeois gentilhomme*, III.ii):

M. JOURDAIN. Quelle friponne est-ce là? Te moques-tu de moi?
NICOLE. [. . .] Monsieur, je vous demande pardon; mais vous êtes si plaisant que je ne saurai me tenir de rire. Hi, hi, hi!
M. JOURDAIN. Mais voyez quelle insolence!
NICOLE. [. . .] Monsieur . . . eur, je crèverai . . . ai si je ne ris, hi, hi.
M. JOURDAIN. Mais a-t'on jamais vu une pendarde comme celle-là, qui vient me rire insolemment au nez au lieu de recevoir mes ordres?

Cependant, l'insolence de Nicole n'est qu'épisodique. Malgré son franc-parler, elle demeure profondément attachée à l'ordre établi, celui qu'elle s'applique de tout cœur à restaurer et que Monsieur Jourdain, par ses lubies et sa conduite grotesque, risque de mettre en danger. Les insolences n'apparaissent que lorsque l'autorité du supérieur fait défaut, ce dont Nicole est la première à se désoler.

Les relations établies entre Almaviva et Figaro sont de tout autre ordre. Dès leur premier dialogue, sous les fenêtres de Rosine, Figaro a donné le ton en lançant: 'FIGARO. Aux vertus qu'on exige d'un Domestique, Votre Excellence connaît-elle beaucoup de Maîtres qui fussent dignes d'être Valets?' (*Barbier*, i.ii, p.174). La réplique est très osée, puisqu'elle sous-entend que lui, Figaro, vaut plus que le Comte, ce qui est une mise en cause du système. Maîtres et valets n'appartiennent plus à des catégories distinctes, entre lesquelles s'élève une cloison étanche (ce qui était le cas chez Molière), mais il existe un nouveau système de valeurs égalitaire, et qui annule le précédent. Cette réplique très agressive et très méchante est un exemple typique de l'insolence à la manière de Beaumarchais. Manifestation d'un esprit 'frondeur', elle est étroitement liée à l'autorité contre laquelle elle lutte. Dans le cas ci-dessus, le Comte ne se sent pas contesté et la boutade de son ancien valet l'amuse sans l'inquiéter. Sans tenir compte de son contenu, il en apprécie l'esprit et la vivacité: 'LE COMTE. Pas mal! Et tu t'es retiré dans cette Ville?'

Du *Barbier* au *Mariage*, la situation du Comte va se détériorer, ce qui se traduit par l'agressivité de plus en plus grande des propos des serviteurs, et de Figaro en particulier

Dans le *Barbier*, Bartholo, furieux de n'être pas obéi, s'exclamait avec colère: 'Je suis votre maître, moi, pour avoir toujours raison' (ii.vii, p.189). Le Comte ne peut plus parler de la sorte, même s'il le désire, car il ne s'adresse pas à l'Eveillé ou La Jeunesse, valets stupides, mais à Figaro, 'l'homme le plus dégourdi de sa nation', ce qui transforme toutes les données à son désavantage. Certes, Almaviva est encore le maître mais, si Figaro maintient encore les apparences du respect le plus profond, il ne cache plus son mépris pour l'homme qu'il sert: 'FIGARO. [...] pour tirer parti des gens de ce caractère, il ne faut qu'un peu leur fouetter le sang' dit-il à la Comtesse qui ne trouve pas la réflexion déplacée (*Mariage*, ii.ii, p.280). Ailleurs, il ironise encore: 'Puisque Madame le veut, que Suzanne le veut, que vous le voulez vous-même, il faut bien que je le veuille aussi: mais à votre place, en vérité, Monseigneur, je ne croirais pas mot de tout ce que nous vous disons' (*Mariage*, ii.xx, p.298).

Le Comte ne réagit pas au persiflage, bien que le ton moqueur de son valet lui fasse perdre patience: 'Toujours mentir contre l'évidence! à la fin, cela m'irrite' (p.298). Quand il ne lui lance pas des répliques cinglantes, Figaro s'arrange pour mettre le Comte dans l'embarras. Tombant dans le piège, celui-ci s'empêtre dans de belles phrases (*Mariage*, I.x, pp.273-4).

> FIGARO, *malignement.* Qu'il est bien temps que la vertu d'un si bon maître éclate [. . .]
> LE COMTE, *plus embarrassé.* Tu te moques, ami! l'abolition d'un droit honteux n'est que l'acquit d'une dette envers l'honnêteté [. . .]

Certes le Comte n'est pas dupe des belles paroles, mais il est impuissant . . . Comme son motif n'est pas avouable et qu'il ne peut user de son autorité, il est obligé de se plier aux volontés de Figaro, tout en maintenant quand même certaines apparences (p.274):

> LE COMTE [L'amour] que j'ai toujours, Madame; et c'est à ce titre que je me rends.
> TOUS ENSEMBLE. Vivat!
> LE COMTE, *à part.* Je suis pris! [. . .]

Il est bel et bien pris, et tout au long de cette *Folle journée*, il ne fera que s'enferrer davantage pour conclure, penaud: 'LE COMTE [. . .] J'ai voulu ruser avec eux; ils m'ont traité comme un enfant!' (*Mariage*, v.xix, p.360). En fait, tout au long de la comédie, c'est surtout avec Figaro que le Comte veut ruser . . . Mais La Fontaine déjà nous avait appris que la ruse était l'arme des faibles contre les puissants, de Figaro-le-renard contre Almaviva-le-lion. Comment se fait-il qu'il y ait eu un tel renversement des rôles? que ce soit le grand seigneur qui soit obligé de ruser pour imposer sa volonté à son valet? Les choses ont décidément beaucoup changé depuis le grand siècle et, si la façade se maintient encore, elle a de plus en plus de mal à cacher les réalités nouvelles. La façade se maintient et le Comte va même jusqu'à traiter Figaro d'insolent. Mais nous avons déjà noté que lorsque le maître en arrive à dire cela de son subordonné, c'est qu'il manifeste un signe d'impuissance à se faire obéir. Nicole ne s'arrête pas de rire quand M. Jourdain la traite d'insolente, mais du moins elle s'excuse. Les valets de Bartholo, eux aussi, se sentent coupable lorsque leur maître se fâche et ils réagissent à ses propos (*Barbier*, II.vii, p.189):

> BARTHOLO. [. . .] Il n'y aurait qu'à permettre à tous ces faquins-là d'avoir raison, vous verriez bientôt ce que deviendrait l'autorité.
> LA JEUNESSE, *éternuant.* J'aime autant recevoir mon congé. Un service pénible, et toujours un train d'enfer.

Plus rien de tel dans le *Mariage* ... Ce dont parlait Bartholo est arrivé: on a permis à ces faquins-là d'avoir raison et voilà ce que devient l'autorité. Le Comte s'est laissé duper par Figaro, et même lorsqu'il le prend sur le fait, il ne peut plus imposer sa volonté. Il a la preuve que Figaro lui a menti, il est furieux, et néanmoins, il ne sévit pas (*Mariage*, IV.vi, p.334):

> LE COMTE, *sèchement*. Il ne chante pas; il dit que c'est lui qui a sauté sur les giroflées [...]
> FIGARO. On aurait sauté deux douzaines; et qu'est-ce que cela fait, Monseigneur, dès qu'il n'y a personne de blessé? [...]
> LE COMTE, *outré*. Jouons-nous une Comédie?

Il est si bien battu par Figaro qu'il finit même par en prendre conscience (*Mariage*, IV.viii, p.335):

> LA COMTESSE. Voici les deux noces, asseyons-nous donc pour les recevoir.
> LE COMTE, *à part*. La noce! il faut souffrir ce qu'on ne peut empêcher.

La scène suivante, qui est celle de la cérémonie du mariage, mettra un peu de baume sur ses blessures d'amour-propre. D'une part, la somptueuse cérémonie proclame ses vertus, et d'autre part, Suzanne lui glisse enfin le billet tant attendu. Certes, nous savons que tout cela n'est qu'un piège de plus tendu au Comte, mais il a ainsi le loisir d'oublier sa colère, et de retrouver sa place habituelle, celle du seigneur auquel chacun accorde les marques du respect le plus profond. Mais on oublie sa présence dès que les esprits s'échauffent et que les intérêts sont en jeu. Au beau milieu de la cérémonie apparaît Bazile qui vient réclamer son dû, la main de Marceline (*Mariage*, IV.x, p.337):

> BAZILE. Qu'après avoir prouvé mon obéissance à Monseigneur en amusant Monsieur [Grippe-Soleil], qui est de sa compagnie, je pourrai, à mon tour, réclamer sa justice [...]
> LE COMTE. Enfin que demandez-vous, Bazile?

Figaro intervient brutalement dans la conversation et empêche le comte de continuer, provoquant une dispute qui n'est pas sans rappeler les parades, dispute au cours de laquelle le Comte tente d'intervenir, et est totalement ignoré. C'est alors qu'il traite les deux compères d'insolents, mais cette qualification ne fait que souligner de la manière la plus éclatante la totale impuissance du Comte à imposer sa volonté, et à faire taire les deux domestiques qui sont, en sa présence, sur le point d'en venir aux mains (*Mariage*, IV.x, p.338):

FIGARO. Parce qu'il fait de plats airs de chapelle?
BAZILE. Et lui, des vers comme un Journal?
FIGARO. Un musicien de guinguette!
BAZILE. Un postillon de gazette!
FIGARO. Cuistre d'oratorio!
BAZILE. Jockey diplomatique!
LE COMTE *assis*. Insolents tous les deux!
BAZILE. Il me manque en toute occasion.
FIGARO. C'est bien dit, si cela se pouvait!
BAZILE. Disant partout que je ne suis qu'un sot.
FIGARO. Vous me prenez donc pour un écho?
BAZILE. Tandis qu'il n'est pas un chanteur que mon talent n'ait fait briller.
FIGARO. Brailler.

L'intervention du Comte n'influe en rien sur la querelle; celle-ci ne se terminera que lorsque Bazile aura appris la nature des relations nouvellement découvertes entre son ennemi Figaro et la dame de son cœur Marceline. Bazile se retire alors, à la satisfaction générale, et le Comte a déjà oublié le manque de respect dont on s'est rendu coupable devant lui. Quoique impartialement méprisant, son jugement était parfaitement inutile. Quand il reprend la parole, il ne songe plus à sa supériorité formelle sur Figaro, mais à leur rivalité réelle: 'FIGARO. Donc à la fin j'aurai ma femme! LE COMTE *à part*. Moi, ma maîtresse' (*Mariage*, IV.xi, p.339). En vérité, si le Comte est encore le maître, c'est bien parce que ses sujets le veulent: 'ANTONIO. Si vous n'avez pas assez de ça pour garder un bon domestique, je ne suis pas assez bête, moi, pour renvoyer un si bon Maître'. (*Mariage*, II.xxi, p.299). Le Comte ne répond pas à son jardinier, car il ne se sent ni le pouvoir, ni le goût, ni la possibilité de faire sentir son autorité. Il ne trouve même pas incongru d'aller lui-même chez l''ivrogne de jardinier' pour lui donner des ordres (*Mariage*, I.ix, p.272).

Mais tout cela n'est rien en regard de la dégradation que subit le Comte dès qu'il a affaire à Figaro. Le sachant supérieur à sa condition, il cherche à le séduire en lui proposant un poste de courrier d'ambassade, et fait de gros efforts, tout au long de la scène cinq de l'acte trois, pour le 'sonder adroitement', et démêler s'il est instruit de son 'amour pour Suzanne'. S'il y parvient en fin de compte, ce n'est pas parce qu'il est plus intelligent que son valet, mais parce que ce dernier est un bavard impénitent.

A plusieurs reprises, en effet, le Comte attaque un nouveau sujet de conversation, espérant ainsi soutirer de Figaro l'information voulue. Dans chaque cas, Figaro esquive la question et parle pour ne rien dire: Cinq fois de suite, le Comte reprend son interrogatoire de cinq points de vue différents, et cinq fois, Figaro esquive le coup (*Mariage*, III.v, pp.308-310):

> LE COMTE. Je voudrais bien savoir quelle affaire peut arrêter Monsieur, quand je le fais appeler? [...]
> LE COMTE. Ce n'est pas ce que je voulais dire, laissons cela. J'avais ... oui, j'avais quelque envie de t'emmener à Londres, courrier de dépêches ... mais toutes réflexions faites ... [...]
> LE COMTE: Quel motif avait la Comtesse, pour me jouer un pareil tour? [...]
> LE COMTE. Combien la Comtesse t'a-t-elle donné pour cette belle association? [...]
> LE COMTE. Pourquoi faut-il qu'il y ait du louche en ce que tu fais?

Sur le terrain de la discussion, le Comte est battu. Ou plutôt, il le serait si Figaro n'était pas aussi bavard. Savourant son petit triomphe, l'imprudent valet prend alors l'initiative, déclare au Comte qu'il renonce à la fortune, qu'il connaît la politique autant que l'anglais et espère même gagner son procès contre Marceline. C'est une faute grave, car il rappelle ainsi au Comte où se trouve son véritable pouvoir. Par cette erreur de tactique, Figaro donne au Comte le moyen de raffermir son autorité chancelante. En se moquant de la justice, il lui a rappelé que c'était là le dernier terrain où son pouvoir pouvait se manifester. Il n'est donc pas étonnant qu'au stade suivant de la lutte contre Figaro, le Comte déploie tout le faste de la justice, aidé en cela par le 'sublime Brid'oison': 'LE COMTE. Je donnais là dans un bon piège! O mes chers insolents! je vous punirai de façon ... Un bon arrêt, bien juste ...' (*Mariage*, III.ii, p.314). Pour le Comte, la Justice est le moyen de punir l'insolence et de maintenir son autorité. Comme Figaro ne dispose, face à la 'justice' du Comte, que de la parole, elle se fait incisive. C'est la seule arme qui lui permette de se lancer à l'assaut d'un système de valeurs et de privilèges qui le défavorise et qu'il veut renverser. Il n'y a pas de différence de nature entre l'insolence et l'éloquence: c'est une différence de degré.

Chez Beaumarchais, en effet, l'insolence n'est pas une anodine manière de s'exprimer. C'est une arme, et c'est surtout sous cet aspect que nous devons la considérer. Mais elle ne peut être 'efficace', ne peut devenir levier politique que dans la mesure où elle est perçue comme telle par le public. C'est donc de ce point de vue que nous l'étudierons. Ayant commencé par voir les propos relativement bénins dont la comédie est semée, nous passerons maintenant à ce que le public a *refusé* de recevoir (supprimé soit par les censures, soit par l'auteur lui-même). Ce n'est qu'à la fin que nous examinerons les passages où l'insolence se manifeste avec le plus d'éclat, glissant insensiblement vers l'éloquence révolutionnaire.

L'insolence de Figaro n'apparaît pas ex nihilo. Bien qu'elle soit avant tout le fruit de la tournure d'esprit de son créateur, elle répond également à un besoin du public. S'il n'en était pas ainsi, elle aurait disparu au cours des lectures multiples que Beaumarchais a faites de son ouvrage, lectures au cours desquelles il sollicitait les critiques aussi bien que les louanges. Elle aurait disparu à la suite des censures dont la comédie a été l'objet, et qui ont effectivement contribué à la suppression d'allusions trop nettes à l'actualité, comme ces développements que nous trouvons dans les variantes et où il est question d'une 'tragédie dans les mœurs du sérail' qui cause à son auteur des ennuis avec 'le bishop diocésain', c'est-à-dire l'église (Ratermanis, p.595); ou bien ces développements au cours desquels l'homme d'affaire l'emporte sur l'auteur dramatique et réfléchit longuement à des problèmes d'économie politique (Ratermanis, pp.595-6):

[...] plus il faut d'argent pour payer du pain, plus l'émulation augmente parmi les peuples qui vivent [de] pain et leurs travaux accumulés amènent l'abondance dans toutes les parties, et plus il est prospère les denrées abondantes sont chères, plus le peuple est riche, car le produit net etc., etc. Et l'on écrivait beaucoup, et le peuple murmurait [...]

Certes le peuple murmurait, il grondait même . . . Mais ces allusions trop nettes à l'actualité disparaissent de la version définitive, car c'est plus que ce que le public était prêt à recevoir. Les suppressions de Da Ponte-Mozart, sur lesquelles nous reviendrons plus loin, vont dans le même sens, réduisant Figaro à une sorte d'Arlequin supérieur. C'est que le public de Vienne, et surtout son gouvernement, refusaient d'en admettre davantage (la mise en scène de Jean Meyer va d'ailleurs dans le même sens. La Comédie française y suit Mozart de très près. Ce sont les mêmes suppressions, un peu moins abondantes seulement). Malgré l'énorme succès de scandale, la comédie de Beaumarchais était interdite de représentation à Vienne, et Joseph II ne l'autorisa le 1er mai 1786, sous forme d'opéra, qu'après avoir personnellement constaté que les détails subversifs de l'œuvre dramatique avaient disparu de l'ouvrage de Mozart, dont le génie avait d'ailleurs fait subir à la pièce de Beaumarchais une extraordinaire métamorphose.

Venant après le procès Goezman et les *Mémoires* qui contribuèrent beaucoup à l'échec de la réforme Maupeou, le procès qui a lieu à l'acte trois du *Mariage* ne saurait voir son importance sous-estimée. La manière dont Beaumarchais présente la justice et les relations qu'elle entretient avec le pouvoir dont elle est l'instrument, tout cela est une attaque très vive, très virulente, et surtout très efficace. Claire, rapide, violente et spirituelle, la critique que Beaumarchais fait des institutions judiciaires dont lui-même a tant souffert est une des plus importantes de l'époque. Fidèle à sa technique habituelle, Beaumarchais n'attaque pas de front. Rien dans les propos de ses personnages n'offre de prise à la censure. Mais les sous-entendus ne font de mystère pour personne et c'est là que Beaumarchais triomphe.

'Cet homme se joue de tout ce qu'il faut respecter dans un gouvernement', avait déjà remarqué Louis XVI avec humeur. Et c'est effectivement là que se situe l'insolence première, celle dont procèdent toutes les autres. La manière même dont Beaumarchais conçoit son intrigue et oppose ses différents personnages est un chef-d'œuvre du genre. Il nous présente en effet au centre de l'action un grand, détenteur du pouvoir et des privilèges, mais que sa mauvaise conscience empêche d'agir ouvertement et franchement, et qui en est ainsi réduit à s'aider d'alliés peu sûrs et méprisables, Bazile, Marceline et Brid'oison, et surtout de ruser, ce qui a toujours été l'arme des faibles. Le Comte est présenté comme 'un grand seigneur au milieu de sa valetaille qui le dupe, le joue et le bafoue pendant tout le temps'.[29] Bachaumont, qui s'exprime de cette manière hargneuse, grossit peut-être les traits, mais ce qu'il dit n'est pas dénué de fondement. Certes, Beaumarchais nous fait remarquer qu'il a eu 'le respect généreux de ne prêter au Comte

---

[29] Bachaumont, cité par Félix Gaiffe dans *Le Mariage de Figaro* (Paris 1928), p.84.

IV. LES PROCEDES DU STYLE

aucun des vices du peuple (*Mariage*, 'Préface', p.239) ce qui est à mettre à son avantage. Mais on peut lui répartir qu'il n'a fait ainsi que souligner les vices inhérents à la noblesse en tant qu'état, les distinguant des défauts de tous les humains. Sa critique donc n'est pas morale, mais sociale. Si, par ailleurs, nous comparons Almaviva à un autre grand seigneur, Dom Juan de Molière, nous mesurons une fois de plus le chemin parcouru entre temps. Chez Molière, Dom Juan était un 'esprit fort', tranquillement installé dans son immoralisme: les règles de la morale courante n'avaient pas de sens pour lui. Il était d'une autre essence et opposait le même refus de la morale courante à son valet, à ses créanciers, et à ses victimes. Que son châtiment fût en dehors des normes habituelles était dans l'ordre des choses: Dom Juan lui-même n'y entrait pas. Il était, dans toute la force du terme un *grand*. Son descendant Almaviva est loin d'avoir la même majesté. En dépit des efforts qu'il fait pour maintenir la tradition libertine, les résultats sont navrants. La morale aristocratique de Dom Juan est battue en brèche par celle, populaire, de Figaro.

En effet, Beaumarchais explique dans sa préface (p.240): 'qu'un Seigneur assez vicieux pour vouloir prostituer à ses caprices tout ce qui lui est subordonné, pour se jouer dans ses domaines de la pudicité de toutes ses jeunes vassales, doit finir, comme celui-ci, par être la risée de ses valets'. Mais les seigneurs n'ont jamais rien fait d'autre que de soumettre leurs vassaux à leurs caprices. Si donc un auteur considère que cet état de choses n'est pas normal et qu'il obtient l'approbation enthousiaste de son public, c'est que ce public admet que la situation doit changer et qu'effectivement 'il faudrait détruire la Bastille'.

L'auteur et son public s'accordent donc et, par le moyen de la comédie et de son intrigue, Beaumarchais contribue à la prise de conscience collective. Dans les réparties de Figaro, nous pouvons déceler une 'technique de l'insolence'. Il s'agit dans tous les cas d'une formule lapidaire (l'efficacité y provenant de la concision), dans laquelle la notion de maître, ou seigneur, se trouve opposée à celle de valet, domestique ou sujet. Dans tous les cas, la formule en question constate que cette opposition repose sur une idée fausse, et cet état de choses est soudain ressenti comme intolérable. C'est ainsi que ce que l'on a coutume de nommer insolence n'est rien de moins que la mise en question du système.

[a] ANTONIO. Si vous n'avez pas assez de ça pour garder un bon domestique, je ne suis pas assez bête, moi, pour renvoyer un si bon maître.[30]

[b] LE COMTE. Les domestiques ici . . . sont plus longs à s'habiller que les maîtres!

FIGARO. C'est qu'ils n'ont pas de valets pour les y aider.[31]

[c] FIGARO. Tenez, Monseigneur, n'humilions pas l'homme qui nous sert bien, crainte d'en faire un mauvais valet.[32]

Dans ces trois cas, c'est le système de relations entre le maître et le valet qui est mis en cause, mais la critique va plus loin encore dans le passage suivant (*Mariage*, III.v, p.310):

LE COMTE. Une réputation détestable!

FIGARO. Et si je vaux mieux qu'elle? y-a-t-il beaucoup de Seigneurs qui puissent en dire autant?

Figaro conteste le rapport existant entre la situation sociale d'un individu et sa 'réputation', c'est-à-dire l'image que les autres ont de lui. Reposant sur un système de valeurs fausses, ce rapport est implicitement considéré comme inacceptable. Beaumarchais lui-même signale dans sa préface que cette réplique provoquait des remous dans l'assistance. Et pourtant, il ne l'a pas supprimée, pas plus que les répliques où les institutions étaient mises en cause (*Mariage*, III.v, p.311):

LE COMTE. Au tribunal, le Magistrat s'oublie, et ne voit plus que l'ordonnance.

FIGARO. Indulgente aux grands, dure aux petits . . .

ou encore: 'FIGARO. L'usage, maître Double-Main, est souvent un abus [. . .]' (*Mariage*, III.xv, p.318). Dans ces répliques, c'est l'appareil judiciaire qui est mis en question par l'écart constaté entre les principes proclamés et leur application. Ailleurs encore, Beaumarchais établit une confusion voulue entre 'grands' et 'fripons' (*Mariage*, v.ii, p.344):

BARTHOLO. Souviens-toi qu'un homme sage ne se fait point d'affaires avec les grands [. . .]

FIGARO. [. . .] Mais souvenez-vous aussi que l'homme qu'on sait timide, est dans la dépendance de tous les fripons.

[30] *Mariage*, II.xxi, p.299.
[31] *Mariage*, III.v, p.308.
[32] *Mariage*, III.v, p.309.

Mais c'est surtout dans le célèbre monologue que les insolences se multiplient, faisant de cette tirade un morceau d'éloquence unique en son genre, puisque la comédie y devient peu à peu revendication politique (*Mariage*, v.iii, pp.345-6):

[a] Parce que vous êtes un grand Seigneur, vous vous croyez un grand génie! . . . noblesse, fortune, un rang, des places; tout cela rend si fier! Qu'avez-vous fait pour tant de biens? vous vous êtes donné la peine de naître, et rien de plus. Du reste, homme assez ordinaire! tandis que moi, morbleu! perdu dans la foule obscure, il m'a fallu déployer plus de science et de calculs pour subsister seulement qu'on n'en a mis depuis cent ans à gouverner toutes les Espagnes [. . .]

[b] Ne pouvant avilir l'esprit, on se venge en le maltraitant.

[c] Que je voudrais bien tenir un de ces Puissants de quatre jours, si légers sur le mal qu'ils ordonnent [. . .]

[d] [. . .] Il n'y a que les petits hommes qui redoutent les petits écrits.

[e] [. . .] Les sottises imprimées n'ont d'importance qu'aux lieux où l'on en gêne le cours [. . .]

[f] [. . .] Sans la liberté de blâmer, il n'est point d'éloge flatteur.

[g] [. . .] pourvu que je ne parle en mes écrits, ni de l'autorité, ni du culte, ni de la politique, ni de la morale, ni des gens en place, ni des corps en crédit, ni de l'Opéra, ni des autres spectacles, ni de personne qui tienne à quelque chose, je puis tout imprimer librement, sous l'inspection de deux ou trois Censeurs.

[h] [. . .] On pense à moi pour une place, mais par malheur j'y étais propre: il fallait un calculateur, ce fut un danseur qui l'obtint.

Toutes les réflexions de Figaro sont autant de mises en question du système social dans lequel il vit, des différents aspects de ce système et des relations qu'il implique entre les individus.

C'est ainsi qu'il conteste la prééminence que donne la naissance (a) sur l'esprit (b), la répression que la force fait subir à l'intelligence (c, d, e, f, g), et l'inefficacité totale et généralisée à laquelle aboutit un tel système (h).

Au système existant, dans lequel c'est le Comte qui détient le pouvoir, Figaro substitue implicitement un autre, à la faveur duquel c'est lui, Figaro, l'homme d'esprit, qui sera le maître. C'est ainsi que l'insolence prend peu à peu des allures de révolte de plus en plus ouverte (*Mariage*, IV.xii, p.357):

> LE COMTE, *furieux*. [. . .] répondrez-vous à mes questions?
> FIGARO, *froidement*. Eh! qui pourrait m'en exempter Monseigneur? Vous commandez à tout ici, hors à vous-même.

ou encore

> FIGARO. Sommes-nous des soldats qui tuent et se font tuer, pour des intérêts qu'ils ignorent? Je veux savoir, moi, pourquoi je me fâche.

C'est encore Figaro qui, dans le vaudeville final, tire la leçon de tout ce qui a été dit (p.363):

> Par le sort et la naissance,
> L'un est Roi, l'autre est Berger;
> Le hasard fit leur distance;
> L'esprit seul peut tout changer.
> De vingt Rois que l'on encense,
> Le trépas brise l'autel;
> Et Voltaire est immortel . . .

La réflexion sur l'insolence ne peut être séparée du contexte sociopolitique dont elle est le produit. C'est la constatation d'un déséquilibre, d'un manque d'harmonie entre un régime politique et la société. Cette rupture d'harmonie, qui peut avoir des conséquences graves, se présente encore sous l'aspect anodin et peu dangereux de répliques de comédie tant qu'elle ne se prend pas au sérieux. Lorsqu'elle est prise au sérieux, c'est déjà la Révolution. Et cela, rien ne l'illustre mieux que les transformations advenues à certains passages de cet inépuisable *Mariage de Figaro*, qui condense si bien l'esprit de son époque. Le dixième et dernier couplet du vaudeville final de la comédie chanté par Brid'oison (le représentant du pouvoir, ne l'oublions pas) avait été conçu par Beaumarchais de la manière suivante (p.364):

> Or, Messieurs, la Co-omédie
> Que l'on juge en ce-et instant,
> Sauf erreur, nous pein-eint la vie
> Du bon peuple qui l'entend.
> Qu'on l'opprime, il peste, il crie;
> Il s'agite en cent fa-açons;
> Tout fini-it par des chansons . . .

En 1790, ce dernier vers devient: 'Tout finit par des *canons*'. Et plus tard, sous la terreur, ce même couplet subit une nouvelle transformation:

> Or, Messieurs, c'te comédie
> Qui n'est plus qu'un passe-temps,
> Sauf respect, peignait la vie
> De c'bon peuple en d'autres temps [. . .]
> Ah ça ira, ça ira,
> Il n'sait plus qu'ce p'tit air-là [. . .]

Mais déjà Beaumarchais ne suivait plus. Il en était resté aux chansons, à la plaisanterie, au bonheur de vivre et de faire briller son esprit au sein d'un public admiratif. Fine fleur d'une culture en décomposition, l'insolence joyeuse de Figaro sombre avec elle, au moment où, là où étaient les chansons, 'tout finit par des canons'. Mais la chanson allait pourtant renaître, ailleurs, chez Mozart.

V

Comparaison entre la comédie et l'opéra de Mozart

Au cours de cette étude nous avons remarqué à plusieurs reprises que la plupart des éléments subversifs de la comédie de Beaumarchais sont précisément ceux que Da Ponte et Mozart ont omis de leur opéra. Le moment est venu d'établir cette comparaison, et c'est ce que nous nous proposons de faire maintenant.

Retracer l'historique complet et détaillé de l'opéra ne nous intéresse pas. Il nous suffit de savoir que l'opéra de Paisello *Il Barbiere de Siviglia* avait été monté à Vienne en 1780, et que Mozart pouvait être tenté par la suite. Le *Mariage* avait été traduit en allemand et devait être joué pour la première fois le 3 février 1785, lorsqu'il fut interdit par l'empereur. Tous ces incidents n'avaient pas manqué de susciter l'intérêt et la curiosité du public viennois pour cette pièce à scandale.

Mozart eut la chance de s'adjoindre un librettiste de talent, Lorenzo Da Ponte qui, avant de collaborer avec Mozart, avait déjà travaillé avec Saliéri, et notamment à l'adaptation italienne de *Tarare*, l'opéra de Beaumarchais sur une musique de Saliéri dont nous avons déjà parlé. Le résultat de cette collaboraton fut excellent puisque Mozart composa *Le Nozze* en 1786, *Don Giovanni* en 1787 et *Cosi fan Tutte* en 1790.

En se proposant d'adapter le *Mariage*, Mozart et Da Ponte s'aventuraient sur un terrain dangereux. La pièce n'avait pu être jouée à Paris qu'après cinq années de démarches de la part de l'auteur, et elle avait été interdite à Vienne. Il leur était donc absolument indispensable de désamorcer la comédie, de lui enlever tout caractère tant soit peu agressif et satirique.

Bien entendu, Mozart n'avait que faire de toutes les remarques subversives de Beaumarchais. Il ne désirait rien d'autre qu'une bonne comédie susceptible de lui fournir le canevas d'un opéra-buffa qui lui apporterait enfin la gloire.

C'est bien dans ce sens que vont les transformations de Da Ponte. Alors qu'il suit Beaumarchais d'assez près dans les deux premiers actes, les divergences s'accusent à partir de l'acte trois.

En effet l'acte trois de l'opéra est une adaptation des actes trois et quatre de la comédie. Mozart situe cet acte tout entier dans 'la galerie' de l'acte quatre, de sorte qu'il supprime à la fois le décor de 'la salle du trône' et le procès qui s'y déroule. Dans le tableau suivant, nous avons assayé d'établir la comparaison entre les deux textes, en insistant surtout sur ce qui a été *supprimé* par Mozart. Il est évident que ces suppressions entraînent des transformations dans les relations entre les personnages, ainsi que dans les personnages eux-mêmes. Mais ici, il nous importe surtout de voir quelles sont les parties du texte de Beaumarchais que Mozart et Da Ponte ont préféré ne pas reprendre. Les numéros des scènes apparaissent en chiffres arabes:

BEAUMARCHAIS	MOZART
ACTE III	
1-3. Le Comte envoie Pédrille à Séville pour vérifier si Chérubin y est.	Omis.
4. Embarras du Comte qui sent qu'on se joue de lui.	DÉBUT DE L'ACTE III
	1. le Comte, seul, récapitule la situation.
	2. Suzanne et la Comtesse interviennent au milieu de sa rêverie.
5. Figaro-Le Comte, se 'sondent' mutuellement. God-dam. Reproches de Figaro quant à la conduite du Comte, etc. Satire cinglante et spirituelle de la société, la justice et la politique.	Omis.
6-7. Arrivée du juge; annonce du procès.	Omis.
8. Le Comte décide d'empêcher le mariage de Suzanne et de Figaro.	Sortie de la Comtesse.
9. Suzanne promet au Comte de le rencontrer au jardin.	Restée avec le Comte, Suzanne accepte de le rencontrer au jardin.
10. Suzanne à Figaro: Tu viens de gagner ton procès.	3. Suzanne à Figaro: 'Hai gia vinto la causa' (Tu viens de gagner ton procès).
11. Colère du Comte: il va favoriser les lubies d'Antonio.	4. *Addition de Mozart: Aria du Comte.* Mozart développe sa colère, sa jalousie et son désir de vengeance.

BEAUMARCHAIS	MOZART
ACTE III	

12. Procès. La justice et ses représentants sont tournés en ridicule.

Omis.

13. Marceline présente son affaire.

Omis.

14. La 'fo-orme'.

Omis.

15. Grande scène du procès: le Comte préside, nombreuse assistance; causes diverses, arrêts ridicules, dénonciation d'abus par Figaro: 'L'usage est souvent un abus'. Plaidoierie bouffonne de Bartholo, et Figaro: payer et/ou epouser.

Omis.

5. Don Curzio (le juge) entre et annonce le résultat du procès; entrent Marceline, Bartholo, puis Figaro:

16. Figaro clame son origine noble.

Figaro clame son origine noble.

La reconnaissance: c'est Emmanuel.

Reconnaissance: Rafaello.

Bartholo refuse de reconnaître son fils, ce qui provoque la tirade féministe de Marceline.

Omis.

Manifestations d'amour maternel et filial face au refus de Bartholo, et au dépit du Comte.

Manifestations de l'amour maternel.
Omis.

17. Suzanne entre avec la dot donnée par la Comtesse.

Suzanne entre avec la dot.

18. Fureur de Suzanne qui, voyant Figaro embrasser Marceline, lui administre un soufflet. On lui explique, et tous se précipitent à la poursuite de Bartholo pour le persuader d'épouser Marceline.

Fureur de Suzanne, soufflet, on lui explique 'Sua madre . . . suo padre'. Le Comte sort, dépité, accompagné de Don Curzio.

6. *Addition de Mozart:* Joie générale; tous s'embrassent, le double mariage est décidé.

19. Brid'oison reste seul en scène, vaguement conscient de son ridicule.

Omis.

BEAUMARCHAIS	MOZART
ACTE IV	

Décor: galerie décorée.

Décor du troisième acte dès le début.

1. Figaro apprend à Suzanne que Bartholo a accepté d'épouser Marceline; scène d'amour des deux fiancés; Figaro parle d'amour et de philosophie; jolie scène de l'amour heureux et réciproque.

Omis

7. *Addition de Mozart:* Petite scène d'amour entre Barbarina (Fanchette) et Cherubino. Elle le prie de venir chez elle pour s'habiller en fille.

8. *Addition de Mozart:* Aria de la Comtesse: seule en scène, elle se souvient du temps heureux de son amour 'Dove sono i bei momenti' ... elle sort.

2. Entrée de la Comtesse, Figaro sort.
3. La Comtesse dicte à Suzanne la lettre au Comte, et lui explique qu'elle s'y rendra elle-même. Episode de l'épingle et du ruban.

9. Antonio raconte au Comte que Cherubino est au château.

10. Retour de la Comtesse et Susanna: la dictée de la lettre, l'épingle/cachet: le rendez-vous est confirmé.

4. Entrée des jeunes paysannes avec Chérubin, en fille, parmi elles. La Comtesse prend son bouquet et le baise au front. Emoi de Chérubin.
5. Entrée du Comte et d'Antonio: il a découvert les hardes de Chérubin chez lui; il découvre Chérubin parmi les jeunes filles. Confusion du Comte lorsque Fanchette demande la grâce de Chérubin et dévoile ce faisant les relations que le Comte entretient avec elle.

11. Entrée de Cherubino, Barbarina et les jeunes filles. La Comtesse prend le bouquet de Cherubino et le baise au front. Emoi de Cherubino.

12. Entrée du Comte et d'Antonio, Cherubino est démasqué; et le Comte embarrassé par les paroles de Barbarina.

BEAUMARCHAIS	MOZART
ACTE IV	

6. Figaro entre pour organiser le cortège des jeunes filles: le Comte essaie de l'interroger pour comprendre ce qui se passe autour de lui, mais Figaro esquive adroitement les questions.

13. Entrée de Figaro: tentative d'interrogatoire du Comte, et explications évasives et peu satisfaisantes de Figaro.

7. Sortie de Figaro qui évite une situation embarrassante; Sortie de Chérubin tout heureux.

Omis.

8. Le Comte et la Comtesse se préparent à recevoir la noce.

14. Le Comte et la Comtesse se préparent à recevoir la noce.

9. La cérémonie: marche, les folies d'Espagne, cortège somptueux. Antonio donne la main à Suzanne, Figaro donne la main à Marceline. Duo de jeunes filles: Jeune épouse, chantez... Danse de fandango. Pendant le chant et la danse, Suzanne agenouillée devant le Comte, lui passe le billet, il se pique, lit le billet, cherche l'épingle, pendant que Figaro l'observe.

15. La cérémonie: musique de marche, cortège somptueux. Bartholo conduit Susanna, Figaro conduit Marcelinna. Chœur de jeunes filles. Amanti constanti, Danse de fandango.

Même chose que chez Beaumarchais.

Reprise de la ritournelle du duo.

Reprise du chœur et de la marche.
FIN DE L'ACTE III

10. Entrée de Bazile qui chante pour amuser Grippe-Soleil; dispute entre Figaro et Bazile, qui se retire en apprenant que Marceline est la mère de Figaro.

Omis.

11. Le Comte donne l'ordre de dresser les deux contrats.

Omis.

12. Le Comte ordonne de déplacer le feu d'artifice de sous les grands marronniers à la terrasse.

Omis.

13. Figaro bavarde gaiement avec sa mère.

DÉBUT DE L'ACTE IV
Le jardin.

BEAUMARCHAIS	MOZART
ACTE IV	
14. Figaro survient Fanchette, qui cherchel 'épingle. Cachet des grands marronniers.	1-2. Barbarina raconte à Figaro et Marcellina qu'elle cherche l'épingle. Figaro l'interroge adroitement.
15. Jalousie de Figaro; Marceline parvient à le raisonner.	3. Jalousie de Figaro, qui sort décidé à venger tous les maris trompés.
16. Marceline décide d'aller avertir Suzanne.	5. Marcelinna, seule, décide d'avertir Susanna au nom de la solidarité féminine.
FIN DE L'ACTE IV.	

Cette étude nous montre clairement le parti que Mozart a tiré de la comédie de Beaumarchais. Supprimant tous les passages subversifs, et insistant sur le personnage de la Comtesse dont la mélancolie et l'amour blessé sont soulignés par une belle aria, Mozart transforme totalement l'atmosphère de la comédie.

Il l'abrège également, puisque les cinq actes de Beaumarchais sont réduits à quatre. Les suppressions concernent surtout le rôle de Figaro dont l'importance diminue, ce qui entraîne un déplacement du centre de gravité. Chez Beaumarchais, le personnage central était Figaro, et tout tournait autour de lui et des insolences qu'il débitait à un rythme étourdissant. Ici, c'est la Comtesse qui est au centre, et l'intérêt de l'intrigue se situe dans les moyens que la Comtesse mettra en œuvre pour ramener à elle son libertin de mari.

Le rôle de la Comtesse est donc plus développé. Elle chante son amour malheureux, elle explique ses états d'âme, elle est vraiment au centre de l'action et l'on revient à la structure antérieure, telle que nous la connaissons chez Marivaux, par exemple, où le couple essentiel est celui des maîtres, et où ce que font les domestiques n'est que secondaire et subordonné à l'action principale. Mozart nous présente un domaine heureux, un lieu féérique qui rappelle les décors de Marivaux et de Watteau. Là languit une jeune et belle Comtesse de vingt ans, que son époux délaisse, et qui s'aide de ses domestiques pour le ramener à elle.

Da Ponte supprime du rôle de Figaro les monologues au cours desquels il exprime le plus clairement ses renvendications égalitaires (*Mariage*, I.ii et v.iii), ainsi que les scènes de l'acte trois, qui projettent une lumière nouvelle sur les relations entre le valet et son maître (III.v). Disparaissent également les scènes du procès, qui forment une des charges les plus violentes contre les institutions du régime, de même que le développement féministe de Marceline. Il en est exactement de même dans la mise en scène de la comédie, par Jean Meyer, dans l'interprétation filmée de la Comédie française.

Ce n'est donc pas dans l'intrigue elle-même qu'il y a des changements; celle-ci au contraire est scrupuleusement respectée. Mais les transformations de détail, qui sont très nombreuses, font que le ton est complètement transformé. Le schéma reste le même, mais chez Beaumarchais la coloration est politique alors qu'elle est musicale chez Mozart. Dans l'opéra, l'aspect intellectuel et revendicateur a disparu. Il y a encore de l'esprit, mais il est bénin et non pas agressif et insolent. L'atmosphère est plus douce, plus voluptueuse, plus féminine. A l'encontre de ce qui se passe à Paris, en 1786, à Vienne, on ne fait pas de politique.

Conclusion

Mettant sur scène des personnages issus de son propre entourage, Beaumarchais leur prêtait des propos reflétant l'essentiel des préoccupations de ses contemporains. Mais il ne le faisait pas dans un but uniquement artistique ou littéraire, mais également dans un but politique. Comparable en cela aux contes de Voltaire, la comédie intitulée *Le Mariage de Figaro* peut valablement être mise dans la catégorie de la 'littérature engagée'. Ou du moins, c'est dans cette optique que l'auteur l'a conçue, et c'est bien ainsi qu'elle a été reçue par le public.

Pour arriver à ces fins, Beaumarchais met au point une technique dramatique qui n'appartient qu'à lui seul, mais qui a servi de modèle et de point de départ à toute une lignée d'auteurs de comédie (dont le plus brillant est Feydeau) et dont le moteur essentiel est le rire.

Or le rire, phénomène social, est étroitement lié au milieu et à l'époque dont il est issu. L'étude des thèmes traités par Beaumarchais nous était donc indispensable à la compréhension de son comique.

Si un effet comique a la chance exceptionnelle de porter à la fois sur tous les milieux sociaux et de conserver son potentiel d'hilarité malgré les modifications des sociétés et la succession des âges, c'est qu'il a jailli du cerveau d'un des très rares hommes qui possèdent en cette matière le secret du génie.[33]

C'est ce 'secret du génie' que nous avons tenté de percer, au cours de cette troisième et dernière partie, cherchant à analyser les composantes telles que la verve, la gaieté et l'insolence, après avoir essayé de démonter le mécanisme de l'intrigue. Celle-ci, avec une adresse diabolique, nouait des actions multiples à des thèmes variés, formant un fragile échafaudage dont la perfection était fonction de son instabilité même.

En cherchant à cerner notre problème, nous avons constaté à plusieurs reprises qu'il nous glissait en quelque sorte entre les doigts, et ce n'est qu'en étudiant les développements extérieurs au *Mariage de Figaro* que nous parvenons à en saisir les composantes. La verve s'explique par les parades, le mélodrame s'épanouit dans *La Mère coupable*, et la réflexion politique et sociale, qui donne son poids au personnage de Figaro, forme l'essentiel de *Tarare*.

[33] Félix Gaiffe, *Le Rire et la scène française*, p.6.

Ce dernier aspect est le plus vivant de tous: chaque fois qu'une ère d'oppression et d'arbitraire redonne de l'actualité à ces protestations, le public retrouve dans l'œuvre ce qui semblait s'en être retiré, les éléments apparemment ternes et languissants reprennent vigueur et éclat: la tirade sur la liberté de la presse ainsi que celle sur la condition de la femme peuvent être, selon les époques, soit ignorées, soit acclamées d'un public qui y retrouve, encore et toujours, le reflet de ses propres revendications.

Mais, plus encore que pour son contenu revendicateur et satirique, c'est à la poésie qui s'en dégage que *Le Mariage de Figaro* doit une bonne part de son éternité, et c'est cet aspect-là qui se trouve particulièrement développé dans l'œuvre de Mozart. Il nous a donc semblé indispensable de terminer notre étude des problèmes de forme par une comparaison entre la comédie et l'opéra qui, taillant, coupant et remodelant dans l'exubérance bavarde de Beaumarchais, contribuait à dégager de cette comédie touffue le chant de cygne de l'ancien régime et de 'la douceur de vivre'.

CONCLUSION GENERALE

'La calomnie [...] Vous ne savez guère
ce que vous dédaignez; j'ai vu les plus
honnêtes gens près d'en être accablés'.[1]

Beaumarchais a mauvaise presse. Il a eu trop de succès, et dans trop de domaines, pour n'être pas suspect. L'attitude des critiques à son égard oscille entre la condescendance et le dénigrement. Pourtant, si l'on prend la peine de se pencher sur cette vie, on découvre un être passionnant et l'auteur d'un des chefs-d'œuvre les plus authentiques de la littérature française.

Dans la mémoire des hommes, les ouvrages de Beaumarchais sont indissolublement liés aux opéras qui en ont été tirés. Lorsqu'on parle du *Barbier de Séville*, c'est la célèbre 'ouverture' de Rossini qui chante à l'oreille; Figaro est immédiatement 'Figaro-ci, Figaro-là', le factotum de la ville, le barbier de l'opéra bien plus que celui de la comédie. Il en est de même pour *Le Mariage de Figaro*. Mais ici, c'est Mozart qui interfère avec Beaumarchais, nous entraînant dans le domaine enchanté d'Aguas-Frescas à la suite de la Contessa, de Suzanna, de Barbarina et de Cherubino... Figaro est bien là, lui aussi, mais il n'a pas grand'chose à faire.

Lorsqu'on soulève ces 'voiles musicaux', et que l'on applique aux comédies elles-mêmes les méthodes de critique littéraire auxquelles ont droit les grands chefs-d'œuvre, on se rend compte que l'on est en présence d'une pensée des plus vigoureuses et surtout des plus actuelles: 'Je me presse de rire de tout de peur d'être obligé d'en pleurer' déclare Figaro dès sa première apparition sur scène. Plutôt que d'une pensée, c'est d'une attitude qu'il s'agit, d'un refus 'a priori' de se laisser dominer par le désespoir, même lorsque cela semble être la seule attitude possible. Beaumarchais, en effet, est le témoin ironique, gai et pourtant très lucide d'une 'société vermoulue' (le terme est de Rivarol): une fin de civilisation où la francisation de l'Europe atteint son apogée. En même temps que le reflet de cette actualité, le *Mariage* est la confession de l'auteur qui, tout en déchaînant le rire, y explique sa vie, sa voie et sa philosophie.

Témoignage historique, confession et comédie gaie, le *Mariage* est tout cela. Mais il est également un acte politique. Peut-être même l'est-il

---

[1] *Barbier*, II.viii, p.190.

en premier lieu, en ce sens que l'intention de Beaumarchais, lorsqu'il écrit cette comédie et surtout s'entête à la faire jouer, est de se servir de la scène du théâtre comme d'un tremplin pour arriver à la grande scène politique, dont l'accès lui est barré. En ce sens il n'est pas sans rappeler Brecht. Sa satire, à la fois sociale et politique, est une arme dont il se sert pour attaquer les institutions. Son rire, plus éclatant que celui de Voltaire, poursuit l'œuvre de démolition entamée par l'"ironie corrosive' du patriarche de Ferney; tout comme Voltaire, Beaumarchais oppose le rire à une situation désespérée et, chez tous les deux, le rire naît de la connaissance de cette situation, ainsi que de la volonté de la dominer et de la transformer.

Les premiers biographes de Beaumarchais, et surtout Gudin de La Brennellerie, se sont efforcés de limiter le rôle du *Mariage de Figaro* et de son retentissement historique. Ils pensaient servir ainsi la mémoire de leur héros et le laver de tout soupçon révolutionnaire; à les croire, Voltaire et Rousseau ont préparé la Révolution, mais pas Beaumarchais. Pourtant, tous les témoignages prouvent le contraire. Les remarques de Louis xvi, de Danton et de Napoléon, ainsi que celles que nous trouvons chez de nombreux mémoralistes, soulignent toutes l'importance primordiale du *Mariage de Figaro* dans le processus de prise de conscience collective qui finit par aboutir à la révolution de 1789.

Oui, mais . . . Beaumarchais n'est pas vraiment un homme de lettres. Le théâtre n'est pour lui qu'un délassement, et la gaieté est l'expression même de son tempérament. C'est une grande qualité pour un auteur de comédie, mais un grand défaut pour qui aurait des ambitions politiques . . . Or, l'époque est imbue de solennité et de grands sentiments. Comme tous ses contemporains, Beaumarchais aime le mélodrame et les déclamations sublimes. Mais en composant le *Mariage*, il lui est arrivé quelque chose de curieux: c'est son tempérament qui a triomphé et non pas ses théories dramatiques, qui le portaient plutôt vers le drame bourgeois. Contrairement à Molière qui consacrait beaucoup de réflexions au 'métier de faire rire les honnêtes gens', Beaumarchais le fait avec aisance, entraînant son public dans une contagion de rire qu'il a le génie de provoquer naturellement.

Etant un parvenu dans une société qui le tolère tant qu'il l'amuse et la sert, Beaumarchais accepte cette fonction d'amuseur. La morgue des grands l'agace, mais tant qu'il en profite, il ne nourrit aucune intention de les balayer. Lorsque Almaviva veut lui souffler sa femme

ceci cesse d'être vrai pour Figaro qui proteste alors: 'Il y a de l'abus' . . .
Par la magie du verbe et de la scène, ce qui n'était qu'un jeu se transforme en bombe: la protestation de Figaro devient le cri de ralliement
de tous les 'frustrés' de sa génération (ils se disaient 'opprimés', ce qui
était plus expressif, mais moins exact).

Le *Mariage* est peut-être un cas unique dans les annales de la création
littéraire: l'œuvre naît et prend vie presque indépendamment de la
volonté de l'auteur. Les intentions de Beaumarchais sont dépassées et
inclinées par son public dans le sens de la politique, et c'est vers la
poésie que le dirigent les générations suivantes, à la suite de Mozart.
Pour sa part, Beaumarchais aurait préféré une troisième direction: le
drame sérieux, à la manière de Diderot. Mais s'il atteint une honnête
moyenne dans ce genre, il ne devient incomparable que lorsque,
donnant libre cours aux 'rêveries de son bonnet', il s'abandonne à sa
'folle gaieté'.

Quel est pour nous, en fin de compte, l'intérêt de ce *Mariage*: 'Que
me font à moi, sujet paisible d'un Etat Monarchique du dix-huitième
siècle, les révolutions d'Athènes et de Rome?'[2] s'exclame Beaumarchais
au seuil de la carrière dramatique. Le paraphrasant, nous pouvons nous
demander ce que nous font à nous, citoyens paisibles d'un état démocratique, les révolutions d'il y a deux siècles. Autrement dit, en quoi
une œuvre dont l'intérêt ne serait qu'historique retiendrait-elle encore
notre attention? Pourquoi devrions-nous consacrer tant de réfléxion à
des personnages qui sont certes représentatifs de leur temps, mais ne
disent plus rien au nôtre?

Tel n'est pas le cas des personnages de Beaumarchais. Bien qu'étroitement liés à la conjoncture sociale et politique qui les voit naître, ils
la dépassent. Figaro nourrit encore notre sensibilité moderne. Il mérite
donc, à ce titre, d'être l'objet de notre réflexion. Nous devons examiner
la comédie de Beaumarchais non seulement comme témoignage d'un
moment d'histoire, mais comme porteuse d'un message encore
significatif pour nous.

C'est paradoxalement, parce que les personnages mythiques entretiennent la
chimère d'une vie qui serait égale à l'art que ces personnages nous sont
précieux comme autant de points de repère, comme autant de modèles
inaccessibles.

[2] *Essai sur le genre dramatique sérieux*,
p.10.

Lieu de la suggestion par le langage, le mythe littéraire tient son pouvoir de la faculté de reproduire en chacun une représentation apparemment cohérente du réel, encore que rien ne vienne confirmer qu'elle se produit en chacun de nous toujours pareille à elle-même.[3]

Telle est, nous explique Max Bilen, l'exigence que nous formulons à l'égard de l'écrivain, et tel est l'idéal qu'il se propose. Il est censé créer pour nous, au moyen du langage, une représentation cohérente du réel et dont émaneraient ces personnages mythiques qui nous sont précieux en tant que points de repère.

Figaro est un type littéraire, un personnage mythique, un 'point de repère' pour reprendre l'expression de Max Bilen, un 'phare' même, si on lui applique l'image célèbre de Baudelaire. Opérant un choix dans la riche réalité qu'il a vécue, par une image stylisée de lui-même, Beaumarchais présente à son spectateur l'expression de son moi le plus profond.

Pourtant, on a du mal à considérer Beaumarchais comme un auteur à part entière, et à lui accorder la réflexion, le sérieux, l'esprit de système auxquels ont droit Rousseau, Racine, Molière, Victor Hugo et les autres. Eternel enfant terrible, il a droit à notre indulgence amusée, comme il a eu celle de ses contemporains, balancés à son égard entre l'admiration et le mépris. Il en est du goût que l'on a pour cet auteur comme d'une faiblesse honteuse: on sait bien qu'il n'est pas très profond, qu'il est plutôt vulgaire, et qu'il est bien réactionnaire sous ses apparences hardies. On sait tout cela, mais on est subjugué, entraîné dans un mouvement irrésistible, par sa folle gaieté, qui défie toute analyse et subsiste malgré tout.

Amateur brillant, il suscite la méfiance des professionnels de la littérature par son sans-gêne à l'égard des conventions d'écriture les plus établies et celle des érudits par son manque de considération pour eux.

En effet, il est de bon ton de considérer l'artiste comme une sorte d'ascète qui vit sa vie au moyen de l'interprétation artistique qu'il en donne:

Les deux attitudes, celle de l'artiste et celle du croyant ne sont pas dissemblables. Nous savons bien ce qu'avec le même instrument, le langage,

[3] Max Bilen, *Dialectique créatrice et structure de l'œuvre littéraire* (Paris 1970), p.19.

tous deux cherchent avec passion, et cette passion est identique dans les deux cas: un sentiment d'exclusion où dominent les interrogations sur les deux pôles de la vie: la naissance (son origine), et la mort (son terme). Qu'elle soi provoquée par une circonstance ou une conscience malheureuse, l'aspiration à se reconnaître dans un mythe procède de ce sentiment tragique de la séparation originelle: on ne fait pas partie du monde.[4]

Rien de tout cela chez Beaumarchais. Le 'sentiment tragique de la séparation originelle' n'est certainement pas au centre de ses préoccupations. Et d'ailleurs comment parler de 'séparation' à propos d'un homme qui vit sa vie et son époque avec autant d'intensité. Jamais il ne s'interroge sur les 'pôles de son existence'. Bien au contraire, il fait de la joie de vivre sa marque particulière et, s'il est léger, ce n'est pas parce qu'il est superficiel mais parce qu'il préfère l'aisance et la grâce au sérieux et à la profondeur. Ce n'est pas qu'il les ignore, il refuse de leur accorder l'importance qui leur semble due. Trop narquois, trop rieur, trop insolent, Beaumarchais refuse de se laisser classer, de se prendre au sérieux. Celui qui s'attache à son étude a le sentiment désagréable de faire un travail ridicule. Qu'on le veuille ou non, ce diable d'homme nous désarme systématiquement et nous laisse avec notre appareil d'érudition soigneusement accumulé et parfaitement inutile. Lui-même se définit quelque part comme un 'oseur'; mais ce qu'il ose faire n'est pas moins qu'une remise en question de l'attitude artistique, philosophique ou intellectuelle à l'égard du monde. Pas de reflexion introspective, pas de tentative d'élucidation du 'moi' chez Beaumarchais, prestidigitateur de tout premier ordre, pour qui seules comptent l'apparence, l'illusion et surtout la gaieté.

Au début des *Confessions*, Rousseau proclame qu'il 'forme une entreprise qui n'eut jamais d'exemple, et dont l'exécution n'aura point d'imitateur [. . .] montrer [. . .] un homme dans toute la vérité de la nature; et cet homme, ce sera moi'.[5] En dépit de son arrogance peu commune, ce projet de Rousseau nous trouve immédiatement disponibles et compréhensifs. Comme l'a expliqué M. Bilen, l'artiste est celui qui, d'une manière privilégiée, assume sa condition d'homme et nous la rend compréhensible. L'artiste n'est donc pas un être social, puisque sa fonction parmi nous et d'être le porteur d'un message en provenance des profondeurs du 'moi'.

---

[4] Bilen, pp.20-21.
[5] *Œuvres complètes* (Paris 1959-   ), i.5

Or, chez Beaumarchais, c'est tout le contraire. Contemporain de Rousseau, et précurseur de thèmes romantiques à bien des égards, il nous présente dans son chef-d'œuvre un monde dans lequel l'individu, être social avant tout, n'existe que par le regard qu'autrui pose sur lui. Valet, enfant naturel, barbier, etc, Figaro est celui qui assume les multiples fonctions sociales énumérées dans le monologue, tout en s'étonnant que cela ne lui permette pas de s'intégrer dans la société dont il veut devenir membre: 'Est-il rien de plus bizarre que ma destinée! fils de je ne sais pas qui; volé par des bandits, élevé dans leurs mœurs, je m'en dégoûte et veux courir une carrière honnête; et partout je suis repoussé!' (*Mariage*, v.iii, p.345). Par un de ces saisissants raccourcis dont il a le secret, Beaumarchais nous présente une vision toute moderne de l'homme: chez lui aussi 'l'existence précède l'essence': 'Forcé de parcourir la route où je suis entré sans le savoir' (voilà l'existence), 'je l'ai jonchée d'autant de fleurs que ma gaieté me l'a permis' (et voilà l'essence: *Mariage* v.iii, p.347). Il va sans dire que la vision optimiste de Beaumarchais est fort éloignée de celle, pessimiste, de Sartre, chez qui la reflexion sur l'existence et l'essence a eu la fortune que l'on sait.

Il convient également d'ajouter que notre auteur a trop de respect pour son spectateur pour lui infliger les désolantes réflexions métaphysiques qui apparaissaient à la fin du monologue et qu'il a supprimées de sa version définitive. En homme courtois et de bonne compagnie, Beaumarchais ne présente de ses personnages que le masque social, masque qu'ils ne soulèvent pratiquement jamais. L'étalage des sentiments serait pour eux un manque de pudeur, un manque de savoir-vivre auquel ils ne s'abaissent jamais. L'attitude de la Comtesse est significative à cet égard: sa souffrance, qui est réelle et profonde, n'est jamais exprimée que par des soupirs ou des bribes de phrases. Quant à celle qu'exhale Figaro au cours de son interminable monologue, elle a des allures de roman picaresques, et non pas de plainte lyrique.

Le masque finit par être le visage-même, et aucun des personnages de Beaumarchais n'assume 'dans l'angoisse la déchirure de la séparation'. Aucun ne s'attarde à des problèmes métaphysiques. Quand ceux-ci s'imposent à Figaro malgré lui, il réagit à leur égard d'une manière qui prouve qu'il est tout simplement surpris de leur existence: 'O bizarre suite d'événements! Comment cela m'est-il arrivé? Pourquoi ces choses et non pas d'autres? Qui les a fixées sur ma tête?' Telle est son interrogation sur le sens de l'existence, interrogation non pas angoissée, mais plutôt intriguée: 'Forcé de parcourir la route où je suis entré sans le savoir, comme j'en sortirai sans le vouloir, je l'ai jonchée d'autant de fleurs que ma gaieté me l'a permis; encore je dis ma gaieté, sans savoir si elle est à moi plus que le reste, ni même quel est ce *Moi* dont je m'occupe' (*Mariage*, v.iii, p.347).

C'est de l'extérieur en quelque sorte que Figaro-Beaumarchais constate l'existence d'un individu que, faute de mieux, il nomme 'moi'. On songe aux personnages de Marivaux chez qui le courage se manifeste dans la volonté d'assumer la vie avec élégance, à ceux de Giraudoux aussi, chez qui le savoir-vivre suprême réside dans la politesse et la grâce. Marivaux, Giraudoux, Beaumarchais, trois théâtres qui refusent de se prendre au sérieux et dans lesquels, pourtant, le courage et la sagesse se mêlent harmonieusement à une expérience à la fois sceptique et souriante de la vie.

Chez Beaumarchais, en outre, il y a une composante de plus: l'histoire intervient. Les 'chansons' se transforment en 'canons'. Le domaine enchanté d'Aguas-Frescas nous semble pathétique parce que nous connaissons sa fin prochaine. Figaro prend ainsi une dimension nouvelle, menaçante, et que nous ne devons pas ignorer.

BIBLIOGRAPHIE

I

Ouvrages bibliographiques

Cordier, Henry, *Bibliographie des œuvres de Beaumarchais*. Paris 1883.

Cabeen, D. C., *A critical bibliography of French literature*. Syracuse 1968, tome v.

II

Œuvres de Beaumarchais

L'absence d'une édition moderne des œuvres complètes de Beaumarchais s'est fait sentir tout au long de ce travail. A défaut, nous avons utilisé les ouvrages suivants:

Œuvres complètes, éd. P. P. Gudin de La Brenellerie. Paris 1809.

Œuvres complètes, éd. Saint-Marc de Girardin. Nouvelle édition, Paris 1828.

Œuvres complètes, éd. Louis Morand. Paris 1874.

Théâtre, éd. Gérard Bauër. Hachette, Paris 1950.

Théâtre complet, lettres relatives à son théâtre, éd. M. Allem et P. Courant. Gallimard, Paris 1957. Sauf indication du contraire, toutes les citations des œuvres de Beaumarchais se réfèrent à cette édition.

Le Barbier de Séville, éd. Georges Bonneville. Bordas, Paris 1963.

Le Barbier de Séville. Hatier, Paris 1967.

La Folle journée ou le Mariage de Figaro, éd. A. Ubersfeld. Editions sociales, Paris 1957.

Le Mariage de Figaro, éd. Pol Gaillard. Bordas, Paris 1964.

Le Mariage de Figaro . . . avec analyse dramaturgique, éd. Jacques Scherer. Paris 1966.

La Folle journée ou le Mariage de Figaro, éd. J. B. Ratermanis. *Studies on Voltaire*, lxiii. Genève 1968. C'est de très loin la meilleure édition de notre ouvrage.

Le Mariage de Figaro, éd. Claude Hubert. Hachette, Paris 1971.

Mémoires. Paris 1830.

Mémoires. Garnier, Paris 1908.

Lettres inédites, éd. Gilbert Chinard. John Hopkins, Baltimore 1929.

Correspondance, éd. Brian N. Morton. Nizet, Paris 1969-. Cette édition s'arrête actuellement au 31 décembre 1777, c'est à dire juste avant la période qui nous intéresse particulièrement. Elle est en outre vigoureusement attaquée par J. Vercruysse (*Dix-huitième siècle*, iii.383), qui la trouve incomplète et insuffisante. C'est malheureusement la seule édition de la correspondance de Beaumarchais.

III

Œuvres littéraires d'autres auteurs

Balzac, Honoré de, 'Sur Catherine de Médicis', *Etudes philosophiques*, dans *Œuvres complètes*. Paris 1869-1876, tome xvi.

Beauvoir, Simone de, *Le Deuxième sexe*. Gallimard, Paris 1949.

Chateaubriand, François René de, *Mémoires d'Outre-Tombe*. Gallimard, Paris 1946-1948.

Collé, Charles, *Œuvres*. Didot, Paris 1820.

Diderot, Denis, *Œuvres*. Gallimard, Paris 1951.

Hugo, Victor, *Cromwell*. Garnier-Flammarion, Paris 1968.

Grimm, Friedrich Melchior, baron, *Correspondance littéraire*. Paris 1877-1882.

Laclos, Choderlos de, *Œuvres complètes*. Gallimard, Paris 1967.

Lesage, A. R., *Gil Blas de Santillane*, Garnier, Paris 1962.

Louvet, J. B. de Couvray, *Une année de la vie de Faublas*, dans *Les Romanciers du XVIIIème siècle*. Gallimard, Paris 1965.

Mirabeau, Victor Riqueti, marquis de, *Œuvres choisies*. Paris 1820.

Marivaux, Pierre Carlet de Chamblain de, *Théâtre*. Gallimard, Paris 1949. *Romans*. Gallimard, Paris 1966.

Molière, J.-B. P., *Œuvres*. Seuil, Paris 1962.

Pascal, Blaise, *Œuvres complètes*. Gallimard, Paris 1954.

Péguy, Charles, *Clio, dialogue de l'histoire et de l'âme païenne*, dans *Œuvres en prose 1909-1914*. Gallimard, Paris 1961.

Rotrou, Jean de, *Œuvres*, éd. Viollet-Le-Duc. Desoer, Paris 1820.

Rousseau, J.-J., *Œuvres complètes*. Gallimard, Paris 1959-.

Voltaire, F. M. A. de, *Œuvres complètes*, éd. Louis Moland. Garnier, Paris 1877-1885.

– *Correspondance and related documents*, éd. Th. Besterman, dans *Œuvres complètes*. Voltaire Foundation, Oxford 1968-.

IV

Etudes biographiques, littéraires et linguistiques

Adam, Antoine, *Le Mouvement philosophique dans la première moitié du XVIIIème siècle*. SEDES, Paris 1967.

Arnould, Emile-Jules-François, *La genèse du Barbier de Séville*. Minard, Paris 1965.

Bailly, Auguste, *Beaumarchais*. Fayard, Paris 1945.

Bally, Charles, *Traité de stylistique française*. Kliencksieck, Paris 1951.

Barrère, Jean-Bertrand, *Explications françaises de licence: Beaumarchais, Le Mariage*, Paris 1946.

Barthes, Roland, *Le degré zéro de l'écriture*. Seuil, Paris 1953.

– *Essais critiques*. Seuil, Paris 1964.

– *Système de la mode*. Seuil, Paris 1967.

Bauché, Henri, *La Langue populaire*. Payot, Paris 1946.

Bauër, Gérard, *Beaumarchais: notes et réflexions*. Hachette, Paris 1961.

Bergson, Henri, *Le Rire: essai sur la signification du comique*. Presses universitaires, Paris 1969.

Bersaucourt, Albert de, 'Le Mariage de Figaro et les contemporains de Beaumarchais', *Revue du temps présent* (1912), i.321-35.

Bibliothèque nationale, *Beaumarchais*. Paris 1966. Catalogue très détaillé d'une exposition.

Bilen, Max, *Dialectique créatrice et structure de l'œuvre littéraire*. Vrin, Paris 1971.

Boudart, Alphonse et Luc Etienne, *La Méthode à Mimile, l'argot sans peine*. Paris 1971.

Broch, Hermann, *Création littéraire et connaissance*, trad. Albert Kohn. Gallimard, Paris 1966.

Castries, duc de, *Figaro, ou la vie de Beaumarchais*. Hachette, Paris 1972.

Chaillet, Jean, *Etudes de grammaire et de style*. Bordas, Paris 1969, tome ii.

Cox, Cynthia, *The Real Figaro: the extraordinary career of Caron de Beaumarchais*. Longman, London 1962.

Cressot, Marcel, *Le Style et ses techniques*. Presses universitaires, Paris 1951.

Decugis, Nicole et Suzanne Raymond, *Le Décor de théâtre en France du moyen-âge à 1925*. Compagnie française des arts graphiques, Paris 1953.

Dédéyan, Charles, *Jean-Jacques Rousseau et la sensibilité littéraire à la fin du XVIIIème siècle*. SEDES, Paris 1966.

Deloffre, Frédéric, *Une préciosité nouvelle: Marivaux et le marivaudage*. Colin, Paris 1971.

Escarpit, Robert, *Sociologie de la littérature*. Presses universitaires, Paris 1968.

Fabre, Jean, *Les grands écrivains du XVIIIème siècle, Beaumarchais et le théâtre*, dans *Histoire des littératures*. Gallimard, Paris 1958, tome iii.

Fauchery, Pierre, *La Destinée féminine dans le roman européen du XVIIIème siècle*. Colin, Paris 1972.

Fay, Bernard, *Beaumarchais, ou les fredaines de Figaro*. Perrin, Paris 1971.

Fierens-Gaevert, H., *Deux surhommes des lettres: Beaumarchais et Flaubert*. Bruxelles 1901.

Funck-Brentano, Frantz, *Figaro et les devanciers*. Hachette, Paris 1930.

Gaiffe, Félix, *Le Drame en France au XVIIIème siècle*. Colin, Paris 1910.
– *Le Mariage de Figaro*. Malfère, Paris 1928.
– *Le Rire et la scène française*. Boivin, Paris 1931.

Garapon, Robert, *La Fantaisie verbale et le comique dans le théâtre français*. Colin, Paris 1957.
– *Langue et style des personnages du Bourgeois gentilhomme*. Paris 1958.

Goncourt, Edmond et Jules de, 'Beaumarchais' dans *Portraits intimes du XVIIIème siècle*. Paris 1892.

Grendel, Frédéric, *Beaumarchais ou la calomnie*, Flammarion, Paris 1973. La meilleure des biographies parues à ce jour.

Gudin de La Brenellerie, P.Ph., *Histoire de Beaumarchais*, éd. M. Tourneux. Paris 1886.

Guiraud, Pierre, *Le Français populaire*. Presses universitaires, Paris 1965.

Gougenheim, G., 'La valeur psychologique des temps dans le monologue de Figaro', *Journal de psychologie normale et pathologique*. Paris juillet-septembre 1951, pp.472-7.

Guiraud, Pierre et Pierre Kuentz, *La Stylistique*. Kliencksieck, Paris 1970.

Hazard, Paul, *La Crise de la conscience européenne*. Gallimard, Paris 1968.

Jasinski, René, *Le Mariage de Figaro*. Paris 1948.

Jouvet, Louis, 'Beaumarchais vu par un comédien', *Revue universelle*. 1936, lxv.521-43

– *Réflexions du comédien*. Librarie théâtrale, Paris 1952.

Lagarde, A., et L. Michard, *XVIIIème siècle: les grands auteurs français du programme*. Bordas, Paris 1969.
– *Des classiques aux philosophes*, dans *La Littérature française*. Bordas-Laffont, Paris 1970, tome ii.

Lanson, Gustave, *Nivelle de La Chaussée et la comédie larmoyante*. Paris 1903.

Larthomas, Pierre, 'La notion de genre littéraire en stylistique', *Le Français moderne*. Paris juillet 1964.
– *Le Langage dramatique, sa nature, ses procédés*. Colin, Paris 1972.

Latzarus, Louis, *Beaumarchais*. Plon, Paris 1930.

Launay, M. et G. Mailhos, *Introduction à la vie littéraire du XVIIIème siècle*. Bordas, Paris 1968.

Le Breton, Auguste, *Rivarol, sa vie, ses idées, son talent*. Paris 1895.

Lecercle, Jean-Louis, *Rousseau et l'art du roman*. Colin, Paris 1969.

Le Hir, Yves, *Analyses stylistiques*. Colin, Paris 1970.

Lemaître, Georges, *Beaumarchais*. Knopf, New York 1949.

Lintilhac, Eugène, *Beaumarchais et ses œuvres: précis de sa vie et histoire de son esprit, d'après des documents inédits*. Paris 1887.
– 'La comédie satirique et Beaumarchais', *Histoire générale du théâtre en France*. Flammarion, Paris 1909, iv.391-471.

Loménie, Louis de, *Beaumarchais et son temps: études sur la société en France au XVIIIème siècle, d'après des documents inédits*. Paris 1856.

Louis, Thomas, *Curiosités sur Beaumarchais*. Aux armes de France, Paris 1944.

Luppé, Robert de, *Madame de Staël et J. B. A. Suard: correspondance inédite (1786-1817)*. Droz, Genève 1970.

Manceron, Anne et Claude, *Beaumarchais, Figaro vivant*. Dargaud, Paris 1968.

Marquiset, Jean, *Les gens de justice dans la littérature*. Pichon, Durand & Auzias, Paris 1967.

Mauzi, Robert, *L'Idée du bonheur dans la littérature et la pensée françaises au XVIIIème siècle*. Colin, Paris 1969.

Meyer, Jean, *Le Mariage de Figaro, mise en scène et commentaires*. Seuil, Paris 1953.

Morel, Jacques, 'Clocher devant les boiteux', *Revue des sciences humaines*, 1965, pp.127-8.
– *Jean Rotrou, dramaturge de l'ambiguïté*. Colin, Paris 1968.

Morier, Henri, *La psychologie des styles*. Georg, Genève 1959.

Mornet, Daniel, *Les Origines intellectuelles de la Révolution française (1715-1787)*. Colin, Paris 1967.

Naves, Raymond, *Le Goût de Voltaire*. Slatkine, Genève 1967.

Orliac, Jeanne, 'Chanteloup, la duchesse de Choiseul et Chérubin'. *Revue hebdomadaire*. 1922.

Pappas, John, 'Le Moralisme des *Liaisons dangereuses*', *Dix-huitième siècle*. Paris 1970, ii.

Politzer, Marcel, *Beaumarchais, le père de Figaro*. Paris 1957.

Pomeau, René, *Beaumarchais, l'homme et l'œuvre*. Hatier, Paris 1947.
– 'Beaumarchais, ou le mariage de Dom Juan', *Table ronde*. Paris novembre 1957, pp.74-9.

Poulet, Gaston, *Etudes sur le temps humain*. Plon, Paris 1949.

Proschwitz, Gunnar von, *Introduction à l'étude du vocabulaire de Beaumarchais*. Thèse présentée à la faculté des lettres de Göteborg. Stockholm 1956.

Pugh. Anthony R., *A critical commentary on Beaumarchais's Le mariage de Figaro*. Macmillan, London 1968.

Ratermanis, J. B. and Irwin, W. R., *The comic style of Beaumarchais*, University of Washington Press, Seattle 1961.

Rétat, Pierre, 'La mort de Chérubin', *Revue d'histoire littéraire*. Paris novembre-décembre 1974, pp.1000-1009.

Richard, Pierre, *La Vie Privée de Beaumarchais*. Hachette, Paris 1951.

Rouff, Marcel, 'Un opéra politique de Beaumarchais', *Révolution française*. Paris 1910, lix.

Sainte-Beuve, Charles-Augustin, 'Beaumarchais', *Causeries du lundi*. Garnier, Paris 1853, vi.163-212.

Sareil, Jean, *Essai sur Candide*. Droz, Genève 1967.

Saussure, F. de, *Cours de linguistique générale*. Payot, Paris 1955.

Sauvageot, Aurélien, *Français écrit, français parlé*. Larousse, Paris 1962.

Sayous, A., *Le dix-huitième siècle à l'étranger*. Paris 1861.

Scherer, Jacques, *Le Mariage de Figaro: édition avec analyse dramaturgique*. SEDES, Paris 1966.
– *La Dramaturgie de Beaumarchais*. Nizet, Paris 1954.

Seebacher, Jacques, 'Autour de "Figaro". Beaumarchais, la famille Choiseul et le financier Clavière', *Revue d'histoire littéraire*. Paris janvier 1962, pp.198-227.

Spitzer, Léo, *Etudes de style*. Gallimard, Paris 1970.

Starobinski, Jean, *J.-J. Rousseau, la transparence et l'obstacle*. Gallimard, Paris 1970.

Thomasset, René, *Beaumarchais, écrivain et aventurier*. Nathan, Paris 1966.

Todorov, Tsvetan, *Littérature et signification*. Larousse, Paris 1967.

Trahard, Pierre, *Les maîtres de la sensibilité française au 18ème siècle (1715-1789)*. Boivin, Paris 1931-1933.
– *La Sensibilité révolutionnaire 1789-1794*. Slatkine, Genève 1967.

Triollet, E., 'Beaumarchais, ses drames et sa théorie du drame', *Art dramatique*. Paris 1887, viii.105-11, 148-57.
– 'Les drames de Beaumarchais: Eugénie, Les Deux amis, La Mère coupable', *Art dramatique*. Paris 1889, xiii.193-204, xv.65-74, 142-52.

Trousson, Raymond, *Un problème de littérature comparée: les études de thèmes: essai de méthodologie*. Minard, Paris 1965.

Van Tieghem, Philippe, *Beaumarchais par lui-même*. Seuil, Paris 1960.

Versini, Laurent, *Laclos et la tradition: essai sur les sources et les techniques des Liaisons dangereuses*. Klincksieck, Paris 1968.

Vier, Jacques, *Le Mariage de Figaro, miroir d'un siècle, portrait d'un homme*. Paris 1957.
– 'Le mouvement dramatique et l'esprit du *Mariage* à la *Mère coupable*', *Archives des lettres modernes*. Paris 1957.
– '*Le Mariage de Figaro*: de Figaro à Tarare', *Archives des lettres modernes*. Paris 1961.
– *Histoire de la littérature française, XVIIIème siècle*. Colin, Paris 1970, ii.212-70.

Villiers, André, *Théâtre et collectivité*. Flammarion, Paris 1953.

Voltz, Pierre, *La Comédie*. Colin, Paris 1965.

Walter, Eric, 'L'intelligentzia des Lumières: problèmes actuels de la recherche', *Dix-huitième siècle*, Paris 1973, v.173-201.

V

Etudes historiques

Aubertin, Charles, *L'Esprit public au XVIIIème siècle*. Paris 1873.

Boutboul, Gaston, *L'Art de la politique*, Seghers, Paris 1962.

Chianéa, Georges, *La Condition juridique des terres en Dauphiné au XVIIIème siècle (1700-1789)*. Paris 1974.

Duby-Mandrou, R., *Histoire de la civilisation française, XVIIème-XXème siècle*. Colin, Paris 1958.

Egret, Jean, *Louis XV et l'opposition parlementaire (1715-1774)*. Colin, Paris 1970.

Fay, Bernard, *L'Esprit révolutionnaire en France et aux Etats-Unis à la fin du XVIIIème siècle*. Champion, Paris 1925.

Gaxotte, Pierre, *Paris au 18ème siècle*. Arthaud, Paris 1968.

Girard, Louis, *et al*, *XVIe-XVIIe-XVIIIe siècles*. Bordas, Paris 1962.

– *1789-1848*. Bordas, Paris 1961.

Godechot, Jacques, *La Pensée révolutionnaire en France et en Europe, 1780-1799*. Colin, Paris 1964.

Kunstler, Jacques, *La Vie quotidienne sous Louis XVI*. Hachette, Paris 1950.

– *La Vie quotidienne sous Louis XV*. Hachette, Paris 1953.

– *La Vie quotidienne sous la régence*, Hachette, Paris 1960.

Levron, Jacques, *La Vie quotidienne à la cour de Versailles aux XVIIe et XVIIIe siècles*. Hachette, Paris 1965.

Mandrou, Robert, *La France aux XVIIe et XVIIIe siècles*. Presses universitaires, Paris 1970.

Mathiez, Albert, *La Révolution française*. Colin, Paris 1922-1924.

Michel, Antoine, *Le Conseil du roi sous le règne de Louis XV*. Droz, Paris-Genève 1970.

Michelet, Jules. *Histoire de France*. Paris 1881.

Péronnet, Michel, *La France au temps de Louis XVI*. Julliard, Paris 1967.

Puis, Auguste, *Essai sur les mœurs, les goûts et les modes au 18ème siècle*. Champion, Paris 1914.

Reinhard, Marcel, *Histoire de France*. Larousse, Paris 1954, tome ii.

Roman et Lumières au XVIIIème siècle. Editions sociales, Paris 1970.

Sée, H., *La France économique et sociale au XVIIIe siècle*. Colin, Paris 1969.

Seignobos, Charles, *Histoire sincère de la nation française*. Presses universitaires, Paris 1939.

Touchard, Jean, *Histoire des idées politiques*. Presses Universitaires, Paris 1970.

VI

Etudes musicales

Mozart, W. A., *Le Nozze di Figaro*, ed. Denis Arundel. Cassel, London 1971.

Abraham, Gerald, *The Mozart companion: the operas*, ed. H. C. Robbins Landon et Donald Mitchell. Faber, London 1964.

Blom, Eric, *Mozart*. Collier, New York 1935.

– 'The literary ancestry of Figaro', *The Musical quarterly*. 1927, xiii.

BIBLIOGRAPHIE

Dent, Edward, *Mozart's operas: a critical study*. Oxford University Press, London 1947.

Newman, Ernest, *Great operas*. Vintage Books, New York 1958, tome ii.

Snyders, Georges, *Le Goût musical en France aux XVIIème et XVIIIème siècles*. Vrin, Paris 1968.

INDEX

par N. Draper